TODO
SIEMPRE QUISO SABER SOBRE
LACAN
Y NUNCA SE ATREVIO A
PREGUNTARLE A
HITCHCOCK

Slavoj Žižek (Comp.)
Miran Božovič - Mladen Dolar - Stojan Pelko
Renata Salecl - Alenka Zupančič - Slavoj Žižek

TODO LO QUE USTED

SIEMPRE QUISO SABER SOBRE

LACAN

Y NUNCA SE ATREVIO A

PREGUNTARLE A

HITCHCOCK

MANANTIAL

TRADUCCIÓN: JORGE PIATIGORSKY

Zizek, Slavoj
    Todo lo que usted siempre quiso saber sobre Lacan y nunca
se atrevió a preguntarle a Hitchcock - 1a ed. 6a reimp. - Buenos
Aires : Manantial, 2013.
    208 p. ; 23x16 cm.

Traducido por: Jorge Piatigorsky
ISBN 978-950-9515-86-4

1. Psicoanálisis. I. Jorge Piatigorsky, trad. II. Título
CDD 150.195

Hecho el depósito que marca la ley 11.723
Impreso en la Argentina

© 1994, de la edición en castellano,
Ediciones Manantial SRL
Avda. de Mayo 1365, 6º piso,
(1085) Buenos Aires, Argentina
Telefax: 54 11 4383-7350-6059
e-mail: info@emanantial.com.ar
www.emanantial.com.ar

ISBN: 978-950-9515-86-4

Indice

Introducción

Alfred Hitchcock, o la forma y su mediación histórica

Slavoj Žižek

Lo que suele quedar inadvertido en la multitud de intentos de interpretación de la ruptura entre el modernismo y el posmodernismo es el modo en que esa ruptura afecta *el estatuto mismo de la interpretación*. Tanto el modernismo como el posmodernismo conciben que la interpretación es inherente a su objeto: sin ella no tenemos acceso a la obra de arte. El paraíso tradicional en el que todos podían disfrutar de la obra de arte, con independencia de su aptitud para el artificio de la interpretación, está irreparablemente perdido. La ruptura entre el modernismo y el posmodernismo tiene, entonces, que ubicarse en el seno de esta relación intrínseca del texto con su comentario. Una obra de arte moderna es "incomprensible" por definición, funciona como un shock, como la irrupción de un trauma que socava la complacencia de nuestra rutina cotidiana y se resiste a la integración en el universo simbólico de la ideología prevaleciente; después de este primer encuentro, la interpretación entra en escena y nos permite integrar ese shock: digamos que nos informa que ese trauma registra y señala la depravación chocante de nuestras vidas cotidianas muy "normales"... En ese sentido, la interpretación es el momento decisivo del acto de la recepción; T. S. Eliot fue perfectamente consecuente al complementar su poema *La tierra yerma* con las referencias literarias que más bien cabría esperar de un comentario académico.

Pero lo que hace el posmodernismo es exactamente lo contrario: sus objetos por excelencia son productos con un especial atractivo para las masas (películas como *Blade Runner,* * *Terminator o Terciopelo azul*), y es el que los interpreta quién habrá de detectar en ellos una ejemplificación de los refinamientos más esotéricos de Lacan, Derrida o Foucault. Entonces, si el placer de la interpretación modernista consiste en el efecto del reconocimiento que "educa y refina" el carácter inquietante de su objeto ("¡Ajá, ahora veo cuál es el sentido de esta aparente confusión!"), la meta del tratamiento posmodernista es separarlo de su carácter familiar: "¿Crees que ves un simple melodrama que ni siquiera tu abuelita senil tendría dificultades en seguir? Sin embargo, si no tomas en cuenta... (la diferencia entre síntoma y *síntoma,* la estructura del nudo borromeo, el hecho de que La mujer es uno de los Nombres-del-Padre, etc., etc.), no has comprendido nada...".

Si hay un autor cuyo nombre sintetiza este placer interpretativo de "hacer extraño" el contenido más trivial, éste es Alfred Hitchcock. Hitchcock *qua* fenómeno teórico del que hemos sido testigos en las últimas décadas –un incesante flujo de libros, artículos, cursos universitarios, mesas redondas...– es un fenómeno "posmoderno" por excelencia. Se basa en la extraordinaria transferencia que su obra pone en marcha: para los verdaderos *aficionados* a Hitchcock, *todo significa algo en sus películas,* la trama aparentemente más sencilla encubre inesperadas exquisiteces filosóficas (y, sería inútil negarlo, este libro participa de modo irrestricto en esa locura). Sin embargo, ¿es Hitchcock un posmodernismo *avant la lettre*? Hay que situarlo con referencia a la tríada de realismo-modernismo-posmodernismo que elaboró Fredric Jameson, teniendo sobre todo en cuenta la historia del cine, y en la cual por "realismo" se entiende el Hollywood clásico (es decir, el código narrativo establecido en las décadas de 1930 y 1940), por "modernismo" a los grandes *auteurs* de los años 50 y 60, y por "posmodernismo" el tremendo desorden en el que nos encontramos hoy, es decir, la obsesión con la Cosa traumática que convierte todo esquema narrativo en un intento frustrado de "domesticación" de la Cosa?[1]

En un enfoque dialéctico, interesa especialmente la medida en que Hitchcock permanece al margen de esta tríada clasificatoria.[2] Cualquier intento de clasificación produce, un poco antes o después, el resultado paradójico de que Hitchcock es, en cierto sentido, *las tres cosas al mismo tiempo:* "realista" (según como lo ven los críticos e historiadores de la antigua izquierda, para los que su nombre sintetiza el cierre narrativo ideológico de Hollywood, hasta Raymond Bellour, quien dice que sus películas son variaciones sobre la trayectoria edípica, y, como tales, "una versión excéntrica y ejemplar" de la narrativa clásica de Hollywood),[3] "modernista" (un precursor, al mismo tiempo alineado con los grandes *auteurs* que, en los límites o fuera de Hollywood, subvirtieron sus códigos: Welles, Renoir, Bergman...), y "posmodernista"

---

* Las películas mencionadas en el texto se citan con el nombre con que fueron estrenadas en la Argentina (en general, similar en toda Latinoamérica hispanoparlante). En caso de no ser éste conocido, se citan por el nombre original. En las páginas 205-6 se incluyen dos cuadros que presentan los nombres utilizados y los originales. Para las películas de Hitchcock se incluye además el título correspondiente a su estreno en España.

(aunque más no fuera por la ya mencionada transferencia que sus películas ponen en marcha entre quienes las interpretan).

Entonces, ¿qué es Hitchcock *realmente?* Uno se siente tentado a seguir el camino fácil de afirmar que es "verdaderamente un realista" insertado con firmeza en la maquinaria de Hollywood, del que sólo más tarde se apropiaron, primero, los modernistas nucleados por *Cahiers du cinema,* y, después, los posmodernistas. Pero esta solución se basa en la diferencia entre "la Cosa en sí misma" y sus interpretaciones secundarias, diferencia que suscita profundas sospechas epistemológicas, en cuanto que una interpretación nunca puede ser sencillamente "externa" a su objeto. Resulta, por lo tanto, mucho más productivo *trasladar este dilema a la propia obra de Hitchcock,* aplicando la tríada realismo-modernismo-posmodernismo como principio clasificatorio que nos permite ordenarla en cinco períodos:

- Películas anteriores a *39 escalones:* el Hitchcock anterior a su "ruptura epistemológica", antes de lo que Elizabeth Weis denominó, adecuadamente, "consolidación [de su] estilo clásico"[4] o, para decirlo en hegeliano, antes de que él deviniera su propia noción. Desde luego, se puede jugar a que "aquí ya estaba la totalidad de Hitchcock" (por ejemplo, Rothmann discernió en *El inquilino* los ingredientes de todo Hitchcock hasta *Psicosis*),[5] con la condición de no pasar por alto la naturaleza *retroactiva* de ese procedimiento: el lugar desde donde se habla es el concepto ya actualizado del "universo de Hitchcock".

– Las películas inglesas de la segunda mitad de la década de 1930, es decir, desde *39 escalones* hasta *La dama desaparece:* "realismo". Esta es, sin duda, la razón de que incluso un marxista de línea dura como Georges Sadoul (por lo general muy crítico con Hitchcock) considere estas obras con simpatía. Estas películas no exceden los límites del relato clásico, cuyo tema central es *la historia edípica del viaje iniciático de la pareja.* Es decir, que la acción animada no debe engañarnos ni por un minuto; en última instancia, su función es poner a prueba la pareja amorosa y, de tal modo, posibilitar su reunión final. Todas son historias de una pareja ligada (a veces literalmente: obsérvese el papel de las esposas en *39 escalones*) por accidente, que después madura a través de una serie de pruebas, es decir, variaciones sobre el tema fundamental de la ideología burguesa del matrimonio, que tuvo su primera y quizás más noble expresión en *La flauta mágica* de Mozart.[6] Las parejas ligadas por azar y reunidas al cabo de las pruebas son las de Hannay y Pamela en *39 escalones*, Ashenden y Elsa en *El agente secreto*, Robert y Erica en *Inocencia y juventud*, Gilbert e Iris en *La dama desaparece* –con la notable excepción de *Sabotaje,* donde el triángulo de Sylvia, su esposo criminal Verloc y el detective Ted prenuncia la conjunción característica de la siguiente etapa de Hitchcock.

– El "período de Selznick", es decir, las películas desde *Rebeca, una mujer inolvidable* hasta *Bajo el signo de Capricornio:* "modernismo" sintetizado en lo formal por el predominio de *travellings* prolongados y distorsionados anamorfóticamente, con tema centrado en la perspectiva de una *heroína, traumatizada por una figura paternal ambigua* (mala, impotente, obscena, quebrada...). La historia es narrada como regla desde el punto de vista de una mujer dividida entre dos hombres, la figura más vieja de un villano (el padre o un esposo maduro, que encarna a uno de los personajes típicos de Hitchcock: el malo consciente del mal que hay en él y que busca su propia destrucción), y el "muchacho bueno", un tanto insípido, que ella elige al final. Además de Sylvia, Verloc y Ted en *Sabotaje*, los casos principales de tales triángulos son el de Carol Fisher, dividida entre la lealtad a su padre pronazi y su amor por el joven periodista norteamericano en *Corresponsal extranjero;* Charlie, dividida entre el tío asesino y el detective Jack, en *La sombra de una duda,* y, desde luego, Alicia, dividida entre Devlin y su añoso marido Sebastian, en *Tuyo es mi corazón.*[7] El apogeo ambiguo de este período está por supuesto en *Festín diabólico:* en lugar de la heroína, en este caso tenemos al miembro "pasivo" de la pareja homosexual (Farley Granger), dividido entre su compañero encantadoramente perverso y su maestro, el profesor (James Stewart), que no está dispuesto a reconocer en el crimen de ellos la realización de sus propias enseñanzas.

Las grandes películas de la década de 1950 y principios de la de 1960, es decir, desde *Pacto siniestro* hasta *Los pájaros:* "posmodernismo" formalmente sintetizado por la acentuada dimensión alegórica (el señalamiento, dentro del contenido diegético del film, de su propio proceso de enunciación y consumo: referencias al voyeurismo desde *La ventana indiscreta* hasta *Psicosis,* etc.), con centro temático en la perspectiva del *héroe al que el superyó materno le bloquea el acceso a una relación sexual "normal"* (Bruno en *Pacto siniestro,* Jeff en *La ventana indiscreta,* Roger Thornhill en *Intriga internacional,* Norman en *Psicosis,* Mitch en *Los pájaros,* hasta el "asesino de la corbata" en *Frenesí*).

– La filmografía desde *Marnie, confesiones de una ladrona* en adelante: a pesar de hallazgos aislados (el buque enorme en el extremo de la calle en *Marnie, confesiones de una ladrona,* el asesinato de Gromek en *Cortina rasgada,* el *travelling* hacia atrás en *Frenesí,* el relato paralelo en *Trama macabra,* etc.), éstos son "posfilms", películas de la desintegración; su principal interés teórico reside en el hecho de que –precisamente a causa de esa desintegración, es decir, de la fractura del universo hitchckokiano en sus distintos ingredientes– nos permiten aislar estos ingredientes y captarlos con claridad.

El rasgo crucial para el análisis de la "mediación social" de las películas de Hitchcock es la coincidencia de los tipos dominantes de subjetividad de los tres períodos centrales con las formas de subjetividad propias de las tres etapas del capitalismo (capitalismo liberal, capitalismo imperialista de estado, capitalismo tardío "posindustrial"): el viaje iniciático de la pareja, con sus obstáculos que acrecientan el deseo de reunificación, se asienta firmemente en la ideología clásica del sujeto "autónomo" fortalecido por la prueba; la figura paternal resignada de la segunda etapa evoca la declinación de ese sujeto "autónomo" al que se opone el héroe "heterónomo", victorioso e insípido; finalmente, en el típico héroe hitchckokiano de la década de 1950 y principios de la de 1960 no es difícil reconocer los rasgos del "narcisista patológico", la forma de subjetividad que caracteriza a la denominada "sociedad de consumo".[8] Esta es en sí una respuesta suficiente a la cuestión de la "mediación social" del universo de Hitchcock: la lógica de este desarrollo es inmediatamente social. Las películas de Hitchcock articulan estos tres tipos de subjetividad en una forma clara, destilada −por así decirlo−, a saber: como las tres distintas modalidades del deseo. Estas modalidades pueden delinearse con referencia a la forma predominante del polo opuesto al sujeto, es decir, el *objeto,* correspondiente a cada uno de los tres períodos. Cuando decimos "objeto hitchcockiano", la primera asociación, podría decirse que automática, es el Mac Guffin, pero el Mac Guffin es sólo uno de los tres tipos de objetos de las películas de Hitchcock:

− Primero, entonces, está el Mac Guffin en sí, "nada en absoluto", un lugar vacío, un puro pretexto cuya única función es poner la historia en marcha: el plano de las máquinas voladoras en *39 escalones,* la cláusula secreta del tratado naval en *Corresponsal extranjero,* la melodía en código de *La dama desaparece,* las botellas de uranio de *Tuyo es mi corazón,* y así sucesivamente. Es puro semblante: en sí mismo es totalmente indiferente y, por necesidad estructural, está ausente; su significación es puramente autorreflexiva, consiste en el hecho de que significa algo para los otros, para los personajes principales de la historia; tiene una importancia vital para ellos.

− Pero en una serie de películas de Hitchcock encontramos otro tipo de objeto, que es decididamente *no* indiferente, *no* pura ausencia: lo que importa es precisamente su presencia, la presencia material de un fragmento de realidad. Es una sobra, un resto que no puede reducirse a una red de relaciones formales como la de la estructura simbólica. Podemos definir este objeto como un objeto de intercambio que circula entre los sujetos, que sirve como una especie de garantía, prenda, en su relación simbólica. Esa es la función de la llave en *Tuyo es mi corazón* y *La llamada fatal,* del anillo de bodas en *La sombra de una duda* y *La ventana indiscreta,* del encendedor en *Pacto siniestro,* y también la del niño que circula entre las dos parejas en *El hombre que sabía demasiado.* Es único, no especular, es decir, no tiene doble, escapa a la relación especular dual, razón por la cual desempeña un papel esencial en los films basados en toda una serie de relaciones duales, en las que cada elemento tiene su contracara especular (*Pacto siniestro, La sombra de una duda,* donde aparece duplicado incluso el nombre del personaje central): es un objeto que no tiene contracara, y por ello circula entre los elementos opuestos, como en busca de su propio lugar, perdido desde el principio. La paradoja de su función consiste en que, aunque es un resto de lo Real, un "excremento" (lo que el psicoanálisis llamaría "objeto anal"), opera como una condición positiva para la restauración de la estructura simbólica: la estructura de los intercambios simbólicos entre los sujetos sólo puede aparecer en cuanto se encarna en ese elemento material puro que actúa como su garantía. Por ejemplo, en *Pacto siniestro* el pacto asesino entre Bruno y Guy sólo se sostiene en tanto entre ellos circula el encendedor (el objeto). Esa es la situación básica en toda una serie de películas de Hitchcock: al principio tenemos un estado de cosas homeostático, no estructurado, presimbólico, imaginario, un equilibrio indiferente en el cual las relaciones entre los sujetos no están estructuradas en sentido estricto –es decir, a través de la falta que circula entre ellos–. Y la paradoja es que este pacto simbólico, esta red estructural de relaciones, sólo puede establecerse en cuanto se encarne en un elemento material totalmente contingente, una pizca-de-lo-Real que, con su súbita irrupción, destruye la indiferencia homeostática de las relaciones entre los sujetos. En otras palabras, el equilibrio imaginario se convierte en una red estructurada simbólicamente por un shock de lo Real.[9]

– Finalmente, tenemos un tercer tipo de objeto: las aves en *Los pájaros,* por ejemplo. Podríamos añadir el barco gigantesco en el extremo de la calle en que vive la madre de Marnie, en la película del mismo nombre, y también las estatuas gigantes, desde la estatua egipcia de *Chantaje* hasta el Monte Rashmore en *Intriga internacional,* pasando por la Estatua de la Libertad en *Saboteador.* Este objeto tiene una presencia material masiva, opresora; no es un vacío indiferente como el Mac Guffin, pero, por otra parte, no circula entre los sujetos, no es un objeto de intercambio, es sólo la encarnación muda de una *jouissance* imposible.

¿Cómo explicar la lógica, la coherencia, es decir, la interdependencia estructural de estos tres objetos? En su seminario *Encore,* Lacan propone un esquema de esa lógica:[10]

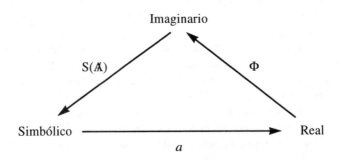

No debemos interpretar que los vectores indican una relación de determinación como "lo Imaginario determina a lo Simbólico", etc., sino más bien en el sentido de: el vector significa "simbolización de lo imaginario, y así siguiendo. Entonces:

– El Mac Guffin es, sin duda, el *objet petit a,* una brecha en el centro del orden simbólico, es decir, la falta, el vacío de lo Real que pone en marcha el movimiento simbólico de la interpretación, un puro semblante del Misterio que hay que explicar, interpretar.

– El objeto de intercambio que circula es $S(\mathcal{A})$, el objeto simbólico que, en la medida en que no puede reducirse al juego especular imaginario, registra la imposibilidad en torno a la cual está estructurado el orden simbólico, es decir, el pequeño elemento que pone en movimiento la cristalización de la estructura simbólica.

– Finalmente, los pájaros son Φ, la objetivación indiferente, imaginaria de lo Real, es decir, una imagen que da cuerpo al goce imposible.[11]

No es difícil ver que estos tres tipos de objeto están dispuestos como los tres períodos centrales de la obra de Hitchcock:

– El primer período está claramente bajo el signo de *a*, es decir, del Mac Guffin: un puro semblante que tienta al héroe a realizar el viaje edípico (no es casual que en este período esté muy a la vista el papel del Mac Guffin, desde el plano de las máquinas voladoras de *39 escalones* hasta la melodía en código de *La dama desaparece*).

– El segundo período está signado por el predominio de $S(\mathcal{A})$, la insignia, el índice de la impotencia del padre: un fragmento de la realidad (el anillo de *La sombra de una duda*, la llave de *Tuyo es mi corazón*, etc.) que funciona como significante del hecho de que el "Otro" está tachado, de que el padre no está a la altura de su Nombre, de su Mandato simbólico, en cuanto se encuentra apresado en un goce obsceno.

– En el tercer período, se vuelven predominantes las diferentes formas del Φ: las estatuas gigantescas, los pájaros y otras "manchas" que materializan el goce del superyó materno y desdibujan el cuadro, lo hacen no-transparente.

El predominio de cierto tipo de objeto determina, entonces, la modalidad del deseo, su transmutación, desde la caza no problemática de un señuelo elusivo hasta la fascinación ambigua con la Cosa. Incluso nos sentimos tentados a decir que estos tres períodos van haciendo gradualmente visible la imposibilidad de la relación sexual. Esta imposibilidad queda registrada en el universo de Hitchcock por la creciente discordancia entre los dos niveles de la relación hombre-mujer: la relación amorosa y la de una asociación:[12]

– Los films de la década de 1930 se basan en una especie de armonía preestablecida entre esos dos niveles: la asociación para investigar, a la que el héroe y la heroína son arrojados por una necesidad externa, genera el vínculo "interno", el amor *(39 escalones, El agente secreto, Inocencia y juventud, La dama desaparece)*.

– Las películas del segundo período (el de Selznick) introducen una nota de inarmonía y renuncia irreducibles: al final prevalece la asociación. La pareja se une con felicidad, pero al precio del sacrificio de un tercero realmente fascinante. Este sacrificio le da al final feliz un subterráneo sabor amargo: por lo menos implícitamente, el final feliz es concebido como una aceptación resignada de la vida cotidiana burguesa. (Como regla, esa tercera persona es una figura paternal ambigua –Herbert Marshall en *Corresponsal extranjero*, Joseph Cotten en *La sombra de una duda*, Claude Rains en *Tuyo es mi corazón*–, pero también puede ser una Otra Mujer fatal –*Rebeca, una mujer inolvidable*– o simplemente el reverso asesino imaginado del propio héroe, como en *La sospecha*, donde, al final, Gary Grant resulta ser un fraude común, más bien infantil.)

– En las películas del tercer período, toda relación de asociación está condenada a fracasar o a carecer por completo de contenido libidinal: la asociación y las relaciones amorosas son mutuamente excluyentes (desde Jane Wyman y Richard Todd en *Desesperación* hasta Sam y Lila en *Psicosis*, pasando por James Stewart y Barbara del Geddes en *Vértigo*).

*

Es posible que, de tiempo en tiempo, las páginas que siguen parezcan una versión hitchcockiana de lo que, en la "holmesiana" se denomina "crítica superior": se juega con toda seriedad aceptando la regla básica de que Hitchcock es un "artista serio", una regla no menos increíble para muchos que la afirmación de que Sherlock Holmes existió realmente. Pero por lo que hemos dicho, ya tiene que haber quedado en claro cómo hay que responder a quienes reprochan a los *aficionados* a Hitchcock la "divinización" del objeto de sus interpretaciones, es decir, la elevación de Hitchcock a la categoría de un demiurgo que domina incluso los más pequeños detalles de su obra: esa actitud es simplemente un signo de la relación transferencial en la que Hitchcock funciona como el "sujeto supuesto saber". Y ¿es necesario agregar que esto es más cierto, más productivo para la teoría que la actitud de quienes ponen énfasis en la falibilidad, las incoherencias, etc., de Hitchcock? En síntesis, en este caso, más que nunca, rige la máxima lacaniana de que *les non-dupes errent:* el único modo de producir algo real en la teoría es aferrarse al máximo a la ficción transferencial.

NOTAS

1. Cf. Fredric Jameson, "The Existence of Italy", en *Signatures of the Visible*, Nueva York, Routledge, 1990. La aplicabilidad de la tríada de Jameson (realismo-modernismo-posmodernismo) queda además confirmada por el modo en que nos permite introducir un *ordre raisonné* en una serie de films contemporáneos. No es difícil percibir que, en la serie de las tres películas de *El padrino*, la primera es "realista" (en el sentido del realismo de Hollywood: el cierre narrativo, etc.), la segunda, "modernista" (el redoblamiento de una línea narrativa única: todo el film es una especie de doble apéndice a *El padrino I*, antecedente y secuela de la historia principal ya narrada), y la tercera, "posmodernista" (un *bricolage* de fragmentos narrativos ya no vinculados por un lazo orgánico ni por un marco mítico formal). La calidad decreciente de cada unidad

sucesiva atestigua que la dominante de toda la trilogía es "realista", cosa que no puede decirse de los otros tres films de mediados de la década de 1980 que también constituyen una especie de trilogía: *Atracción fatal, Totalmente salvaje, Terciopelo azul*. En este caso, la tríada de realismo-modernismo-posmodernismo queda resumida por las tres actitudes diferentes respecto de la Otra Mujer en cuanto punto de "atracción fatal" a través del cual lo Real invade la realidad cotidiana y perturba su circuito: *Atracción fatal* no sale de los límites de la ideología familiar convencional, para la cual la Otra Mujer (Glenn Close) personifica al Mal que hay que rechazar o aniquilar; en *Totalmente salvaje*, por el contrario, Melanie Griffith es quien libera a Jeff Daniels del fraudulento mundo *yuppie* y lo fuerza a enfrentar la vida real; en *Terciopelo azul*, Isabella Rossellini elude esta oposición simple y aparece como la Cosa con toda su ambigüedad, que al mismo tiempo atrae y ahuyenta al héroe... El crecimiento progresivo demuestra que en este caso la dominante es el "posmodernismo".

2. Deleuze ya ha ubicado a Hitchcock en el borde mismo de la *"image-mouvement"*, en el punto en que la *"image-mouvement"* se convierte en *"image-temps"*: *"le dernier des classiques, ou le premier des modernes"* (Gilles Deleuze, *Pourparlers*, París, Editions du Minuit, 1990, pág. 79).

3. Raymond Bellour, "Psychosis, Neurosis, Perversion", en Marshall Deutelbaum y Leland Poague, comps., *A Hitchcock Reader*, Ames, Iowa State University Press, 1986, pág. 312. Si, además, aceptamos la definición que da Bellour de la matriz fundamental de Hollywood como "una máquina para la producción de la pareja", tenemos que buscar el funcionamiento continuo de esta máquina, no en Hitchcock, sino en muchos films recientes que es evidente que no tienen nada en común con el Hollywood clásico. Mencionemos sólo dos películas de 1990 que no parecen tener nada en común: *Despertares* y *Danza con lobos*. Hay un rasgo esencial que las vincula. En cuanto a su contenido "oficial", *Despertares* la historia de un médico (Robin Williams) que, empleando nuevas drogas, despierta a pacientes de estados comatosos que han durado décadas, y les permite volver brevemente a la vida normal; no obstante, la clave del film reside en el hecho de que el propio médico es tímido, reservado, "no ha despertado" sexualmente. La película termina con el despertar *de él*, cuando invita a salir a su eficiente enfermera. En última instancia, los pacientes sólo despiertan para entregarle al médico el mensaje que le concierne: en la escena crítica de la película, Robert de Niro, uno de los pacientes, inmediatamente antes de su recaída le dice en la cara al médico que el único que verdaderamente no ha despertado es él, puesto que no sabe apreciar las pequeñas cosas que le dan sentido a la vida. De modo que el desenlace se basa en una especie de intercambio simbólico inexpresado: como si los pacientes fueran sacrificados (vuelven a entrar en coma, es decir, a "quedar dormidos") para que el médico despierte y obtenga una compañera sexual –en síntesis, para la producción de una pareja–. En *Danza con lobos*, el papel del grupo de pacientes es asumido por la tribu siux, que también desaparece en un intercambio simbólico implícito, para que pueda producirse la pareja de Kevin Costner y la mujer blanca que había vivido desde su niñez entre los indios.

4. Elisabeth Weis, *The Silent Scream*, Londres, Associated University Presses, 1982, pág. 77.

5. Cf. el capítulo 1 de William Rothman, *The Murderous Gaze*, Cambridge (Ma.), Harvard University Press, 1982.

6. En este caso el paralelo podría llevarse a los detalles: la mujer misteriosa que le encarga al héroe su misión (la extraña asesinada en el departamento de Hannay en *39 escalones*, la dama encantadora de *La dama desaparece*), ¿no es una especie de reencarnación de la "Reina de la Noche"? El negro Monostatos, ¿no se reencarna en el tambor asesino de rostro ennegrecido de *Inocencia y juventud*? En *La dama desaparece*, el héroe atrae la atención de su futuro amor, ¿cómo?: ¡desde luego, tocando una flauta!

7. La excepción notable es *Bajo el signo de Capricornio,* donde la heroína resiste el encanto superficial de un seductor joven, y vuelve a su esposo maduro y criminal, después de confesarse culpable del delito por el que ha sido condenado él. En resumen, el condición de posibilidad de esta excepción es la *transferencia de culpa,* que anuncia al período siguiente.

8. Véase un examen detallado de esta periodización de la obra de Hitchcock en el capítulo V de Slavoj Žižek, *Looking Awry: An Introduction to Lacan through Popular Culture,* Cambridge (Ma.), MIT Press, 1991.

9. En cuanto a este segundo tipo de objeto, cf. el ensayo de Dolar sobre Hitchcock en este mismo libro. Otro aspecto de este objeto es que sigue siendo lo mismo en el cambio de un espacio narrativo a otro, como la gargantilla en *Vértigo,* el uno y único detalle que vincula a la pelirroja vulgar Judy con la sublime Madeleine (y le permite a Scottie reconocer la identidad de esta última). Uno se siente tentado a decir que el S($\cancel{A}$) aparece aquí como una especie de "designador rígido" (para tomar la expresión de Saul Kripke, *Naming and Necessity,* Oxford, Blackwell, 1980): el meollo que permanece igual en todos los universos (narrativos) posibles.

10. Cf. Jacques Lacan, *Le Séminaire, livre XX, Encore,* París, Seuil, 1975, pág. 83.

11. Véase una elaboración del contexto teórico y otras consecuencias de este esquema lacaniano en el capítulo V de Slavoj Žižek, *The Sublime Object of Ideology,* Londres, Verso Books, 1989; hay otra interpretación, a propósito de los relatos de Patricia Highsmith, en el capítulo 7 de Slavoj Žižek, *Looking Awry, op. cit.*

12. Sobre esta tensión dialéctica en la relación amorosa y la asociación en las películas de Hitchcock, véase Fredric Jameson, *Signatures of the Visible,* Nueva York, Routledge, 1990, págs. 215-6.

I

LO UNIVERSAL: LOS TEMAS

Los objetos de Hitchcock

Mladen Dolar

Hitchcock se refirió a menudo a *La sombra de una duda* como a su película favorita, la que se habría llevado a una isla desierta de haber tenido que escoger sólo una de sus obras. Quizá haya que tomar en serio esta afirmación, y buscar en esta película las claves (o una de las claves) de la fantasía fundamental de este director.

El análisis formal clásico de la película, con el que están en deuda todas las interpretaciones ulteriores, fue realizado por François Truffaut en un célebre número de *Cahiers du cinema;*[1] ese análisis inicial abrió camino a la prolífica historia de los estudios sobre Hitchcock. Según este análisis, *La sombra de una duda* es una película sobre la relación dual. El redoblamiento parece ser el principio mismo de su construcción formal.

El eje de la dualidad es la relación dual entre el tío Charlie y su sobrina, a la que le han puesto su mismo nombre, Charlie. La conexión entre ambos es introducida de inmediato por la presentación en espejo de las secuencias de apertura, sin duda una de las obras maestras de Hitchcock:

– en un suburbio de Filadelfia, el tío Charlie está tendido en la cama completamente vestido, con la cabeza vuelta hacia la derecha, y en el fondo se ve una puerta también a la derecha;

– en Santa Rosa, California, su sobrina Charlie está tendida en la cama con la ropa puesta, la cabeza vuelta hacia la izquierda, mientras en el fondo se ve una puerta también a la izquierda, como reflejo en espejo de la escena anterior;

– el tío Charlie se dirige a la oficina de correos para enviar un telegrama a su sobrina, informándole que va a ir a Santa Rosa;

– La sobrina se dirige a la oficina de correos para enviarle un telegrama al tío, invitándolo a visitarla, pero en el correo ya la aguardaba el telegrama que le había enviado el hombre;

– el tío Charlie canturrea una melodía que, como por telepatía, salta hasta la sobrina (es el vals de *La viuda alegre;* por el momento no consideraremos su primera aparición, junto con los créditos, sobre un fondo de parejas danzantes).

La sobrina Charlie reflexionará más tarde sobre este vínculo dual entre ellos: "Somos como gemelos; somos iguales".

En torno a este eje central de Charlie y Charlie, hay una duplicación de otros participantes:

– el tío Charlie es buscado por dos detectives en Filadelfia;

– hay dos detectives disfrazados de periodistas que visitan la casa de Santa Rosa también en busca del tío Charlie;

– descubrimos que hay otro sospechoso, en la Costa Este, perseguido por otros dos detectives;

– el otro sospechoso, que ha estado en los mismos lugares del crimen, es finalmente capturado y, cuando trata de escapar, lo destroza una hélice;

– finalmente, el tío Charlie es también atropellado por un tren, en una especie de correspondencia en espejo;

– hay dos jóvenes, dos médicos, dos detectives aficionados (el padre y el vecino Herbie) que sostienen dos conversaciones sobre crímenes;

– hay una duplicación de escenas: dos escenas en la estación ferroviaria, dos escenas en el garage, dos intentos de asesinar a Charlie, dos cenas familiares, dos escenas en la iglesia, dos visitas de detectives y, como una especie de comentario irónico sobre esta duplicación universal, la escena clave se desarrolla en un bar denominado "Till Two" ("Hasta las dos"), con un letrero en el exterior que muestra un reloj cuyas manecillas marcan las dos menos dos minutos; en el bar, el tío Charlie pide dos *brandies* dobles.

Estas dualidades fueron inicialmente señaladas por Truffaut (sobre todo las de las tomas de apertura), y la lista fue completada más tarde por Donald Spoto.[2]

De modo que todos los elementos de la película se desdoblan en dos, tienen su doble imagen especular, necesidad estructural asumida incluso por elementos que no aparecen en la película (el sospechoso ausente).

Es obvio que todas las dualidades giran en torno a la central, la dualidad del tío y la sobrina, y en torno a la naturaleza de esta relación dual. Algunas interpretaciones (Gavin Millar)[3] han sugerido que la dualidad es sólo la dicotomía del bien y el mal, el lado "bueno" y el lado "malo", que hace posible desembarazarse del lado "malo" y terminar en un final feliz hollywoodense. El mal es personificado por el tío Charlie, que llega al pueblo desde fuera, como una especie de "catástrofe natural", un cuerpo extraño, no su producto interior. El vínculo entre el bien y el mal permanece externo; la vida idílica del pueblo no tiene ninguna conexión interna con su "lado oscuro": la pesadilla llega desde otro lugar (¿las grandes ciudades?).[4]

Pero la estructura que presenta Hitchcock es mucho más compleja que este relato superficial. En el nivel estructural hay implícita una tesis; no se trata simplemente de una obsesión con la duplicación, sino todo lo contrario: *toda dualidad se basa en un tercero.* El tercer elemento es al mismo tiempo excluido e introducido como una mancha en esta relación especular, como el objeto en torno al cual ella gira y que llena la brecha de la exclusión; presentifica la ausencia.

En primer lugar tenemos que concentrarnos en el elemento no redoblado en la imagen especular y que presenta el eje de la duplicación. Ya en las tomas iniciales, el elemento que no se repite es *el dinero.* El tío Charlie yace apáticamente sobre la cama con grandes cantidades de dinero alrededor, que no parecen despertar su interés. El no trata de contarlo ni de ocultarlo; se diría que se trata de un excedente con el que no sabe qué hacer. Cuando queda en claro que se trata del dinero que él les quita a sus víctimas, también surge que no las mata primordialmente por dinero. Su justificación ulterior de los asesinatos es que quería limpiar el mundo de esa inmundicia (las viudas que aprovechan las fortunas de los esposos muertos). Para él, su misión es más bien ética, no utilitaria. Mata para mejorar el mundo; se ve como el ejecutor de ciertos principios y, en consecuencia, no sabe qué hacer con el dinero. Las viudas asesinadas son sólo basura de la que hay que desembarazarse, y el dinero es el excedente del que sólo puede deshacerse en el banco de Santa Rosa. En la toma correspondiente, su sobrina Charlie es despertada de su ensueño en la cama por una conversación sobre la falta de dinero. De modo que el dinero es la entidad no especular que liga al tío y la sobrina.

La *melodía*, el vals de *La viuda alegre,* es el siguiente elemento que parece circular entre los protagonistas. Primero lo oímos durante los créditos de apertura sobre un fondo de parejas que bailan con ropa suntuosa un tanto anticuada, y resulta más bien difícil establecer qué tiene que ver con la historia de crímenes que se desarrolla en los Estados Unidos de mediados de siglo. La solución es que tenemos que considerar las parejas como las imágenes de un acertijo: si nos concentramos en las imágenes, en la presentación visual ornamentada, nunca encontraremos la respuesta, que está sólo en las palabras, en este caso en el título de la opereta a la que pertenece el vals. Parecería que esa melodía es simplemente la melodía de iniciación que liga a una pareja (recurso que se ha vuelto trivial, con casos que van desde *La flauta mágica* hasta *La dama desaparece*). Pero, como en *La dama desaparece,* la melodía porta un mensaje letal, oculto donde uno no iría a buscarlo: en el título. Todos empiezan a tararear esa melodía en la cena (se ha vuelto contagiosa, presenta el lazo que liga a toda la familia) pero nadie recuerda el título, en una especie de amnesia colectiva; cuando alguien de pronto hace memoria y comienza a decir la primera palabra en inglés, "*Merry...*", el tío Charlie voltea su vaso para que no se oiga la continuación. Lo que parecía ser el vínculo de la pareja y la familia se convierte en una mancha, un agente de fractura.

Pero el elemento de la película mucho más importante y central que todos los otros es el *anillo*. *La sombra de una duda* podría resumirse esquemáticamente como el viaje de un objeto privilegiado, la circulación del anillo que va y viene entre los dos protagonistas especulares, y la relación dual entre éstos puede en última instancia considerarse como el trasfondo de dicho circuito del objeto. El viaje puede resumirse en cuatro etapas:

1. El anillo es un regalo del tío a su sobrina que los vincula como pareja, una prenda de compromiso, pero un regalo envenenado, puesto que lleva iniciales erróneas. Surge la primera sospecha de la sobrina, la primera sombra de una duda que cae sobre la relación.

2. Esas iniciales le permiten obtener a la sobrina la primera prueba de la culpabilidad del tío, son iguales a las iniciales de una dama asesinada. Charlie se entera de esto en la biblioteca cuando lee la noticia periodística que el tío Charlie trataba de ocultarle. El anillo genera el momento del reconocimiento. Esto es subrayado en un hermoso *travelling* hacia atrás, cuando la cámara retrocede, cobrando cada vez más altura bajo el cielorraso, perdiendo de vista al anillo, y vemos a Charlie pequeña y sola en la biblioteca a oscuras.

3. En el tercer momento, Charlie le devuelve el anillo a su tío, en el bar. Hasta ese punto de su conversación, el tío Charlie intenta engañarla a su manera, pero cuando ella sólo le responde devolviéndole silenciosamente el anillo, dejándolo sobre la mesa, él comprende que ella sabe. Deja de pretender engañarla, y la relación dual se desmorona, es fragmentada por el objeto mismo que constituye su lazo, lo imaginario se derrumba: "¿No sabes que el mundo es una pocilga repugnante? ¿No sabes que si tiras abajo los frentes de las casas encontrarás cerdos? ¡El mundo es un infierno!".

4. Cuando se culpa de los asesinatos a otro sospechoso, el tío Charlie se siente a salvo, y la única persona que conoce su culpa y que representa un peligro para él es su sobrina. Ella le roba el anillo mientras todos están en una fiesta, recobrando de ese modo la única prueba que existe contra él, y demostrando su decisión de ir hasta el final. El hecho de que está en posesión del anillo se revela en otro hermoso *travelling*: Teresa Wright desciende lentamente por la escalera, con la mano sobre la baranda; la cámara se aproxima también lentamente, esta vez para destacar el anillo en el dedo: sólo el tío comprende el significado. El anillo vuelve a ser una prenda de compromiso, pero de otro tipo: ella no lo traicionará (para no hacer sufrir a su madre) si él se va, pero usará esa prueba si él no lo hace.

En cada etapa de esta progresión, el anillo se vuelve más fascinante, como el objeto letal de intercambio entre ambos lados del espejo, como el objeto, al mismo tiempo sublime y siniestro, que sirve de vínculo de la relación dual y también de instrumento de la destrucción de esa relación.

En *La sombra de una duda,* todos los asesinatos se han producido antes del comienzo de la película (sólo vemos al más bien gallardo Joseph Cotten) y lo único que los representa es el objeto letal en circulación, sustituto de los actos ausentes. La relación en espejo se basa en la mancha que no tiene ninguna correspondencia especular. Pero ésta es sólo una parte del mecanismo. La sobrina Charlie va a la oficina de correos a enviar un mensaje a su amado tío, su héroe, objeto de un culto familiar: el mensaje de que vaya y la salve de su vida pueblerina aburrida y sin acontecimientos. El milagro se produce, y el mensaje que anuncia la llegada del hombre ya la está aguardando. Se trata por cierto de una comunicación exitosa: el emisor recibe literalmente su propio mensaje del receptor, como dice la fórmula lacaniana de la comunicación, aunque no en forma invertida, sino en la misma forma. Pero el encuentro exitoso –según nos lo ha enseñado el psicoanálisis– es mucho más fatal que el encuentro frustrado. Sobre esta feliz unión, la sobrina Charlie piensa:

> "Me gusta que ella [la madre] me haya puesto tu mismo nombre y que piense que somos iguales. Yo también lo pienso. *Lo sé...* No somos sólo un tío y una sobrina. Se trata de otra cosa. Yo te conozco. Sé que no le hablas mucho a la gente. Tampoco lo hago yo. Tengo la sensación de que en algún lugar dentro de ti hay algo que nadie conoce... algo secreto y maravilloso. Yo lo descubriré... Somos como gemelos, ¿no lo ves?"

Este texto apunta muy precisamente a las condiciones de la relación dual, a lo que trasciende la dualidad y la hace posible:

1. El objeto oculto en el tío Charlie, en algún lugar profundo, algo secreto y maravilloso, como un tesoro, el *ágalma*, la parte más preciosa de él, la que, en él, es más que él mismo.[5] Pero el *ágalma* se vuelve letal en cuanto ella lo toca.

2. El objeto secreto es mediado por *el deseo de la Madre,* es el objeto del deseo del Otro. La madre aparece como el agente de la nominación; es la que pone nombres. Ella le ha puesto a la hija el mismo nombre de su querido hermano, el hombre marcado por el destino (de niño, se recuperó milagrosamente de un accidente terrible). El deseo de la madre es ahora delegado en la hija marcada por el nombre de él. Si para ésta el tío Charlie porta en sí el objeto secreto, lo hace porque ya lo llevaba para la madre; el deseo de la sobrina sólo pudo constituirse a través del deseo de la madre. De modo que la madre está en la posición de tercero en la relación entre Charlie y Charlie.

Quizá sorprenda encontrar a la madre donde se podría esperar que estuviera la figura del padre, pero el universo de Hitchcock es un universo maternal. El deseo de la madre hace la ley. El padre es presentado como incompetente; no sabe manejar el auto, entabla conversaciones más bien cómicas sobre los asesinatos con su vecino Herbie, quien es incluso más inepto que él: los dos parecen idiotas bien pensantes, que dependen de las figuras femeninas mucho más que de sí mismos. Spoto observa que en *La sombra de una duda* encontramos

la última "madre buena" de las películas de Hitchcock, que no presagia los de-
sastres por venir (cf. las figuras maternas de *Tuyo es mi corazón, Psicosis, Los
pájaros, Marnie, confesiones de una ladrona,* etc.). Pero incluso esta "madre
buena" tiene su otra cara en la madre de Herbie, que es enferma y posesiva, y
a la cual él nunca ve, como en el primer esbozo de la madre "acousmátique"
de *Psicosis.* De modo que si se mira con más atención, no hay nada idílico en
la vida de ese pequeño pueblo y en la "buena gente común".

Lo que mantiene la relación dual y al mismo tiempo la fragmenta es el vínculo entre el deseo del Otro, la figura materna, que es el elemento mediador, y,
por otro lado, el objeto paradójico fascinante que resulta letal. El sujeto finalmente recibe su propio mensaje:

> "Somos viejos amigos. Más que eso. Somos como gemelos. Tú mis-
> ma lo dices... Te despiertas todas las mañanas de tu vida y sabes perfec-
> tamente que no hay nada en el mundo que te perturbe. Atraviesas tu pe-
> queño día corriente, y por la noche duermes tu pequeño sueño común
> imperturbado, lleno de estúpidos sueños fragmentarios. Y yo te traigo
> pesadillas. ¿Fui yo? ¿O fue una mentira tonta, inexperta? Tú vives en
> un sueño, eres una sonámbula, una ciega. ¿Cómo puedes saber cómo es
> el mundo? ¿No sabes que el mundo es una pocilga repugnante? ¿No sa-
> bes que si tiras abajo los frentes de las casas encontrarás cerdos? ¡El
> mundo es un infierno!"

La escena de la confesión ocurre en un bar, un lugar semejante al infierno,
con su humo espeso y la atmósfera de vicio. Ella no puede traicionar al tío, la
madre le ata las manos, eso sería el fin de la madre. La madre, que ha dotado
al objeto de su secreto maravilloso, es ahora la figura que impide descubrirlo.
En la posición de ella hay una paradoja: por un lado, es la única que cuida del
hogar y la familia, la protectora de la vida doméstica (en contraste con el padre
incompetente); por otra parte, lo que surge como la irrupción de un cuerpo extraño, la fractura y destrucción de la seguridad hogareña, es precisamente el
objeto del deseo de la madre. Cuando Charlie quiere ser salvada del aburri-
miento doméstico, el tío aparece como el salvador en cuanto él es el objeto de
culto de la madre, el héroe de una novela familiar (como diría Freud).

Cuando Charlie descubre el objeto "secreto y maravilloso", la dualidad desaparece, el universo imaginario se quiebra en fragmentos, los frentes de las
casas se desmoronan. Ella encuentra lo siniestro en el punto donde ella se reconoce más íntimamente. Esto no ocurre como una catástrofe exterior; la catástrofe consiste en que surge en el punto más próximo al sujeto, como su propio mensaje, como la respuesta de su imagen narcisista. Ella experimenta, en
el sentido más inmediato, que el objeto del deseo es letal.

La secuencia de la confesión en el bar, el meollo estructural de la trama, no
tiene doble: la joven Charlie nunca había puesto los pies en ese lugar, y nunca

volverá a hacerlo. Hemos visto que la condición del redoblamiento es la exclusión/inclusión de un tercero, y esto rige también para la duplicación de las escenas: las escenas dobles están aproximadamente centradas en torno a ese elemento central que no tiene doble y sirve de eje o gozne.

El descubrimiento por Charlie de su propia implicación en el mundo del tío le impide mantener su propia pureza o una metaposición. El objeto fascinante es su destino: ella ha amado eso que es "en él más que él mismo", y la muerte de él no basta para hacerlo desaparecer. "Ella está condenada a amar al tío Charlie hasta el fin de su vida", dijo alguna vez Hitchcock, comentando la conclusión, que está muy lejos del final feliz convencional de Hollywood.

De modo que la posición de tercero en la dualidad es ocupada tanto por el objeto fascinante y letal (que es también el objeto de intercambio y circulación) como por el deseo de la madre, la Madre como portadora de la ley. Es la convergencia y coincidencia de ambos elementos lo que quizá proporciona la mejor clave de la fantasía fundamental de Hitchcock, y *La sombra de una duda* la revela tal vez del modo más sorprendente.

*

Pacto siniestro presenta un caso similar de redoblamiento, aunque en escala más pequeña, y no tan puro desde el punto de vista formal. En las tomas iniciales, tenemos la presentación simétrica de dos pares de zapatos, que seguimos desde un taxi hasta un vagón ferroviario; la toma de los rieles los muestra paralelos e inevitablemente convergentes a lo lejos, así como los zapatos inevitablemente chocarán entre sí, vinculando de tal modo otra pareja, la de Guy y Bruno, fatalmente ligados. De nuevo la pareja sirve como eje de la duplicación: hay dos ciudades, Washington y Metcalf, unidas por el tren, el lugar del intercambio y lo contingente; dos mujeres en la vida de Guy (Miriam, su ex esposa de Metcalf, y Anna, la hija del senador en Washington), opuestas como la vulgaridad y el encanto; dos hombres jóvenes que acompañan a Miriam; dos detectives que son la sombra de Guy; dos escenas en el parque de diversiones, con dos guardianes y dos muchachitos, y, al borde de la película, dos Patricias H.: Patricia Hitchcock, la hija del director en su papel más largo (realizó "cameos"* en *Desesperación* y *Psicosis*), y Patricia Highsmith (el film se basa en su primera novela, que le procuró una fama súbita y totalmente justificada). Finalmente, el propio Hitchcock, en su cameo en un momento clave de la película, es redoblado por un contrabajo, el instrumento que más tarde toca el "hombre equivocado", Manny Balestrero.

También en este caso la dualidad, este recurso de la simetría formal, no es finalmente más que el fondo para la circulación de un objeto. En *Pacto*

---

* Cameo: Aparición muy breve, generalmente muda, de una figura famosa o reconocible, en un film. (N. del T.)

siniestro, el objeto privilegiado es el encendedor, que de nuevo resume toda la tensión, sirve como prenda de compromiso, mantiene unida a la pareja y la fragmenta al mismo tiempo. Si esta película fuera un relato del *Decamerón,* podría llevar el título "La historia sobre Guy de Washington, que perdió su encendedor y después de largas y desagradables complicaciones logró recuperarlo".

Las tomas iniciales han establecido dos compañeros simétricos, y la trama gira en torno a un objeto que circula entre ellos. Esta situación se parece notablemente a la de un partido de tenis, y por cierto Guy es un jugador de tenis profesional, mientras que en el libro es un arquitecto (y en el libro el objeto olvidado en el tren no es nada menos que un volumen de los *Diálogos* de Platón, pero la novela es totalmente diferente en su estructura e implicaciones). La modificación quizá no sea totalmente fortuita; responde a una necesidad. Podemos pensar en otro célebre partido de tenis, el de la película *Blow-up* de Antonioni. Hay un grupo de personas jugando al tenis sin pelota; David Hemmings, al final, se introduce en ese juego yendo a buscar la pelota inexistente. Acepta el juego, en el cual el lugar del objeto está vacío, así como el juego social podría continuar sin un cuerpo. Existe la ilusión de que el objeto podría detectarse mediante una ampliación, de que la ampliación lo captaría o aprehendería, pero todo lo que podía verse era el contorno difuso de un objeto elusivo, que a la mañana siguiente ya no estaba allí. El supuesto de que el lugar del objeto está vacío, de que el juego social tanto como el estético está organizado en torno a un vacío central, fue uno de los supuestos esenciales del modernismo. En el modernismo, Godot nunca llega, y tanto *Blow-up* como Godot han sido considerados casos paradigmáticos de modernismo por Slavoj Žižek.[6] En Hitchcock, sin embargo, la presencia del objeto es esencial; el objeto que atrae la mirada está situado en un lugar especial en el núcleo de las relaciones intersubjetivas: induce y desencadena las relaciones, les proporciona su necesario apoyo, y al mismo tiempo las bloquea, encarna su imposibilidad interior, les impide ser especulares, provoca su fractura.

¿Cómo se complica Guy con Bruno? Este interrogante es un ejemplo de uno de los problemas básicos de Hitchcock: ¿cómo un encuentro accidental provoca consecuencias fatales? Esta es otra clave del universo hitchcockiano: un orden aparente de la vida ordinaria se precipita a la catástrofe en virtud de un encuentro fatal.

Raymond Chandler, que escribió el guión, tenía a su disposición sólo diez minutos de la película para hacer que un ciudadano honesto y obediente de las leyes se enredara en un asesinato. Parecía una tarea imposible, pero el resultado es totalmente convincente. Esta apertura depende de dos momentos. El primero tiene que ver con el modo en que el sujeto está relacionado con el Otro de las convenciones sociales (en última instancia, el Otro del significante); el segundo implica la relación con el objeto.

Podemos encarar el primer momento de un modo indirecto. Al principio hay una situación hilarante, cuando vemos a Bruno con una corbata que lleva su nombre. El se presenta remitiéndose al nombre escrito en su corbata –la corbata era significativamente un regalo de la madre, y él sólo la usaba por ella, para darle gusto–. Advertimos la conexión con *La sombra de una duda*, donde la madre era el agente de la nominación (la madre de Bruno está exactamente a medio camino entre la Señora Newton, madre de Charlie, y la Señora Bates). (Si quisiéramos hacer psicoanálisis salvaje, podríamos apuntar al hecho de que en esa corbata está también la imagen de una langosta: ¿el animal de la castración? De todos modos, recibir esa corbata como regalo de la madre no parece de buen agüero.) Hay algo risible en el modo en que Bruno es literalmente el portador de su nombre, un nombre como un rótulo, incluso en la imagen. Pero encontramos la misma tendencia en el tratamiento que le da Bruno al lenguaje, en su posición en el discurso, en el modo en que trata las palabras como rótulos de las cosas –y en esto consiste esencialmente el manejo psicótico del lenguaje–. Lo podemos advertir en dos fragmentos de diálogo:

Bruno: —¿Estás seguro de que hablamos el mismo idioma?
Guy: —Lo hacemos.
...
Bruno: —¿Crees que mis teorías son buenas?
Guy: —Creo que todas tus teorías son buenas.

Guy responde con una forma de cortesía, con buena educación, con tacto, es decir, con un sí que es un no. Esa misma forma de responder implica capacidad para interpretar las consecuencias, leer entre líneas, no tomar las palabras en su sentido literal, como rótulos de las cosas. La forma de la cortesía exige una forma de subjetivación, es decir, en su forma mínima, una complicación, una mediación de referencia. El lugar de la subjetividad entraña un rodeo en la referencia, corre entre los renglones, no se lo puede inmovilizar en un significante. Pero Bruno tiene la incapacidad psicótica de leer entre líneas; toma las palabras por su referencia inmediata. Se dijo "hablamos el mismo idioma" y "tus teorías son buenas". Además, en un nivel aún más bajo, la cortesía implica reciprocidad, un intercambio de réplicas, una cooperación formal. El hecho mismo de que Guy continúe con esa forma de conversación, de que responda cortésmente, es tomado por Bruno como una especie de garantía del intercambio, en el mismo nivel que el intercambio de asesinatos. Guy dice no, pero en la forma cortés de llevar la reciprocidad conversacional, y la forma misma de la cooperación es vista como un compromiso: una palabra por otra palabra, un asesinato por otro asesinato.

Esta escena tiene su contraparte más adelante, cuando Guy toma el tren en el momento del asesinato. Una vez más, hay un encuentro accidental en el tren, y Guy entra en una conversación con un profesor de matemática bebido, que lo encara con algunas teorías rudimentarias y gruñidos de borracho. Cuando pregunta "¿Comprende lo que quiero decir?", Guy responde de nuevo: "Sí, por supuesto". La actitud de Guy es exactamente la misma; mantiene la forma de la cortesía y la reciprocidad, sólo que en este caso el profesor, bebido como lo está, puede tomar un sí por un no. Lo desconcierta que Guy comprenda sus confusas efusiones, de modo que de inmediato deja de hablar: recibe el mensaje. Existe una correspondencia entre los dos encuentros; la misma actitud de Guy produce dos reacciones opuestas. Una vez, la forma de la cortesía es tomada literalmente, y será muy bien recordada; la segunda vez, se comprende su mensaje, pero será olvidado por completo. El profesor no podrá recordar la conversación, y de tal modo dejará a Guy sin coartada. En ambos casos las consecuencias serán fatales.

Más adelante, en la película hay otros dos encuentros accidentales en el tren. A lo largo del film Guy toma el tren cuatro veces, y en cada ocasión hay un encuentro accidental, con el tren como lugar de la contingencia y el intercambio. En el tercer caso, Guy es testigo de que dos pasajeros, otros dos extraños en un tren, se golpean accidentalmente las piernas, pero a continuación no pasa nada: sólo corteses "Discúlpeme", "Lo lamento". En ese universo, los accidentes sólo carecen de consecuencia si les suceden a otros.

El cuarto caso se produce en la escena final, cuando de nuevo se acerca a Guy un extraño: "Discúlpeme, ¿es usted Guy Haines?" –las mismas palabras iniciales que había empleado Bruno–. Pero esa vez Guy se vuelve bruscamente y abandona el compartimiento, renuncia a la forma de la cortesía y la reciprocidad; por entonces ya ha aprendido que la forma en sí contiene trampas engañosas. De modo que el primer encuentro accidental tiene tres repercusiones ulteriores, como otras tantas variaciones, reflejos, desarrollos del mismo tema. El hilo conductor del todo es una fenomenología de los encuentros azarosos.

El segundo momento que entraña el compromiso de Guy con Bruno está centrado en el objeto.

Los encuentros accidentales, como ya lo hemos señalado, son esenciales en el universo de Hitchcock. Este es un universo gobernado por un *génie malin* que hace que un acontecimiento casual sumerja a un ciudadano normal en una pesadilla, y es el accidente azaroso lo que revela la estructura en la que está implicado el sujeto. El encuentro casual toma básicamente la forma de la unión de un elemento y un lugar vacío, un vacío que esperaba al sujeto como una trampa. *Intriga internacional* es el ejemplo más obvio: el nombre George Kaplan, un agente inexistente, un significante vacío, es la trampa en la que cae Roger O. Thornhill, quien llena el espacio vacío. En *Pacto siniestro*, el espacio vacío es el lugar del contrato en el que queda atrapado Guy como socio. El contrato en sí parece bastante común: haz por mí lo que yo haré por ti: el entrecruzamiento, la reciprocidad está en la base de la vida social. Es allí donde entra en juego el objeto: el espacio vacío es ocupado por un objeto, el encendedor.

Guy saca el encendedor del bolsillo para encender el cigarrillo de Bruno. El encendedor tiene grabado "A to G" (Anna a Guy); es un regalo de su novia.

Esa dedicatoria suscita la conversación sobre los problemas matrimoniales de Guy, y conduce a la propuesta fatal de Bruno. Al final de la charla, Guy baja del tren y olvida el encendedor; Bruno lo conserva –como prenda, como garantía, como firma del contrato–. Este es el segundo momento: no habría contrato sin el objeto, sin esa pequeña pieza de materialidad, la "pizca de lo real". Más tarde, Guy trata en vano de protestar inocencia, de deshacerse de Bruno y de negar todo vínculo con él, pero el encendedor está allí como su objeto equivalente, su *tenant lieu,* su representante material, su sustituto, ocupando su lugar contra su voluntad. De modo que cuando Guy no quiere mantener su parte del contrato, Bruno puede usarlo falazmente como prueba, e implicar a Guy. Bruno se aferra al objeto continuamente, lo acaricia, no lo usa para encender cigarrillos, no lo deja lejos del alcance de sus manos, salvo una vez, cuando accidentalmente cae en una zanja. El objeto, como objeto de un lapsus –es accidentalmente olvidado– requiere otro lapsus: también Bruno es parte de un contrato inconsciente –asesinato por asesinato, lapsus por lapsus–. También Bruno depende del objeto: tiene sentido para su acción, le proporciona su certidumbre, su sentido de propósito. Es aquello a lo que él se aferra hasta el final, como a su vida, apretándolo en la mano cuando muere. Sólo cuando Guy lo recobra de la mano de Bruno muerto, sólo entonces, el contrato queda roto.

*

Extraigamos ahora algunas conclusiones generales. El propio Hitchcock era muy consciente del problema del objeto. En sus célebres observaciones en la conversación con Truffaut, señaló la función central de un cierto tipo de objeto en sus películas: el objeto que él llamó Mac Guffin, objeto "irrelevante", una "nada en absoluto", en torno al cual gira la acción. Hitchcock narra el chiste que dio nombre al objeto, y que en realidad es una broma de "extraños en un tren". Tiene también una versión yugoeslava, con finales alternativos:

—¿Qué es ese paquete en el portaequipaje?
—Es un Mac Guffin.
—¿Para qué sirve?
—Para matar los leones de las Tierras Altas.
—Pero no hay leones en las Tierras Altas.
Final A: "En realidad esto tampoco es un Mac Guffin."
Final B: "Ya lo ve, da resultado."

Hay que leer las dos versiones juntas: el objeto es una nada, en realidad no es un Mac Guffin, pero da resultado.

Del contenido del Mac Guffin no sabemos casi nada: es los microfilms de *Intriga internacional,* los planos de los aviones de *39 escalones* (planos que ni siquiera vemos), la melodía codificada de *La dama desaparece* (el objeto inmaterial que hay que confiar a la voz y a la memoria). Mi ejemplo favorito proviene de *Corresponsal extranjero:* la cláusula secreta de un tratado de defensa, una cláusula tan secreta que los presentes tienen que memorizarla, que no podría asentarse en un papel; un significante ideal de sublime que está más allá de la escritura (desde luego, nunca nos enteramos de cuál era esa cláusula). Y así sucesivamente.

Los Mac Guffins sólo significan que significan, significan la significación como tal, siendo el contenido real enteramente insignificante. Están en el núcleo de la acción y son a la vez completamente irrelevantes. El más alto grado de significado –lo que todos persiguen– coincide con una ausencia de significado. El objeto en sí es un punto de fuga, un espacio vacío; no es en absoluto necesario que sea mostrado o que esté presente –como en *Blow up*– pues basta una evocación con palabras. Su materialidad es inesencial, es suficiente que se nos comunique su existencia.

No obstante, hay un segundo tipo de objeto que sigue una clase diferente de lógica. Se trata de un objeto fascinante, cautivante, hechizante, algo que encanta y necesariamente tiene algún tipo de materialidad y una cierta calidad letal. Los dos ejemplos que he intentado singularizar con algún detalle son el anillo de *La sombra de una duda* y el encendedor de *Pacto siniestro.* Se los puede encontrar en muchas otras películas de Hitchcock.

Está la llave de *Tuyo es mi corazón,* esa llave que Ingrid Bergman le roba al esposo para dársela al amante, y que cuando la devuelve la revela como espía; en un hermoso *travelling* en la recepción, la cámara, después de un movimiento complicado, se detiene en la llave en la mano de Bergman y, dentro de una sola toma, todo el encanto de la fiesta se desvanece gradualmente, convirtiéndose en el trasfondo del objeto. Está la llave de *La llamada fatal,* la llave que le da el esposo al asesino de su mujer, y en virtud de la cual descubren a "el hombre que sabía demasiado", por su conocimiento excelente (pero que queda sin explotar de modo hitchcockiano, siendo toda la película más bien no-hitchcockiana). Está la gargantilla de *Vértigo,* gargantilla que llevaba la falsa Madeleine y que subsiste como el único objeto en la segunda mitad, usada por Judy Barton, esa mujer completamente diferente que sin embargo es la misma: el objeto es el núcleo de su identidad, su "equivalente material", la pizca de lo real. Son posibles otras variaciones: en *El hombre que sabía demasiado,* el chico se convierte en el objeto de intercambio entre dos parejas, pasando, por así decirlo, de un lado del espejo al otro. En *Intriga internacional,* el espacio vacío (el nombre de George Kaplan) es accidentalmente ocupado por Cary Grant: él mismo, por así decirlo, asume la parte del encendedor y se convierte en el objeto de intercambio entre dos servicios de inteligencia.

De modo que se puede trazar una distinción entre dos clases de objetos hitchcockianos: uno es un punto de fuga, en sí mismo inmaterial, que induce la metonimia infinita; el segundo tiene una presencia masiva no transparente, está dotado de una materialidad sublime y letal, es la evocación de lo que Lacan (siguiendo a Freud y Heidegger) denominó *das Ding*. Podríamos proponer la siguiente distinción lacaniana: el primero es el objeto del deseo, un semblante que desaparece empujando el deseo en una metonimia infinita; el segundo es el objeto de la pulsión, la presencia que incorpora un bloqueo en torno al cual circulan todas las relaciones. La lógica del segundo objeto es la "superestructura" de la lógica del primero, su suplemento y contracara, como en el célebre "grafo del deseo" de Lacan.[7]

NOTAS

1. Nº 39, octubre de 1954, págs. 48-9.

2. Cf. Donald Spoto, *The Dark Side of Genius,* Boston, Little, Brown, 1983, pág. 263.

3. Cf. Raymond Durgnat, *The Strange Case of Alfred Hitchcock,* Londres, Faber and Faber, 1974, págs. 33-4.

4. Durgnat (*op.cit.,* págs. 187-8) sugiere incluso algunos perfeccionamientos posibles del guión para obviar esas diferencias.

5. Cf. Jacques Lacan, *The Four Fundamental Concepts of Psycho-Analysis,* Harmondsworth, Penguin Books, 1979, pág. 263; cf. también Jacques Lacan, *le Séminaire, livre VIII, Le transfert;* París, Seuil, 1991, págs. 163-213.

6. Slavoj Žižek, *Looking Awry: An Introduction to Jacques Lacan through Popular Culture,* Cambridge (Ma.), MIT Press, 1991, págs. 143-5.

7. Cf. Jacques Lacan, "The subversion of the subject and the dialectic of desire in the Freudian unconscious", en *Ecrits: A Selection,* Londres, Tavistock Publications, 1977, págs. 303-24.

2

El corte hitchcockiano: pornografía, nostalgia, montaje

Slavoj Žižek

El sádico como objeto

Cazador de hombres, de Michael Mann, es una película sobre un investigador policial célebre por su habilidad para introducirse intuitivamente, por medio de un "sexto sentido", en la mente de los asesinos, los perversos, los sádicos; su tarea consiste en descubrir a un asesino particularmente cruel que mató a una serie de tranquilas familias de provincia. El investigador pasa una y otra vez películas caseras en Súper 8 filmadas por las familias asesinadas para llegar al *trait unaire*, el rasgo común de todas ellas que atrajo al criminal y dirigió su elección. Pero sus esfuerzos son vanos mientras busca ese rasgo común en el nivel del contenido, es decir, en las familias mismas. Encuentra una clave de la identidad del asesino cuando le salta a la vista una cierta incongruencia: la investigación en la escena del último crimen demuestra que para entrar en la casa, es decir, para abrir por la fuerza la puerta del patio trasero, el asesino utilizó una cierta clase de herramienta que era inapropiada, incluso innecesaria. La antigua puerta del patio había sido reemplazada unas semanas antes del crimen por otra puerta de un nuevo tipo: para forzar la puerta nueva, habría sido mucho más adecuada otra clase de herramienta. Entonces, ¿cómo obtuvo el asesino esa pieza de información errónea o, más precisamente, desactualizada? La antigua puerta se veía claramente en escenas de la película casera en Súper 8; el único rasgo común de todas las familias masacradas era entonces el de *las películas caseras en sí,* es decir que el asesino debió haber tenido acceso a sus películas; entre ellas no había ningún otro vínculo que las conectara. Siendo esas películas privadas, el único vínculo posible era el laboratorio que las reveló; un control rápido confirma que todas fueron reveladas por el mismo laboratorio, y el asesino es pronto identificado como una de las personas que trabajaban allí.

¿Dónde reside el interés teórico de esta resolución? El investigador busca un rasgo común que le permita llegar al asesino en el contenido de las películas, pasando de tal modo por alto la forma en sí, es decir, el hecho crucial de que todo el tiempo está viendo una serie de películas caseras. El giro decisivo se produce cuando advierte que a través del escudriñamiento en sí de esas películas, *él ya está identificado con el asesino*. Su mirada obsesiva que inspecciona cada detalle del escenario coincide con la mirada del asesino: la identificación está en el nivel de la mirada, no en el nivel del contenido. Hay algo extremadamente desagradable y obsceno en esta experiencia de sentir que nuestra mirada es ya la mirada del otro. ¿Por qué? La respuesta lacaniana es que, precisamente, esa coincidencia de las miradas define la posición del perverso. En ello consiste, según Lacan, la diferencia entre la mística "femenina" y la "masculina", entre, digamos, Santa Teresa y Jacob Boehme: la mística "femenina" implica un goce no fálico, "no-todo", mientras que la mística "masculina" consiste precisamente en esa superposición de las miradas en virtud de la cual el místico experimenta que su intuición de Dios es al mismo tiempo la visión por medio de la cual Dios se mira a Sí Mismo: "Confundir este ojo contemplativo con el ojo con el que Dios se mira a sí mismo debe seguramente formar parte de la *jouissance* perversa".[1]

Esta coincidencia, que define la perversión, de la visión del sujeto con la mirada del Otro, nos permite también conceptualizar uno de los rasgos fundamentales del funcionamiento ideológico del denominado "totalitarismo": si la perversión del misticismo "masculino" consiste en el hecho de que la visión por medio de la cual el sujeto contempla a Dios es al mismo tiempo la mirada por medio de la cual Dios se contempla a Sí Mismo, entonces la perversión del comunismo estalinista consiste en el hecho de que la visión por medio de la cual el Partido mira a la Historia coincide inmediatamente con la mirada de la Historia a sí misma. Para emplear la antigua y buena jerga estalinista, hoy en día ya a medias olvidada, los comunistas actúan inmediatamente en nombre de "las leyes objetivas del progreso histórico"; es la Historia misma, su Necesidad, la que habla por boca de ellos.

Por esta razón la fórmula elemental de la perversión sadeana, tal como la formuló Lacan en su "Kant avec Sade", es tan conveniente para designar la posición subjetiva del comunista estalinista. Según Lacan, el sujeto sadeano trata de eludir su escisión, su división constitutiva, transfiriéndola a su otro (la víctima) e identificándose él mismo con el objeto, es decir, ocupando la posición del objeto-instrumento de la Voluntad de Gozar *(volonté de jouir)*, que no es su voluntad sino la voluntad del Otro que asume la forma del "Ser Supremo del Mal". En ello consiste la ruptura de Lacan con la noción usual del "sadismo": según esta noción, el "perverso sádico" asume la posición de un sujeto absoluto que usurpa el derecho a disponer sin restricciones del cuerpo del otro, reduciéndolo a la condición de un objeto-instrumento para la satisfacción de su voluntad de gozar; en Lacan, en cambio, es el "sádico" mismo quien se encuentra en la posición de objeto-instrumento, ejecutor de alguna voluntad radicalmente heterogénea, mientras el sujeto escindido es precisamente su otro (la víctima). La posición del perverso está determinada en el núcleo más íntimo por esa instrumentalización radical de su propia actividad: él no realiza su actividad para su propio placer, sino para el goce del Otro: él encuentra goce precisamente en esta instrumentalización, en trabajar para el goce del Otro.[2] De esto debe inferirse con claridad la razón de que, en Lacan, el matema de la perversión se escriba como la inversión del matema del fantasma: $a \lozenge \mathsf{S}$.[3] Y también debe estar claro por qué este matema designa al mismo tiempo la posición subjetiva del comunista estalinista: él atormenta infinitamente a su víctima (las masas, las personas "comunes", que no son funcionarios del Partido), pero lo hace como instrumento del Otro ("las leyes objetivas de la historia", "la necesidad del progreso histórico"), detrás del cual no es difícil reconocer la figura sadeana del Ser Supremo del Mal. El caso del estalinismo ejemplifica perfectamente por qué, en la perversión, el otro (la víctima) está escindido: el comunista estalinista atormenta a la gente, pero lo hace como servidor fiel de esa misma gente, en su propio nombre, como ejecutor de su propia voluntad (de sus propios "intereses objetivos", "verdaderos").[4]

La pornografía

Entonces, la ironía final de *Cazador de hombres* sería la siguiente: frente a un contenido sádico-perverso, el investigador sólo puede llegar a una solución tomando en cuenta el hecho de que el propio procedimiento que emplea es en un nivel formal ya "perverso", es decir, que implica una coincidencia de su mirada con la mirada del otro (el asesino). Y es esta superposición, esta coincidencia de nuestra visión con la mirada del otro, lo que nos da una clave de la pornografía.

La primera asociación que surge en este punto consiste, desde luego, en que la *pornografía* es el género que se supone "revela todo lo que hay allí para revelar", que no oculta nada, que lo registra "todo" con una cámara directa y lo ofrece a nuestra vista. Sin embargo, es precisamente en el cine pornográfico donde la "sustancia del goce" percibida por la visión desde afuera está *radicalmente perdida*. ¿Por qué? Recordemos la relación antinómica de la mirada y la visión tal como la articula Lacan en su *Seminario XI:* la visión –es decir, el ojo que ve el objeto– está del lado del sujeto, mientras que la mirada está del lado del objeto. Cuando miro un objeto, el objeto está siempre mirándome de antemano, y desde un punto en el cual yo no puedo verlo:

"En el campo escópico, todo está articulado entre dos términos que actúan de modo antinómico; del lado de las cosas, está la mirada, es decir, las cosas me miran, y sin embargo yo las veo. Así es como se deben entender las palabras, subrayadas con tanta fuerza, en el Evangelio: *Ellos tienen ojos que podrían no ver.* Que podrían no ver, ¿qué? Precisamente, que las cosas los miran a ellos." [5]

Está antinomia de la mirada y la visión se pierde en la pornografía. ¿Por qué? porque la pornografía es intrínsecamente *perversa;* su carácter perverso no reside en el hecho obvio de que "llega hasta el final y nos muestra todos los detalles sucios", sino en que es concebida de un modo estrictamente formal: en la pornografía, el espectador es forzado *a priori* a ocupar una posición perversa. En lugar de estar del lado del objeto visto, la mirada cae en nosotros mismos, los espectadores, razón por la cual la imagen que vemos en la pantalla no contiene ningún lugar, ningún punto sublime-misterioso desde el cual nos mire. Sólo nosotros miramos estúpidamente la imagen que "lo revela todo". Contrariamente al lugar común de que en la pornografía el otro (la persona mostrada en la pantalla) es degradado a la condición de un objeto de nuestro placer voyeurista, debemos subrayar que es el espectador en sí quien ocupa la posición del objeto: los sujetos reales son los actores de la pantalla que tratan de excitarnos sexualmente, mientras que nosotros, los espectadores, somos reducidos a la condición de mirada-objeto paralizada.[6]

De modo que la pornografía pasa por alto, reduce el punto de la mirada-objeto en el otro; esta omisión tiene precisamente la forma de un encuentro que falta, frustrado. Es decir, en una película "normal", no pornográfica, las escenas de amor se construyen siempre en torno a cierto límite que no se puede superar, porque "no se puede mostrar todo". En cierto punto, la imagen se desdibuja, la cámara se aparta, la escena se interrumpe, nunca vemos directamente "eso" (la penetración de los órganos sexuales, etc.). En contraste con este límite de la representabilidad que define la película de amor o el melodrama "normales", la pornografía va más lejos, lo "revela todo". No obstante, la paradoja consiste en que al atravesar el límite, siempre va *demasiado lejos,* es decir, *omite* lo que permanece oculto en una escena de amor "normal", no pornográfica. Para citar de nuevo la bien conocida frase de *La opera de tres centavos* de Brecht, si uno corre demasiado rápido detrás de la felicidad, tal vez le dé alcance y la deje atrás... Si vamos "al grano" precipitadamente, si queremos mostrar "la cosa en sí", necesariamente perdemos lo que buscábamos, el efecto es extremadamente vulgar y depresivo (como puede confirmarlo cualquier persona que haya visto películas porno-duro). La pornografía no es entonces otra cosa que la variación de la paradoja de Aquiles y la tortuga que, según Lacan, define la relación del sujeto con el objeto de su deseo: naturalmente, Aquiles puede dejar fácilmente atrás a la tortuga, pero no puede darle alcance, unirse a ella: el sujeto es siempre demasiado lento o demasiado rápido, nunca puede llevar el paso del objeto de su deseo. El objeto inalcanzable/prohibido al que la película de amor "normal" se acerca pero nunca alcanza (el acto sexual) sólo existe ocultado, indicado, "simulado". En cuanto lo "mostramos", su encanto se desvanece, hemos "ido demasiado lejos", y en lugar de la Cosa sublime, no podemos deshacernos de una vulgar y abrumadora fornicación.

La consecuencia es que la armonía, la congruencia entre el relato fílmico (el despliegue de la historia) y la exhibición inmediata del acto sexual es estructuralmente imposible. Si escogemos una, necesariamente perdemos el otro. En otras palabras, si queremos una historia de amor que nos "absorba", que nos conmueva, no tenemos que "ir hasta el fondo" y "mostrarlo todo" (los detalles del acto sexual), porque en cuanto lo "mostramos todo", la historia deja de ser "tomada en serio" y empieza a funcionar sólo como un pretexto para introducir actos de copulación. Podemos detectar esta brecha a través del tipo de "saber en lo real" que determina la manera en que los actores se comportan en los distintos géneros fílmicos: las personas incluidas en la realidad diegética siempre reaccionan como si supieran en qué género de película se encuentran. Por ejemplo, si chirría una puerta en una película de misterio, el actor vuelve angustiosamente su cabeza hacia ella; si chirría una puerta en una comedia familiar, el mismo actor le gritará al hijito que no ande a hurtadillas por el departamento. Esto es incluso más cierto respecto de las películas porno: antes de pasar a la actividad sexual, necesitamos una breve introducción, por lo general una trama estúpida que sirve de pretexto para que los actores empiecen a copular (el ama de casa llama a un plomero, una nueva secretaria se presenta ante el gerente). El caso es que incluso en la manera en que los actores interpretan esta trama introductoria, es visible que para ellos se trata sólo de una formalidad tonta, aunque necesaria para llegar lo antes posible a abordar la "cosa real".[7]

Y el ideal fantasmático de una obra pornográfica perfecta sería, precisamente, preservar esa armonía imposible, ese equilibrio entre la narración y la descripción explícita del acto sexual, es decir, evitar el *vel* necesario que nos condena a perder uno de los dos polos. Tomemos un melodrama anticuado y nostálgico como *Africa mía,* y supongamos que la película es exactamente como se la exhibe en los cines, salvo que con diez minutos adicionales: cuando Robert Redford y Meryl Streep tienen su primer encuentro amoroso, la escena no se interrumpe, la cámara "lo muestra todo", con detalles de sus órganos sexuales excitados, la penetración, el orgasmo, etc. A continuación del acto, la historia continúa normalmente y nos encontramos de nuevo en la película que conocemos todos. El problema es que una película así es estructuralmente imposible: incluso aunque se la filmara, sencillamente "no funcionaría"; los diez minutos adicionales nos sacarían del carril; durante el resto del film seríamos incapaces de recuperar el equilibrio y de seguir el relato con la habitual creencia (ahora repudiada) en la realidad diegética; el acto sexual obraría como una intrusión de lo real, socavando la consistencia de esa realidad.

La nostalgia

En la pornografía, la mirada *qua* objeto cae entonces en el sujeto-espectador, provocando un efecto de desublimación depresiva. Por esto, para extraer el objeto-mirada en su estatuto puro, formal, tenemos que volvernos hacia el polo opuesto de la pornografía: la nostalgia. Consideremos el que es probablemente hoy en día el caso más notorio de fascinación nostálgica en el cine: el *cine negro* norteamericano de la década de 1940. ¿Qué es exactamente lo que tiene de tan fascinante? Está claro que ya no podemos identificarnos con él; las escenas más dramáticas de *Casablanca, Asesinato, My Sweet, Traidora y mortal*, hoy provocan risa entre los espectadores. Pero, sin embargo, lejos de representar una amenaza para su poder de fascinación, este tipo de distancia es la condición misma de ese efecto. Es decir que lo que nos fascina es precisamente una cierta mirada, la mirada del "otro", del espectador hipotético, mítico, de la década de 1940, que se supone era todavía capaz de identificarse inmediatamente con el universo del *cine negro*. En una de estas películas lo que nosotros vemos realmente es esa mirada del otro: nos fascina la mirada del espectador "ingenuo" mítico, el que era "todavía capaz de tomarlo en serio". En otras palabras, el espectador que "cree en eso" por nosotros, en lugar de nosotros. Por esa razón, nuestra relación con el cine negro está siempre dividida, escindida entre la fascinación y la distancia irónica: distancia irónica respecto de su realidad diegética, fascinación con la mirada.

Esta mirada-objeto aparece con su mayor pureza en una serie de películas en las que la lógica de la nostalgia es llevada hasta la autorreferencia: *Cuerpos ardientes, Desafío, El desconocido*. Según el desarrollo ya realizado por Frederic Jameson en su célebre artículo sobre el posmodernismo,[8] *Cuerpos ardientes* invierte en cierto sentido el procedimiento nostálgico habitual de extraer de su contexto histórico, de su continuidad, los fragmentos del pasado que sirven de objeto de la nostalgia, para insertarlos en una especie de presente mítico, eterno, intemporal: en esta película negra, una vaga *remake* de *Pacto de sangre,* que se desarrolla en la California contemporánea, el tiempo presente en sí es visto a través de los ojos del cine negro de los cuarenta: en lugar de transponer a un presente mítico e intemporal un fragmento del pasado, vemos al presente mismo como si formara parte del pasado mítico. Si no tomamos en consideración esta "mirada de los cuarenta", *Cuerpos ardientes* sigue siendo simplemente una película contemporánea sobre el tiempo contemporáneo y, como tal, totalmente incomprensible: todo su poder de fascinación proviene del hecho de que mira el presente con los ojos del pasado mítico. La misma dialéctica de la mirada opera en *Desafío*, de Walter Hill; su punto de partida es también el cine negro de los cuarenta que, como tal, *no existe:* sólo comenzó a existir cuando fue descubierto por los críticos franceses en la década del cincuenta (no es casual que en inglés la expresión usada para designarlo sea *film noir,* en francés). Gracias a la intervención de la mirada francesa, lo que era una serie de producciones de clase B, de bajo presupuesto y poco prestigio crítico en la propia América, se transformó milagrosamente, a través de la intervención de la mirada francesa, en un sublime objeto de arte, en una especie de compañero fílmico del existencialismo filosófico; directores que tenían a lo sumo el estatuto de artesanos hábiles en América, se convirtieron en *auteurs*, cada uno de los cuales escenificaba en su películas una singular visión trágica del universo... Pero el hecho esencial es que esta visión francesa del cine negro ejerció una considerable influencia sobre la producción fílmica en Francia, de modo que en la propia Francia se estableció un género homólogo al cine negro americano. Su representante más distinguido es probablemente Jean Pierre Melville con su *Samurai*. Y *Desafío* de Hill es precisamente una especie de *remake* de *Samurai* de Melville: un intento de llevar de nuevo a la propia América la mirada francesa, la paradoja de que América se mire a sí misma a través de los ojos franceses. Una vez más, si consideramos *Desafío* sólo como una película norteamericana sobre Norteamérica, resulta incomprensible: tenemos que incluir la "mirada francesa".

Nuestro último ejemplo es *El desconocido*, el *western* clásico de George Stevens. Como es bien sabido, al final de la década de 1940 se produjo el estallido de la primera gran crisis del *western* como género: los *westerns* puros y simples empezaron a generar un efecto de artificialidad y rutina mecánica; parecía que su fórmula estaba agotada. Los autores reaccionaron a esa crisis realzando los *westerns* con elementos de otros géneros: tenemos el *western*-película negra (*Su única salida* de Raoul Welsh, que realiza la tarea casi imposible de trasponer a un western el universo oscuro del cine negro), el *western*-comedia musical *(Siete novias para siete hermanos)*, el *western*-drama psicológico (*Fiebre de sangre*, con Gregory Peck), el *western*-espectáculo épico histórico (la *remake* de *Cimarrón*), y así sucesivamente. En la década de 1950, André Bazin llamó *metawestern* a este nuevo género "reflejado". Y el modo en que opera *El desconocido* sólo puede captarse contra el fondo del *metawestern: El desconocido* es la paradoja del *western*, la "metadimensión" de lo que es *el western en sí*. En otras palabras, se trata de un *western* que implica una especie de distancia nostálgica respecto del universo de los *westerns:* un *western* que, por así decirlo, funciona como su propio mito. Para explicar ese efecto de *El desconocido*, una vez más debemos referirnos a la función de la mirada, es decir, si permanecemos en el nivel del sentido común, si no incluimos la dimensión de la mirada, surge un interrogante simple y comprensible: si la metadimensión de este *western* es el *western* en sí, de lo cual surge la distancia entre los dos niveles, ¿por qué el *metawestern* no se superpone simplemente con el *western* en sí, por qué no tenemos un *western* simple y puro? La respuesta es que en virtud de una necesidad estructural, *El desconocido* pertenece al contexto del *metawestern*: en el nivel de su contenido diegético inmediato, es desde luego un *western* simple y puro, uno de los más puros que se haya filmado, pero la forma misma de su contexto histórico determina que lo percibamos como *metawestern,* es decir, precisamente porque es un *western* puro por su contenido diegético, la dimensión de "más allá del *western*" abierta por el contexto histórico sólo puede ser llenada por el *western* en sí. En otras palabras, *El desconocido* es un *western* puro *en una época en que los westerns puros ya no son posibles,* en la que el *western* es percibido desde una cierta distancia nostálgica, como un objeto perdido. Por ello resulta altamente indicativo que la historia se narre desde la perspectiva de un niño (la perspectiva de un muchachito, un miembro de la familia campesina defendida por *El desconocido* –héroe mítico que de pronto aparece no se sabe de dónde–, contra los violentos criadores de ganado): la mirada inocente-ingenua del otro que nos fascina en la nostalgia es en última instancia la mirada de un niño.

En las nostálgicas películas "retro", entonces, la lógica de la mirada *qua* objeto aparece como tal: el objeto real de la fascinación no es la escena exhibida sino la mirada del "otro" ingenuo, absorbido, encantado por ella. En *El desconocido,* por ejemplo, podemos ser fascinados por la aparición misteriosa de *El desconocido* sólo a través del expediente de la mirada "inocente" del niño, y nunca de modo inmediato. Esa lógica de la fascinación, en virtud de la cual el sujeto ve en el objeto (en la imagen de su mirada) su propia mirada, es decir, por la cual en la imagen vista él "se ve viendo", es definida por Lacan[9] como la ilusión misma del perfecto autorreflejo que caracteriza la tradición filosófica cartesiana de la autorreflexión del sujeto. Pero ¿qué sucede en este caso con la *antinomia* entre visión y mirada? Es decir, toda la sustancia del argumento de Lacan consiste en oponer al autorreflejo de la subjetividad filosófica, la discordia irreductible entre la mirada *qua* objeto y el ojo del sujeto: lejos de ser el punto de autorreflejo autosuficiente, la mirada *qua* objeto funciona como una mancha que desdibuja la transparencia de la imagen vista. Yo nunca puedo ver adecuadamente –es decir incluir en la totalidad de mi campo visual– el punto del otro desde el cual él me devuelve la mirada: como la mancha extendida en "Los embajadores" de Holbein, este punto desequilibra la armonía de mi visión.

La respuesta a nuestro problema es clara: la función del objeto nostálgico es precisamente *ocultar* la antinomia entre el ojo y la mirada, es decir, ocultar el impacto traumático de la mirada *qua* objeto por medio de su poder de fascinación. En la nostalgia, la mirada del otro está en cierto sentido domesticada, "se la vuelve amable", y en lugar de que irrumpa como una mancha traumática inarmónica, tenemos la ilusión de "vernos viendo", de ver la mirada en sí. En cierto sentido, podríamos decir que la función de la fascinación es precisamente cegarnos al hecho de que el otro ya está mirándonos desde antes. En la parábola de Kafka titulada "Las puertas de la ley", el hombre de campo que aguarda a la entrada del tribunal es fascinado por el secreto que está más allá de las puertas que él tiene prohibido atravesar; finalmente, el poder de fascinación ejercido por el tribunal se desvanece. Pero ¿cómo, exactamente? Su poder se pierde cuando el guardián de la puerta le dice al hombre, que desde el principio mismo, esa entrada le estaba destinada solamente a él. En otras palabras, le dice al hombre de campo que la cosa que lo fascinaba estaba en cierto sentido, todo el tiempo, devolviéndole la mirada, dirigiéndose a él: desde el mismo principio su deseo "formaba parte del juego", todo el espectáculo de la Puerta de la Ley y el secreto más allá de ella habían sido montados exclusivamente para capturar su deseo. Para que el poder de fascinación produzca su efecto, este hecho debe permanecer oculto: en cuanto el sujeto toma conciencia de que el otro lo mira (de que la puerta le estaba destinada exclusivamente a él), la fascinación termina.

En su puesta en escena de *Tristán e Isolda,* en Bayreuth, Jean Pierre Ponelle introdujo un cambio sumamente interesante en el argumento original wagneriano, un cambio que tiene precisamente que ver con el funcionamiento de la mirada como objeto de fascinación. En el libreto de Wagner, la resolución resume simplemente la tradición mítica: el herido Tristán se refugia en su castillo de Cornwall y espera que Isolda lo siga; cuando, a causa de un equívoco con el color de las velas del navío de Isolda, él llega a la conclusión de que ella no llegará, muere angustiado; entonces se produce el arribo de Isolda con su esposo legítimo, el rey Marke, dispuesto a perdonar a la pareja pecadora. Pero es demasiado tarde; Tristán ya ha muerto y, en una agonía extática, también muere Isolda, abrazada al cadáver del joven. Lo que hizo Ponelle fue simplemente montar el último acto como si el final de la acción "real" fuera la muerte de Tristán; todo lo que sigue –la llegada de Isolda y Marke, la muerte de Isolda– es sólo el delirio agónico del héroe; en realidad, Isolda simplemente había roto la promesa hecha a su amante, volviendo arrepentida a los brazos del esposo. El muy celebrado final de *Tristán e Isolda,* la muerte por amor de Isolda, aparece entonces como lo que es en realidad: la fantasía *masculina* de una finalmente lograda relación sexual en virtud de la cual la pareja queda unida para siempre en un éxtasis mortal, o más precisamente, en virtud de la cual *la mujer* sigue a su hombre en la muerte, en un acto de abandono extático.

Pero para nosotros lo esencial es el modo en que Ponelle montó esta aparición delirante de Isolda. Como se le aparece a *Tristán,* podríamos esperar que lo hiciera *frente* a él, fascinando así su mirada. Sin embargo, en la puesta en escena de Ponelle, Tristán nos mira directamente a nosotros, los espectadores de la sala, mientras que Isolda, con una iluminación deslumbrante, se desplaza *detrás* del hombre, como aquello que es "en él más que él mismo". El objeto al que Tristán mira fascinado y absorto es literalmente *la mirada del otro* (corporizada en nosotros, los espectadores), la mirada que ve Isolda, es decir, la mirada que no sólo ve a Tristán sino también a su otro sublime, eso que es en él más que él mismo, el "tesoro", *ágalma,* de él. En ese punto, Ponelle hace un uso hábil de las palabras que canta Isolda: lejos de sumergirse en una especie de trance autista, ella continuamente se dirige a la mirada del otro. "¡Amigos! ¿No veis, no podéis ver, de qué modo él [Tristán] relumbra cada vez más?" Lo que "relumbra cada vez más" en él es, desde luego, *ella misma* como la aparición iluminada que está detrás de Tristán.

Si la función de la fascinación nostálgica es entonces ocultar, apaciguar la irrupción inarmónica de la mirada *qua* objeto, ¿cómo *se produce* esta mirada? ¿Qué procedimiento cinematográfico abre, perfora el vacío de la mirada *qua* objeto en el flujo continuo de las imágenes? Nuestra tesis es que este vacío constituye el resto necesario del *montaje*, de modo que la pornografía, la nostalgia y el montaje forman una especie de "tríada" cuasihegeliana, en relación con el estatuto de la mirada *qua* objeto.

El montaje

Por lo común el montaje es concebido como un modo de producir, a partir de fragmentos de lo real –trozos de la banda fílmica, tomas individuales discontinuas– un efecto de "espacio cinematográfico", es decir, una realidad cinematográfica específica. Se reconoce universalmente que el "espacio cinematográfico" nunca es una simple repetición o imitación de la realidad externa, "efectiva", sino un efecto de la manipulación del montaje. Pero, por lo general, se pasa por alto el modo en que esta transformación de fragmentos de lo real en una realidad cinematográfica produce, por una especie de necesidad estructural, un cierto resto, un excedente que es radicalmente heterogéneo a la realidad cinematográfica, pero no obstante está implícito en ella, forma parte de ella.[10] Este excedente de lo real es, en última instancia, precisamente la mirada *qua* objeto, como lo ejemplifica del mejor modo la obra de Hitchcock.

Ya hemos señalado que el elemento fundamental del universo hitchcockiano es la denominada "mancha": la mancha en torno a la cual gira la realidad, que se introduce en lo real, el detalle misterioso que "sobresale", que no "calza" en la red simbólica de la realidad y que, como tal, indica que "algo está fuera de lugar". Y el hecho de que en última instancia esta mancha coincida con la mirada amenazante del otro es confirmado de un modo casi obvio por la famosa escena de *Pacto siniestro* en la que Guy observa desde la cancha de tenis a la multitud que presencia el juego: primero tenemos una visión general del público, con las cabezas girando a izquierda y derecha, siguiendo la pelota, pero hay una cabeza quieta, una cabeza que mira fijamente a la cámara, es decir a Guy. La cámara entonces se acerca rápidamente a esa cabeza inmóvil: es Bruno, vinculado a Guy por un pacto criminal. Tenemos en este caso una forma pura, por así decir, destilada, de la mirada rígida, inmóvil, que se destaca como un cuerpo extraño y perturba la armonía de la imagen, introduciendo una dimensión amenazadora.

La función del famoso *travelling* hitchcockiano consiste precisamente en producir un mancha. En el *travelling,* la cámara se mueve desde el plano general de la realidad al detalle que debe seguir siendo una mancha borrosa, cuya verdadera forma sólo es accesible para una "visión desde el costado", anamorfótica, es decir, que aísla lentamente, respecto de lo que lo rodea, el elemento que no puede integrarse en la realidad simbólica, que debe seguir siendo un cuerpo extraño para que la realidad descrita conserve su coherencia. Pero lo que nos interesa aquí es el hecho de que, en ciertas condiciones, el montaje *interviene* en el *travelling*, es decir, que el acercamiento continuo de la cámara es interrumpido por cortes. Con más exactitud, ¿cuáles son esas condiciones? En síntesis: el *travelling* debe interrumpirse cuando es "subjetivo", cuando la cámara nos muestra la visión subjetiva de una persona que se acerca al objeto-mancha. Es decir que, en una película de Hitchcock, siempre que el héroe, una persona en torno a la cual está estructurada la escena, se acerca a un objeto, a una cosa, a otra persona, algo que pueda convertirse en "siniestro" *(unheimlich)* en el sentido freudiano, como regla Hitchcock alterna la toma "objetiva" de esa persona en movimiento, en su caminata hacia la Cosa siniestra, con una toma subjetiva de lo que esa persona ve, es decir, con la visión subjetiva de la Cosa. Este es, por así decirlo, el procedimiento elemental, el grado cero del montaje hitchcockiano.

Consideremos algunos ejemplos. Cuando, hacia el final de *Psicosis*, Lilah sube la cuesta hacia la misteriosa casona, el hogar presunto de la "madre de Norman", Hitchcock alterna la toma objetiva de Lilah ascendiendo, con su visión subjetiva de la vieja casa; lo mismo hace en *Los pájaros,* en la famosa escena analizada detalladamente por Raymond Bellour,[11] en la que Melanie, después de cruzar la bahía en un pequeño bote alquilado, se acerca a la casa donde viven la madre y la hermana de Mitch. Una vez más, alterna una toma objetiva de la inquieta Melanie, consciente que se entromete en la privacidad de un hogar, con su visión subjetiva de la casa misteriosamente silenciosa.[12] Entre otros innumerables ejemplos, mencionaremos sólo una escena breve, trivial, de *Psicosis,* con Marion y un vendedor de automóviles. En este caso, Hitchcock emplea su procedimiento de montaje varias veces: cuando Marion se acerca al vendedor de autos; cuando, hacia el final de la escena, se aproxima un policía que ya la había hecho detener en la autopista esa misma mañana, etc. Mediante este procedimiento puramente formal, un incidente por completo trivial y cotidiano queda cargado con una dimensión de inquietud y amenaza, una dimensión que no puede ser suficientemente explicada por sus contenidos diegéticos (es decir, por el hecho de que Marion esté comprando un auto nuevo con dinero robado y tema exponerse). El montaje hitchcockiano eleva un objeto cotidiano y trivial a la categoría de Cosa sublime: mediante una manipulación puramente formal, logra rodearlo con el aura de la angustia y el desasosiego.[13]

De modo que en el montaje hitchcockiano hay dos visiones permitidas y dos prohibidas: están permitidas la toma objetiva de la persona que se acerca a una Cosa y la toma subjetiva que presenta la Cosa tal como la persona la ve; están prohibidas la toma objetiva de la Cosa, del objeto "siniestro" y, sobre todo, la toma subjetiva de la persona que se acerca desde la perspectiva del objeto "siniestro" en sí. Consideremos de nuevo la mencionada escena de *Psicosis* que presenta a Lilah acercándose a la casa que está en la cima de la colina: es esencial que Hitchcock muestre la Cosa amenazante (la casona) sólo desde el punto de vista de Lilah. Si hubiera agregado una toma objetiva "neutra" de la casa, todo el efecto misterioso se habría perdido, y nosotros (los espectadores) habríamos tenido que soportar una desublimación radical. De pronto habríamos tomado conciencia de que en la casa como tal no había nada "siniestro"; de que esa casa (como la "casa negra" del relato breve de Patricia Highsmith) era sólo una vieja casucha ordinaria. El efecto de desasosiego se habría "psicologizado" radicalmente; nos habríamos dicho espontáneamente a nosotros mismos: "Esta es sólo una casa común, todo el misterio y la angustia ligados a ella son sólo un efecto de la agitación psíquica de la heroína".

También se habría perdido el efecto "siniestro" si Hitchcock hubiera agregado inmediatamente una toma "subjetivadora" de la Cosa, es decir, una toma subjetiva desde dentro de la casa. Supongamos que, mientras Lilah se acerca a la casa, hay una toma trémula en que se la ve a través de unas cortinas de la ventana, mientras se escuchaba el sonido de una respiración apagada, lo que indica que alguien de la casa la observa. Desde luego, este procedimiento, utilizado habitualmente en los *thrillers* comunes, habría intensificado la tensión; nos habríamos dicho a nosotros mismos: "¡Es terrible! Ya hay alguien en la casa (¿la madre de Norman?) que observa a Lilah; ¡Lilah está en un peligro mortal y no lo sabe!". Pero esa subjetivación de nuevo habría suspendido el estatuto de la mirada *qua* objeto, reduciéndola al punto de vista subjetivo de otra personalidad diegética. El propio Sergei Einsenstein se arriesgó una vez a esa subjetivación directa, en una escena de *Lo viejo y lo nuevo* que celebraba el éxito de la colectivización de la agricultura soviética a fines de la década del 20. Se trata de una escena un tanto lyssenkista que demuestra que hasta la naturaleza encuentra placer en subordinarse a las nuevas reglas de las granjas colectivas, y cómo, ejemplarmente, incluso las vacas y los toros se aparean con más ardor cuando pertenecen a *koljozes*. En un rápido *travelling*, la cámara se acerca a una vaca desde atrás, y en la toma siguiente resulta claro que se estaba viendo lo mismo que ve el toro que asalta a una vaca... Innecesario es decir que el efecto de esta escena es tan obscenamente vulgar que llega al borde de la náusea. Lo que tenemos en este caso es realmente una especie de pornografía estalinista.

De modo que sería más sensato dejar a un lado esta obscenidad estalinista para volver a la decencia hollywoodense de Hitchcock; consideremos de nuevo la escena de *Psicosis*, con Lilah acercándose a la casa en la que presumiblemente vivía "la madre de Norman". ¿En qué consiste su dimensión "siniestra"? El efecto generado por esta escena, ¿no podría ser descrito del mejor modo precisamente parafraseando de nuevo las palabras de Lacan: en un sentido, *es la casa la que ya de antes mira a Lilah*? Lilah ve la casa, pero no obstante no puede verla en el punto desde el cual ella le devuelve la mirada. La situación es igual a la de un recuerdo juvenil de Lacan, al que se refiere en el capítulo VIII del *Seminario XI:* cuando era estudiante, durante unas vacaciones, se unió a una expedición de pesca; entre los pescadores del bote había un cierto Petit-Jean que señaló una lata de sardinas vacía relumbrando al sol, arrastrada por las olas, y le dijo: *"¿Ves esa lata? ¿La ves? ¡Bien, ella no te ve a ti!"* Lacan comenta: "Si lo que Petit-Jean me dijo, a saber, que la lata no me veía, tenía algún significado, era porque, en cierto sentido, la lata me miraba de todos modos".[14] Lo miraba porque, como explica Lacan, utilizando una noción clave del universo hitchcockiano, "yo funcionaba de algún modo como una mancha en el cuadro".[15] Entre esos pescadores sin educación, que se ganaban la vida con gran dificultad, él estaba realmente fuera de lugar, era "el hombre que sabía demasiado".

La pulsión de muerte

Los ejemplos que hemos analizado hasta aquí fueron deliberadamente más bien elementales, de modo que concluiremos con el análisis de una escena en la que el montaje hitchcockiano forma parte de una totalidad compleja: una escena de *Sabotaje,* en la que Sylvia Sidney mata a Oscar Homolka con un cuchillo. Sylvia y Oscar están cenando juntos; Sylvia se encuentra aún en un estado de shock, por haberse enterado poco tiempo antes de que Oscar, su esposo, es un "saboteador" culpable de la muerte de su hermano menor, destrozado por una bomba colocada en un ómnibus. Cuando Sylvia lleva a la mesa una fuente, el cuchillo que está sobre ella actúa como un imán. Es casi como si la mano de Sylvia, contra su voluntad, tuviera que aferrarlo, pero la mujer no se decide. Oscar, que hasta entonces había conversado sobre temas triviales y cotidianos, percibe el hechizo que el cuchillo ejerce sobre Sylvia, y toma conciencia de la posible significación del objeto para él. Se pone de pie y rodea la mesa para acercarse a la mujer. Cuando ambos están cara a cara, extiende la mano hacia el cuchillo, pero no puede realizar el acto, permitiendo que *ella* lo tome rápidamente. A continuación la cámara se acerca, mostrando sólo los rostros y los hombros de los dos personajes, de modo que no está claro lo que sucede con sus manos; de pronto, el emite un grito corto. Está herido y cae, sin que sepamos si Silvia lo acuchilló o fue el propio Oscar quien, en un gesto suicida, se arrojó sobre la hoja.

El primer momento que merece advertirse es el modo en que el acto del asesinato resulta del encuentro de dos gestos amenazantes obstaculizados y frustrados.[16] Tanto la reacción de Sylvia al cuchillo como el movimiento de Oscar hacia el mismo objeto corresponden a la definición lacaniana del gesto amenazante: no es un gesto interrumpido –es decir, un gesto que se intenta realizar, completar, pero que es frustrado por un obstáculo interno–, sino todo lo contrario: algo ya hecho, iniciado, para *no* completarse, no ser llevado a su conclusión, para decirlo también con las palabras de Lacan.[17] La estructura misma del gesto amenazante es, entonces, la de un acto histérico teatral, un gesto escindido, a medias impedido, un gesto que no puede realizarse, no a causa de un obstáculo interno sino debido a que es en sí mismo la expresión de un deseo contradictorio y autoconflictivo: en este caso el deseo de Sylvia de apuñalar a Oscar, y al mismo tiempo, la prohibición que bloquea la realización de ese deseo. El movimiento de Oscar (cuando, después de tomar conciencia de la intención de la mujer, se pone de pie y va hacia ella) es también contradictorio, está escindido en un deseo de "autopreservación" que lo lleva a arrebatar el cuchillo y dominar a la mujer, y el deseo "masoquista" de ofrecerse como víctima, un deseo condicionado por su morboso sentimiento de culpa. El acto exitoso (el acuchillamiento de Oscar) resulta entonces del encuentro de dos actos escindidos, fallidos, obstaculizados: el deseo de Sylvia de apuñalarlo se encuentra con el propio deseo de Oscar de ser muerto y castigado. Aparentemente, Oscar se acerca para defenderse, pero ese movimiento es al mismo tiempo sostenido por el deseo de ser acuchillado, de modo que, en última instancia, no tiene ninguna importancia quién de los dos realizó "realmente" el gesto crucial (¿impulsó Sylvia el cuchillo o se arrojó Oscar sobre la hoja?). El "asesinato" resulta de la superposición, del acuerdo entre el deseo de él y el deseo de ella.

En relación con el lugar estructural de este deseo "masoquista" de Oscar, debemos referirnos a la lógica del fantasma elaborada por Freud en su artículo "Un niño es pegado".[18] Allí Freud articula el modo en que la forma final de la escena fanteseada ("un niño es pegado") presupone dos fases previas. La primera es "mi padre pega al niño (mi hermano, alguien que es mi doble rival)". La segunda es la inversión "masoquista" de la primera fase "sádica" ("yo soy pegado por mi padre"), mientras que la tercera fase, la forma final de la fantasía, hace indistinto, neutraliza al sujeto (¿quién es el que pega?), tanto como al objeto (¿a qué niño se pega?), en la expresión impersonal "un niño es pegado". Según Freud, el papel crucial es propio de la *segunda* fase, la fase "masoquista": allí reside el trauma real, ésa es la fase radicalmente "reprimida", es decir, la fase a la que la conciencia tiene absolutamente prohibido el acceso. En el fanteseo del niño han desaparecido sus huellas, y sólo podemos *construirlas* retroactivamente sobre la base de "indicios" que apuntan al hecho de que *algo falta* entre "mi padre pega al niño" y "un niño es pegado", es decir que no podemos transformar inmediatamente la primera forma en la tercera forma, bien definida; tiene que intervenir una forma intermedia:

> "Esta segunda fase es la más importante y trascendental. Podemos decir de ella que en cierto sentido nunca ha tenido existencia real. Nunca es recordada, nunca ha logrado hacerse consciente. Es una construcción del análisis, pero no por ello menos necesaria a tal fin."[19]

La segunda forma de la fantasía es, entonces, lo Real lacaniano: un punto que nunca aparece "en la realidad (simbólica)", que nunca ha sido inscrito en la trama simbólica, pero que, no obstante, debe presuponerse como una especie de "eslabón perdido", garantiza la coherencia de la realidad simbólica en sí. Y nuestra tesis es que los asesinatos hitchcockianos (además de la muerte de Oscar en *Sabotaje,* mencionaremos la caída final del saboteador de la Estatua de la Libertad en *Saboteador* y el asesinato de Gromek en *Cortina rasgada*) son gobernados por una lógica homóloga de la fantasía. La primera fase es siempre "sádica"; consiste en nuestra identificación con el héroe que finalmente tiene la oportunidad de darle su merecido al villano: estamos impacientes por ver a Sylvia terminar con el perverso Oscar, por ver al norteamericano decente empujar al saboteador nazi por sobre la valla, por ver a Paul Newman sacarse de encima a Gromek, etc. Desde luego, la fase final es la inversión compasiva: cuando vemos que el "villano" es en realidad un ser desvalido, quebrado, nos abruma la compasión y la culpa. Somos castigados por nuestros anteriores "deseos sádicos": en *Saboteador,* el héroe trata desesperadamente de *salvar* al villano aferrado a su manga, cuyas costuras se van desgarrando una a una; en *Sabotaje,* Sylvia abraza compasivamente al agonizante Oscar, para que no se golpee en el piso; en *Cortina rasgada,* la estructuración misma del acto del asesinato, la torpeza de Paul Newman y la resistencia desesperada de la víctima, hace que toda la situación resulte repugnante y penosa, apenas soportable.

En un primer enfoque, parecería posible pasar directamente de la primera fase a la tercera, es decir, del placer sádico ante la destrucción inminente del villano a una sensación de culpa y compasión. Pero, si esto fuera todo, Hitchcock sería simplemente una especie de moralista que nos muestra el precio de nuestro "deseo sádico": "tu querías que mataran al villano; ahora lo has conseguido y debes sufrir las consecuencias". No obstante, siempre hay en Hitchcock una fase intermedia. El deseo "sádico" de que el villano sea muerto es seguido por la súbita percatación de que en realidad ya es el propio "villano" quien, de un modo sofocado, pero sin embargo inequívoco, siente disgusto por su propia corrupción y quiere ser "liberado" de esa presión insoportable por medio del castigo, es decir, de su muerte. Se trata del delicado momento en que tomamos conciencia de que el deseo del héroe (y por lo tanto nuestro deseo como espectadores) de aniquilar al "villano" *ya es el deseo del propio "villano".* Por ejemplo, en *Sabotaje,* es el momento en que resulta claro que el deseo de Sylvia de apuñalar a Oscar coincide con el deseo de Oscar de exculparse con su muerte. Esta constante presencia implícita de una tendencia a la autoaniquilación, del goce que se encuentra en provocar la propia ruina –en síntesis, de la "pulsión de muerte"–, es lo que le presta al "villano" de Hitchcock su encanto ambiguo, y es al mismo tiempo lo que nos impide pasar inmediatamente del "sadismo" inicial a la compasión final: la compasión se basa en la conciencia de que el propio villano conoce su culpa y quiere morir. En otras palabras, la compasión sólo surge cuando tomamos conciencia de la actitud *ética* contenida en la posición subjetiva del villano.

Ahora bien, ¿qué tiene que ver todo esto con el montaje hitchcockiano? Volvamos a la escena ya analizada de *Sabotaje:* el rasgo decisivo de esa escena consiste en que, aunque su centro emocional es Sylvia y su terrible tensión, la mujer es el objeto y Oscar es el sujeto. De modo que es la perspectiva subjetiva *de él,* la ruptura de esta perspectiva, lo que articula el ritmo de la escena, lo que, por así decir, deletrea su despliegue. Al principio, Oscar continúa con la habitual conversación de la cena, sin advertir en absoluto la extrema tensión de Sylvia. Cuando el cuchillo la paraliza en una rigidez histérica, el sorprendido Oscar le dirige una mirada y toma conciencia del deseo de la mujer: esto introduce la primera escansión: es el final de la charla hueca, Oscar advierte con claridad lo que sucede dentro de Sylvia, es decir, que ella está a punto de acuchillarlo. De inmediato él se pone de pie y avanza. Esta parte de la acción está filmada con el montaje hitchcockiano: primero la cámara nos muestra a Oscar rodeando la mesa para acercarse a Sylvia, y después a la propia Sylvia paralizada, inflexible, tal como la ve Oscar, mirándolo fijamente con desesperación, como si le pidiera ayuda para decidirse. Cuando se encuentran cara a cara, él mismo se paraliza y le permite a *ella* aferrar el cuchillo; después pasamos a una toma de sus cabezas intercambiándose miradas intensas, de modo que no vemos lo que sucede por debajo de sus cinturas. De pronto él emite un grito incomprensible. Toma siguiente: un primer plano de la mano de Sylvia sosteniendo el cuchillo clavado profundamente en el pecho de Oscar. A continuación lo abraza, como en un acto de compasión, antes de que él caiga al suelo. De modo que el hombre por cierto la ayudó: al acercarse, le hizo saber que había aceptado el deseo de ella como su propio deseo, es decir, que él también quería morir. No sorprende entonces que después Sylvia lo abrace con compasión: por así decirlo, él había hecho la mitad del camino, la había liberado a ella de una tensión insoportable.[20]

El momento del montaje hitchcockiano –cuando Oscar avanza hacia Sylvia– es entonces el momento en que Oscar acepta como propio el deseo de ella o, para remitirnos a la definición lacaniana del deseo del histérico como el deseo del otro, el momento en que Oscar es histerizado. Cuando vemos a Sylvia a través de los ojos de Oscar, en la toma subjetiva de la cámara que se acerca a ella, somos testigos del momento en que Oscar toma conciencia de que el deseo de Sylvia coincide con el suyo, es decir, de que él mismo anhela morir. Es el momento en que asume la mirada letal del otro.

NOTAS

1. Jacques Lacan, "God and the *Jouissance* of The Woman", en Jaques Lacan and the Ecole Freudienne: *Feminine Sexuality,* comp. de J. Mitchel y J. Rose, Londres, MacMillan, 1982, pág. 147.

2. En este sentido, la posición subjetiva perversa se diferencia claramente de las posiciones del neurótico obsesivo y del psicótico. Tanto el perverso como el neurótico obsesivo son presas de una actividad frenética al servicio del Otro; no obstante, la diferencia consiste en que la meta de la actividad obsesiva es *prevenir* el goce del Otro (es decir, que la "catástrofe" que teme que irrumpirá si su actividad cesa es en última ins-

tancia la irrupción del goce en el Otro), mientras que el perverso trabaja, precisamente, *para asegurar* que la "Voluntad de Gozar" del Otro, será satisfecha. Por ello el perverso está también libre de la duda y oscilación eternas que caracterizan al obsesivo: él simplemente da por sentado que su actividad sirve para el goce del Otro. Por otra parte, el psicótico es él mismo *el objeto* del goce del Otro, su "complemento" (como en el caso de Schreber, el célebre paranoico cuyas memorias analizó Freud, y que se concebía como compañera sexual de Dios): es el Otro quien trabaja sobre él, en contraste con el perverso, que es sólo un instrumento, una herramienta neutral que trabaja para el Otro.

3. Cf. Jacques Lacan, *Ecrits,* Seuil, pags. 774-75.

4. La otra determinación, de algún modo complementaria, de la economía simbólica "totalitaria" (que, sin embargo, en contraste con la primera, es más característica del totalitarismo de extrema derecha) también consiste en una especie de cortocircuito, sólo que en este caso no se produce entre sujeto y objeto (el sujeto es reducido a la condición de objeto-instrumento del Otro), sino entre la significación ideológica producida por el código simbólico (el Otro), y los fantasmas por medio de los cuales el Otro de la ideología oculta su incoherencia, sus carencias; véanse, por lo tanto, los matemas del "grafo del deseo" lacaniano, en el cortocircuito entre $s(A)$ y $\text{\$} \lozenge a$ (cf. Jacques Lacan, *Ecrits: A selection,* pág. 313). Consideremos el caso del neoconservadurismo: en el nivel del significado –$s(A)$– esta ideología nos ofrece un "campo de significados" estructurado en torno a la oposición entre el humanismo secular, igualitario, y los valores de la familia, la ley y el orden, la responsabilidad y la autoconfianza; dentro de este campo, la libertad no sólo es amenazada por el comunismo, sino también por la burocracia del estado asistencial, etc., etc. Pero, al mismo tiempo, esta ideología reactiva "entre líneas", en un nivel tácito –es decir, sin mencionarlas directamente, sino de modo implícito como un supuesto mudo de su discurso– toda una serie de fantasmas, sin los cuales no podemos explicar su eficiencia, el hecho de que cautive a los sujetos de un modo tan apasionado: fantasmas sexistas sobre la amenaza que representa para los hombres la sexualidad femenina ingobernable "liberada", la imagen fantasmática racista del "blanco-anglosajón-protestante" como encarnación del Hombre *qua* Hombre, y la idea relacionada de que debajo de la piel de cada negro, amarillo, etc., hay al acecho un norteamericano blanco; la fantasía de que el "otro" –el enemigo– se esfuerza por robarnos nuestro goce y/o tiene acceso a algún goce oculto, inaccesible para nosotros, etc. Todo el neoconservadurismo se basa en esa diferencia, reposa en fantasmas que no puede poner en palabras, integrar al campo de su significación ideológica. Y atravesamos la frontera que separa al neoconservadurismo del totalitarismo derechista precisamente cuando hay un cortocircuito entre el campo de la significación y esos fantasmas, es decir, cuando los fantasmas invaden directamente el campo de la significación, cuando son mencionados de modo directo, como, por ejemplo, en el nazismo, que articula abiertamente (incluye en el campo de su significado ideológico) la trama total de los fantasmas sexuales, etc., que sirven de soporte al antisemitismo. La ideología nazi afirma abiertamente que los judíos seducen a nuestras hijas inocentes, que son capaces de placeres perversos, etc.; a aquellos a quienes se dirige no les queda nada por conjeturar. Allí reside el grano de verdad de la sabiduría común, según la cual la diferencia entre la derecha "moderada" y la "radical" consiste sólo en el hecho de que la última dice abiertamente lo que la primera piensa sin atreverse a decir.

5. Jacques Lacan, *The Four Fundamental Concepts of the Psycho-Analysis,* Harmondsworth, Penguin Books, 1979, pág. 109.

6. Precisamente porque en la pornografía la imagen *no* nos devuelve la mirada –es decir, porque es "uniforme, sin ninguna "mancha" misteriosa que haya que "mirar al sesgo" para que asuma una forma distinta–, la prohibición fundamental que determina la dirección de la mirada de los actores en la pantalla queda suspendida: en una película pornográfica, el actor –como regla la mujer– en el momento del placer sexual intenso mira directamente a la cámara, encarándonos a nosotros, los espectadores.

7. Esta paradoja del "conocimiento imposible" inscrito en el modo en que las personas reaccionan en la pantalla es mucho más interesante de lo que parece a primera vista; por ejemplo, nos ofrece una clave para explicar la lógica de los cameos de Hitchcock en sus propios films. Es decir, ¿cuál es sin duda alguna su peor película? *Topaz.* En ella, Hitchcock aparece en una silla de ruedas en el salón de un aeropuerto, como si quisiera informarnos que su poder creador está definitivamente baldado. En su última película, *Trama macabra,* aparece como una sombra en la ventana de la oficina del registro civil, como si quisiera informarnos que ya está cerca de la muerte... Todos sus cameos revelan un "conocimiento imposible" de ese tipo, como si Hitchcock fuera capaz de asumir por un instante una posición de puro metalenguaje, de dirigir una "mirada objetiva" a sí mismo y ubicarse en el cuadro.

8. Cf. Fredric Jameson, "Postmodernism, or the Cultural Logic of Late Capitalism", en *New Left Review* 146, Londres, 1984.

9. Jacques Lacan, *The Four Fundamental Concepts of the Psycho-Analysis, op. cit.,* pág. 74.

10. Este problema fue articulado por primera vez por Noel Burch en su teoría del *hors-champ,* es decir de un exterior específico implícito, constituido por el interjuego del *champ* y el *contre-champ.* Cf. Noel Burch, *The Theory of Film Practice,* Nueva York, Praeger, 1973.

11. Cf. Raymond Belour, *L'analyse du film,* París, Edition Albatros, 1979.

12. No es de ningún modo una pura coincidencia que en ambos casos el objeto al que se aproxima el héroe sea una *casa.* A propósito de *Tuyo es mi corazón,* Pascal Bonitzer ha desarrollado una teoría detallada de la casa como lugar de un secreto incestuoso en la obra de Hitchcock; cf. Pascal Bonitzer, "Notorious", en *Cahiers du cinema* 358, París, 1980.

13. Hitchcock le toma el pelo al espectador, de un modo irónico, amigablemente sádico, teniendo precisamente en cuenta esta brecha entre procedimiento formal y el contenido al que se aplica, es decir, el hecho de que la angustia resulta de un procedimiento puramente formal. Primero, por medio de una manipulación formal, le presta a un objeto trivial cotidiano un aura de misterio y angustia; a continuación, resulta manifiesto que este objeto *es,* en efecto, un objeto cotidiano. El caso más conocido se encuentra en la segunda versión de *The man who knew too much (En manos del destino):* en una calle suburbana de Londres, James Stewart se aproxima a un extraño solitario; en silencio, intercambian miradas, se crea una atmósfera de tensión y angustia, parece que el extraño amenaza a Stewart, pero pronto descubrimos que la desconfianza de este último era totalmente infundada; el extraño era sólo un transeúnte accidental.

14. Jacques Lacan, *The Four Fundamental Concepts of the Psycho-Analysis, op. cit.,* págs. 95-6.

15. Ibíd., pág. 96.

16. Véase el texto de Mladen Dolar sobre *Sabotaje* en este mismo libro.

17. "¿Qué es un gesto? ¿Un gesto amenazante, por ejemplo? No es un golpe interrumpido. Es sin duda algo que se hace para ser detenido y suspendido." Jacques Lacan, *The Four Fundamental Concepts of the Psycho-Analysis, op. cit.,* pág. 116.

18. Cf. Sigmund Freud. "A Child is Being Beaten", en *The Standard Edition,* vol. XVIII, 1955.

19. Ibíd., pág. 185.

20. François Truffaut no sólo ha señalado que esta escena "casi sugiere suicidio más bien que asesinato", sino que también trazó un paralelo entre la muerte de Oscar y la muerte de Carmen: "Es como si [Oscar] Homolka se permitiera ser asesinado por [Sylvia] Sidney. Próspero Merimée montó la muerte de Carmen basándose en el mismo principio dramático: la víctima impulsa su cuerpo hacia adelante para encontrar la puñalada fatal del asesino". (F. Truffaut, *Hitchcock,* Londres, Panther Books, 1969, pág. 120.

3

Un lugar perfecto para morir:
El teatro en las películas de Hitchcock

Alenka Zupančič

En las películas de Hitchcock, una de las referencias más frecuentes o interesantes es el teatro. Hay dos films construidos en torno a la relación entre cine y teatro: *Asesinato* (1930) y *Desesperación* (1950). Además tenemos una serie de películas basadas en obras de teatro: *El agente secreto, Festín diabólico, Mi secreto me condena, La llamada fatal,* (consideramos solamente las más famosas). A continuación hay una cierta cantidad de films en los que la secuencia clave (por lo general el desenlace) se desarrolla en un *escenario* en el sentido el más amplio de la palabra: además de *Asesinato y Desesperación* están *39 escalones* (Mr. Memory, que responde desde el escenario a todas las preguntas de la audiencia, incluso la del personaje principal, "¿qué son los treinta y nueve escalones?", lo paga con su vida), *Mi secreto me condena* (el asesino corre desde el tribunal hasta el hotel Chateau Frantenac, que está sobre una sala de conciertos, donde encuentra su fin y, fatalmente herido, "se confiesa" por última vez con el Padre Logan), *El hombre que sabía demasiado* (en la toma memorable en la sala de conciertos, aguardamos el sonido de los címbalos, signo para el asesino), *Inocencia y juventud* (un *travelling* aún más famoso termina en el escenario, sobre los párpados crispados del músico del tambor, que también es el asesino) y, por último, pero no porque sea lo menos importante, el título de la película *Intriga internacional [North by Northwest],* es tomado del *Hamlet* de Shakespeare.

El telón entre el teatro y el cine

Podemos empezar por el principio, en la escena final de *Asesinato,*[1] que puede verse como una especie de definición de la relación fundamental entre el teatro y el cine. La cámara retrocede lentamente, y de pronto aparece en su campo el marco de un escenario; cae el telón y la película termina. Si por un momento dejamos de lado las consecuencias que tiene este final para la comprensión de la trama, y nos limitamos al nivel "formal", podríamos decir que no se trata sólo del final de este film, sino del film como concepto. En el sentido actual de la palabra, el film nació o se constituyó precisamente como un paso que atraviesa un umbral específico: el umbral o el perímetro del escenario. La cámara corta el tejido de una ficción ya existente. Este es el movimiento elemental que permite y produce el primer plano, el tiempo cinematográfico, el montaje paralelo, etc., en suma, la totalidad del contenido diegético, de la línea narrativa, que se origina en una multitud heterogénea de tomas/vistas parciales. Para el propio Hitchcock, el "film puro" nació en el momento en que la cámara de Griffith saltó por sobre la barrera del escenario y descubrió un nuevo sujeto de la mirada: el sujeto del film. "Ustedes saben que lo más significativo de estas [técnicas propias del cine] surgió cuando D. W. Griffith sacó la cámara del arco del proscenio, donde sus predecesores la habían ubicado, y la acercó en todo lo posible a los actores."[2] En este contexto, lo importante es lo siguiente: cuando la cámara se desprende del arco del proscenio como lugar de la perspectiva teatral de la acción, podemos hablar del momento en que, *dentro del film en sí*, la perspectiva escénica (que inicialmente había dominado a la perspectiva cinematográfica) se transforma en una perspectiva cinematográfica. La emergencia de la visión cinematográfica específica no coincide simplemente con la invención del cine. La ruptura decisiva entre cine y teatro se produjo dentro del cine mismo, cuando quienes hacían películas "cambiaron el paradigma", y dejaron de pensar en términos de teatro, empezando a pensar en términos de cine; más precisamente, cuando la cámara dejó de ser un mero mediador, registrador de una visión teatral específica, y se convirtió en un "órgano" con el cual piensa el hacedor del film: un creador de su propia visión. La toma final de *Asesinato* nos recuerda precisamente esto, de un modo muy explícito. Pero este recordatorio está todavía muy lejos de haber agotado el rol de esta toma en el film.

En el teatro clásico, el telón (además del hecho obvio de que es el "significante del teatro") porta la función del tiempo teatral y crea el rasgo específico del tiempo teatral. Cuando cae el telón entre dos actos, tiene un papel doble. Por una parte, promete que en el intervalo en que estaremos fuera de la sala no nos perderemos nada. Es un signo de que el tiempo del teatro no coincide con el tiempo real, con "nuestro tiempo". El telón bajo "congela" y "petrifica" las figuras de la historia y detiene su tiempo. Sólo la presencia de la mirada hace que cobren vida las imágenes (las figuras del escenario), y parece que esas imágenes quedan inmóviles en cuanto el telón corta el campo de la visión. No obstante, este velamiento no es sólo la *suspensión* del tiempo teatral, sino también su condensación. Por lo general, la obra de teatro está construida de un modo tal que el corte entre dos actos implica un cierto período de tiempo. El acto siguiente, medido con el tiempo de la historia, suele comenzar un día, un mes, un año... *más tarde*. En el teatro clásico, el telón, por así decirlo, es la "condición trascendental" de la ficción.

En una toma fílmica, el telón tiene una función diferente. Cuando la cámara de Hitchcock se detiene sobre el telón al final de la película, y siguen las palabras *the end*, esto de ningún modo implica que el film termine con la conclusión de la historia teatral, y que ambas realidades o ficciones coincidan. Esta interpretación pasaría por alto el hecho de que mientras que el telón *no forma parte* de la historia escénica (sino que es más bien su "condición trascendental"), sí forma parte en gran medida de la historia fílmica. El final de la historia fílmica es en realidad ese telón que cae: una toma que da la respuesta del film al interrogante de la relación entre Diana y Sir John. *Es precisamente el telón lo que literalmente equilibra, "regula" o "anuda" su relación*: Sir John sólo puede enfrentar a Diana a través del vehículo de la obra de teatro, y la relación entre ellos sólo "progresa" mientras "el telón está alzado". Sir John sólo puede encarar a Diana traduciendo su historia en una obra de teatro, en "La historia íntima del caso Baring". A él le resulta intolerable una intimidad no mediada por la mirada. La paradoja de la relación entre Diana y Sir John es representada del mejor modo por la toma del hombre visitando a Diana en la prisión. En primer plano hay una imponente mesa de madera, verdadera imagen de un escenario. Diana y Sir John están sentados cada uno en un extremo, de modo que parece que tuvieran que gritar para oírse. Hay también presente una "audiencia" en la persona del guardia. Ese ordenamiento excluye toda posibilidad de intimidad e impone una relación a gran distancia. Por otra parte, ese escenario es precisamente lo que le permite a Sir John enfrentar a Diana. No sólo obstruye la intimidad, sino que es la condición fundamental para que ambos personajes logren algún tipo de "comunicación", una relación y un diálogo. Cuando, hacia el final de la película, Sir John va a la cárcel a buscar a Diana que ha sido absuelta, ella llora en el auto sobre el hombro de él, y en lugar de declararle su amor en esa que sería una oportunidad perfecta, él dice: "Querida, ahora debes ahorrar esas lágrimas. Serán muy, pero muy útiles, en mi nueva obra". De la historia (de amor) de Sir John y Diana no nos perdemos nada, hasta que baja el telón. Este, creo, es el mensaje y la función de la última toma de *Asesinato*, la toma en que no vemos nada salvo el telón bajo.

Hitchcock ha ofrecido un paradigma más para interpretar la relación entre Diana y Sir John en la escena del monólogo interior del hombre, que tiene lugar en el baño de él, inmediatamente después del juicio. En esa escena, Sir John está frente al espejo, absorto en sus pensamientos, que oímos como una voz en *off*, y que se refieren a Diana y su condena. Sir John está escuchando el preludio de *Tristán e Isolda*.[3] En la leyenda de *Tristán e Isolda* hay por lo menos tres momentos que pueden ayudarnos a concebir la relación entre Diana y Sir John:

1) "Amor producido mecánicamente". Tristán e Isolda beben sin quererlo la poción amorosa que los hace enamorarse.

2) Desde el punto de vista de Tristán, Isolda, desde luego, es una "mujer inaccesible", una mujer "de otro mundo", prometida en matrimonio al Rey Marke.

3) El sólo puede unirse con ella a través de su *semblante* o "doble": otra Isolda, la Isolda de las Blancas Manos, a quien desposa para "huir del amor".

El mismo paradigma regula la relación entre Diana y Sir John. Su amor es la consecuencia de un específico esquema teatral: ya hemos dicho que Sir John se enamora de Diana cuando él empieza a "traducir" la historia de ella a una obra de teatro. Antes de eso, ni siquiera la había advertido, no había visto nada especial en la joven, e incluso la había despedido cuando llegó a él en busca de trabajo. Se podría decir que él no la advirtió hasta que ella se convirtió en estrella. Como dice Bennet, el secretario de Sir John, "¿Sabe?, usted ya conocía a esta dama. La conoció hace un año. Ella quería convertirse en estrella. Creo que usted puede decir que en cierto sentido lo ha logrado: es una estrella en el caso del asesinato de Baring...". Además, Diana es "inaccesible", cerrada a este mundo, sentenciada a muerte. Y en tercer lugar, Sir John puede enfrentar a Diana y unirse con ella sólo a través del *semblante* o doble de la mujer: la Diana de "La historia íntima del caso Baring".

Volvamos al telón que, de un modo singular, demarca totalmente la relación entre el cine y el teatro. El telón (o el ennegrecimiento de la pantalla que lo reemplaza en el cine) es el medio básico para la "construcción" teatral de la historia, según ya hemos señalado, y le proporciona su marco fundamental al relato dramático. Por otra parte, lo que le da su marco básico a un film es el montaje. En este punto, una y otra ficción difieren considerablemente. No obstante, en una de sus películas Hitchcock se concentró precisamente en ese momento y logró reducir la diferencia entre teatro y cine a sólo una línea delgada inscrita en su mismo título: *Festín diabólico*.

Festín diabólico se basa en una obra de teatro y, como bien se sabe, se trata de un film único en sus aspectos narrativos y técnicos.[4] El propio Hitchcock explicó como sigue la razón de que prácticamente toda la película hubiera sido filmada en una sola toma:

"La obra de teatro se representa en el tiempo real de la historia; la acción es continua desde el momento en que se alza el telón hasta que baja. Yo me pregunté si no era técnicamente posible filmarla del mismo modo. Encontré que la única manera de lograrlo sería que el rodaje reflejara la misma acción continua, sin ninguna pausa en el relato de una historia que comienza a las siete y media y termina a las nueve y cuarto. Y tuve la idea loca de hacerlo en una única acción continua."[5]

Y Hitchcock tuvo éxito, no sólo en preservar en la película la disposición dramática básica, sino también en preservar al mismo tiempo al film como film, y, por otra parte, como un bello film. Realmente logró mantener el equilibrio sobre la delgada cuerda que separa ambos mundos de ficción. No obstante, no lo hizo sin problemas:

> "Para mantener esa acción continua, sin disoluciones ni interrupciones temporales, había otras dificultades técnicas que superar; entre ellas, la recarga de la cámara al terminarse el rollo de película, sin interrumpir la escena. Lo logramos haciendo que una figura pasara frente a la cámara, oscureciendo la acción muy brevemente, mientras pasábamos de una cámara a la otra. De ese modo, terminábamos con un primer plano de la chaqueta de alguien, y al principio del rollo siguiente, empezábamos con el mismo primer plano del mismo personaje".[6]

¿Qué es ese paradójico trozo de tela que cubre nuestro campo visual, ese "primer plano de la chaqueta de alguien", sino una inscripción de la función del telón, ausente en el montaje clásico? ¿Qué es esta inscripción del significante teatral por excelencia sino la capacidad del medio fílmico utilizado totalmente y llevado a su límite, la capacidad de la cámara para no sólo cruzar el perímetro del escenario y acercarse a los actores, sino incluso más, acercarse a ellos *demasiado,* para generar, en ese círculo interior, una vez más, el efecto del teatro?

El escenario

Ya hemos dicho en la introducción que en una serie de films de Hitchcock la escena clave se desarrolla sobre el escenario. O, para definir con más precisión la "escena clave", el escenario es un lugar de la verdad y un lugar de la muerte. *Asesinato, 39 escalones, Desesperación* y *Mi secreto me condena* son cuatro casos en los cuales esas funciones del escenario resultan de lo más impactantes. En la escena final de *Asesinato,* encontramos una intrusión "cruel" de lo Real en la ficción (escénica). Fane aparece en un trapecio, y al final de la actuación "pone en escena su propia muerte". Para ese acto final en el trapecio él elige el suicidio, un suicidio real, escribiendo "con sangre" el último capítulo de "La historia íntima del caso Baring", la obra de teatro de Sir John, y haciendo de ese modo que la realidad del teatro coincida con la del film.

En *39 escalones,* el escenario tiene primordialmente la función de entretener. Mister Memory, el "sujeto supuesto saber", responde todas las preguntas del público que trata de encontrar una laguna en sus conocimientos. Pero con independencia de sus aptitudes "reales", y del hecho de que sin duda tiene una "memoria fotográfica", Mister Memory, mientras está en el escenario, de todos modos *actúa,* desempeña el papel de *sujet supossé savoir.* Y es precisamente ese *milieu* profesional lo que en algún punto transforma el conocimiento en verdad, y le cuesta la vida. Si alguien le hubiera preguntado en la calle "¿cuáles son los treinta y nueve escalones?", él podría simplemente haber respondido que no lo sabía. Pero, desde que esa pregunta no le es dirigida a su persona de fuera del escenario, sino a su *aparición escénica,* a su *papel sobre el escenario,* no puede hacerlo. Hannay, el protagonista de la película, apuesta a esa misma escisión, al hecho de que Mister Memory "abusa" o duplica su papel escénico y su función fuera del escenario, en alguna otra realidad. Este es ya el mecanismo fundamental de "la ratonera", la trampa de una obra dentro de la obra. El acusado (o en este caso su auxiliar) es forzado a desempeñar su papel y a pronunciar las palabras que lo incriminan, las palabras que son una repetición y una "materialización" de algo oculto o reprimido. Se podría decir que su muerte es precisamente la consecuencia de la intrusión de alguna "realidad externa". Por lo tanto, es el precio que cobra el teatro por romper "las reglas del juego".

Ese momento está incluso más subrayado en *Desesperación,* donde una intrusión similar de lo real en la ficción provoca, por así decirlo, "la subjetivización del escenario": el escenario se convierte en el "verdugo". Jonathan (el asesino real, según lo sabremos hacia el final de la película) intenta incriminar a Charlotte (que está enamorada de él). Junto con su novia Eve, convencida por él de que Charlotte es culpable, Jonathan conecta el camarín de Charlotte en el teatro con el escenario, tratando de hacerla caer en una trampa (y lo logra realmente, porque Charlotte protege a Jonathan). La conversación de ellos, recogida por el sistema de sonido, resuena en el escenario, y es escuchada casualmente por Jonathan y el inspector de policía. (Este es un caso de trampa "falsa", cuya función es inculpar.) Cuando a continuación Jonathan le confiesa el asesinato a Eve e intenta estrangularla, la joven es rescatada por la policía. El telón metálico del escenario cae sobre Jonathan y lo mata, como si el escenario "supiera" lo que estaba sucediendo, y no sólo eso, sino que también fuera capaz de infligir castigos.

En estos tres ejemplos estamos ante la intrusión de alguna "realidad ajena" en una disposición ficcional específica. Esta intrusión está directamente vinculada con *la muerte.* Desde luego, esa "realidad ajena" que se entromete en el escenario es la realidad del film en sí, en el que aparece ese marco escénico. Por lo tanto, la relación entre cine y teatro podría definirse en los términos siguientes: *cada vez que coinciden las realidades cinematográfica y teatral,* cada vez que se superponen los relatos cinematográfico y teatral, *hay un cadáver.* (Cuando Fane escoge el teatro para salir del film, cuando Mister Memory interpreta su rol fílmico sobre el escenario, cuando Jonathan abusa del escenario para su supervivencia cinematográfica.) Pero ese cadáver, esa muerte, es tanto un castigo por suprimir alguna diferencia fundamental entre ambas "ficciones", como el precio que hay que pagar por el restablecimiento de esa diferencia. Sólo el cadáver nos convence de que la ficción teatral ha terminado (de que el actor no aparecerá en la siguiente interpretación) y de que sólo subsiste aún la "ficción cinematográfica". El cadáver del escenario o el teatro sólo podrá volver de la muerte en el próximo *film*.

Consideremos ahora *Mi secreto me condena*. Esta película resulta particularmente interesante porque la aparición del escenario es en ella un tanto sorprendente, al no estar conectada de ningún modo con la trama en sí. En todos los films que hemos considerado, se relacionaba con la línea narrativa, de un modo u otro. Pero en este caso, por lo menos a primera vista, no hay nada en la historia que conduzca al teatro o al escenario. En la escena final, Keller, el asesino, simplemente corre (como por azar) por el escenario de la sala de conciertos del hotel, y parece que podría correr en cualquier otra parte. No obstante, como trataremos de demostrar, esta "sorpresa escénica" está bien fundada, si no es incluso una "necesidad lógica".

En primer lugar, con una escena de desenlace de ese tipo Hitchcock logró el máximo efecto dramático. No porque el escenario, por definición, evoque un contexto de drama. La razón está explícitamente relacionada con la lógica del film y es desplegada como el dispositivo del contraste absoluto que los espectadores se vieron obligados a soportar a lo largo de la película, carga de la cual sólo se los alivia en el final, en esa escena teatral. Se trata del contraste entre un *confesionario* como lugar de la intimidad y el secreto extremos y radicales, que no se revelarán ni deben ser nunca revelados, y un *escenario* como el lugar público por excelencia, donde todo lo que se dice está destinado a la audiencia.[7] A lo largo del film nos vemos ubicados en la posición paradójica de *un público sin un escenario,* un público que sabe lo que tiene que ocurrir en el escenario, lo que debe salir a luz, y que reclama esa actuación pero no la consigue. Nos vemos colocados en una posición (sorprendentemente idéntica a la del personaje principal) en la que se nos confía algún conocimiento, pero no tenemos dónde ubicarlo, y no podemos situarlo en lo simbólico –hasta el final, cuando literalmente tenemos un escenario y un desenlace escénico–. Esta función del escenario está presente en el trasfondo a lo largo de todo el film, como lugar de un conocimiento imposible, y es evocado a través de su contraste radical: el confesionario.

En todas las películas anteriores, el escenario es también el lugar a través del cual se inscribe "la verdad" en la realidad cinematográfica. No se trata de que conozcamos la verdad sobre el escenario, pues ya la conocemos antes de que esas escenas ocurran. El caso es que sobre el escenario la verdad *es inscrita en el universo simbólico del film*. Este rol del escenario está también relacionado con el momento de la muerte. En ninguno de estos casos Hitchcock quedó satisfecho con la detención del asesino como conclusión de la película.

En los cuatro ejemplos, el culpable tiene que morir, y morir de un modo literalmente "teatral". Podríamos tratar de encontrar la razón en la condensación de tres hechos dramáticos en una escena:

1) el enfrentamiento del sospechoso con los "representantes de la ley" que siempre están entre el público (una analogía del arresto);

2) *el juicio:* la prueba de la culpa (el culpable se descubre frente al público como ante el "jurado") y el veredicto;

3) *la ejecución de la sentencia.*

A causa de esta condensación, en los tres films, el escenario aparece como "la Otra escena": como el lugar del Otro. Es el lugar silencioso en el que emerge la verdad subjetiva, el lugar que atestigua la culpa subjetiva, y que con su misma "mudez" exige el castigo.

Una obra dentro de la obra

"También hubo varias referencias a *Hamlet* porque teníamos una obra dentro de la obra. Al presunto asesino se le pedía que leyera el manuscrito de una obra de teatro, y como en él se describía el asesinato, esto equivalía a hacerle una jugarreta. Ellos observaban al hombre mientras él leía en voz alta, para ver si mostraba algún signo de culpa, como el rey en Hamlet. Todo el film trataba sobre el teatro." (Comentario de Hitchcock sobre *Asesinato*)[8]

La escena de teatro, la obra dentro de la obra, representa sin duda uno de los momentos más interesantes producidos por la narración –no sólo "prácticamente", sino también "teóricamente"–. Jacques Lacan, al interpretar la escena de la obra de teatro en *Hamlet,* desarrolló la tesis de que la verdad tiene estructura de ficción. Gilles Deleuze recurrió a esta tesis al formular el concepto de la imagen-cristal, que aplicó precisamente a *Asesinato* de Hitchcock. ¿Qué hay de tan interesante y fascinante en la estructura de una obra dentro de la obra?

En primer lugar, ella puede decirnos mucho sobre la naturaleza de la realidad y sobre la naturaleza de la ficción, dentro del marco de una historia. El recurso de "la obra dentro de la obra" puede concebirse, en una forma general, sencillamente como "ficción dentro de la ficción". A partir de este punto se puede sostener que *la ficción dentro de la ficción es el momento en que la ficción es enfrentada con su propio exterior como su propio interior.* Para que la ficción esté estructurada en el sentido clásico (después de todo, estamos considerando a dos clásicos: Shakespeare y Hitchcock), es esencial que se excluya algo de ella. Como regla, este algo es un crimen que, sobre la base de su exclusión (no lo vemos en el film, sólo vemos sus huellas), adquiere el estatuto de "crimen original", el crimen por excelencia propio de lo Real en los términos del paradigma de Lacan. Entonces, se establece la ficción por medio de la disyunción respecto de lo Real, sosteniéndose por medio de algo *que no puede mostrarse*, con un matiz esencial: *que sólo puede mostrarse duplicándose* en la forma de una *ratonera* en la cual se capta "algún signo de culpa", como dice Hitchcock. Este es el mecanismo fundamental de la "ficción dentro de la ficción".

Aquí corresponde subrayar la distinción entre este tipo de ficción y el género "quién lo hizo" *[Whodunit]*. Se sabe que a Hitchcock no le gustaban las películas de este género en las cuales, según sus propias palabras, esperamos fríamente y sin emoción el final, para saber quién cometió el asesinato. Todo el interés está concentrado en la conclusión. No obstante, él realizó dos películas basadas en guiones pertenecientes al género "quién lo hizo": precisamente *Asesinato* y *Desesperación*. Truffaut le preguntó por qué, a pesar de su aversión al género, había realizado esos dos films, y Hitchcock, en ambos casos, respondió de modo inequívoco: "El aspecto que me intrigó es que era una historia sobre el teatro". Si consideramos *Asesinato*, podríamos decir que precisamente ese aspecto teatral y, lo que viene más al caso, la escena de teatro como punto crucial de la película, es lo que le permitió a Hitchcock idear algo absolutamente diferente del género "quién lo hizo".

Surge a primera vista que también en el género "quién lo hizo" resulta esencial que no veamos el crimen, y no debemos verlo. Una inspección más atenta revela que esto no es totalmente cierto. Sólo hay que ocultar al criminal (podemos tener, por ejemplo, una toma de la escena del crimen con un asesino enmascarado). Pero quedémonos con películas del género "quién lo hizo" que se inician con un cadáver y que no muestran el crimen en sí: la tarea del detective consiste, por lo tanto, en *deducir* la verdad, reunir indicios, hechos y pruebas, y usarlos para establecer la identidad del asesino mediante una reconstrucción. El asesino queda sepultado bajo el peso de las pruebas. Ese es el momento en que la película simplemente muestra lo que antes se había omitido; la explicación precisa y "realista" del crimen (por lo general acompañada por los comentarios del detective). No hay ninguna "duplicación de la ficción", sino sólo un simple desplazamiento y un cambio de tiempos. Estructuralmente, todo el suspenso depende del hecho de que la escena inicial es "cortada" y "pegada" al final del film. Esto es lo que diferencia al género policial del género al que pertenece *Asesinato,* y que podría rotularse "género de la escena de teatro". Si el clímax de las películas del género "quién lo hizo" es el momento en el que se revela la identidad del asesino, cuando se anuncia el Nombre, la estructura en el *"género de la escena de teatro"* es totalmente distinta. El conocimiento de la identidad del asesino precede a la escena de teatro y la calidad dramática de ese conocimiento no es esencial para esa escena, la cual representa la cumbre o el clímax de los hechos. Lo que fascina no es la revelación de la identidad del asesino, la reconstrucción del crimen y la deducción de la verdad, sino la manera en que la verdad se muestra, o nos mira, si podemos decirlo así, en el brillo de los ojos del asesino. Somos testigos de una situación en la cual la verdad *sorprende* a la única persona que la conoce desde el principio, es decir, al asesino. Por una parte, lo que está en juego en este caso es la distinción entre "desenterrar" la verdad y hacer que se revele en la superficie. Por otro lado, estamos ante la diferencia entre la verdad de los hechos y la "verdad subjetiva", la verdad del "deseo y la culpa". En otras palabras, la respuesta que obtenemos nosotros, el público que observa la escena de teatro, no responde al interrogante de "¿Mató usted a la persona X?", sino a una pregunta mucho más fundamental, que no tiene ninguna relación directa con la primera: *"¿Es usted culpable?"*. (Ni en *Hamlet* ni en *Asesinato* vemos al asesino ponerse de pie y anunciar "Sí, soy el asesino". Todo lo que vemos es "algún signo de culpa".) Se trata de una dimensión que no gira en torno a ejercicios mentales, a "las pequeñas células de materia gris", y que no tiene nada que ver con la satisfacción narcisista de haber realizado nosotros mismos la deducción correcta, quizás mucho antes del final. Nos movemos en un universo de "deseo y culpa". La ratonera no sólo capta la culpa del asesino, sino también nuestro deseo, y es esto lo que la hace tan fascinante.

Subsiste aún un interrogante esencial. Si desde el marco global de la ficción dentro de la ficción volvemos al recurso de la obra dentro de la obra, surge el siguiente problema: ¿qué justificación tiene Hitchcock para decir "Tenemos una obra dentro de la obra", cuando en realidad se trata de una "obra de teatro dentro de una película"? Lo que distingue al "teatro dentro del teatro" es también su aspecto formal, a saber: que redobla la *forma* de la narración en sí, que representa la "cristalización" de la imagen en el nivel de la forma en sí. ¿En qué difiere la escena de teatro en *Asesinato* de otros contextos teatrales del film que podrían describirse como una "obra de teatro dentro del film"?

Con el pretexto de una prueba, Sir John le pide a Fane que interprete la escena del asesinato frente a testigos. Esa escena comienza con el asesino entrando a la habitación después de la réplica de una de las chicas: "¿Amigos? Puedo decirte cosas de tus amigos que tú no sabes". La escena termina cuando el asesino levanta su arma después de oír que esa chica le dice a la otra: "¡Tonta! ¿no sabes que él es medio...".[9] Antes de que Fane comience, la cámara enfoca una especie de "escenario" en la habitación en la cual tiene lugar la escena. Después de darle a Fane las instrucciones básicas, Sir John se une a la audiencia y dirige desde allí. Mientras tanto, la cámara realiza muchos movimientos diferentes y define el lugar, la situación y la circunstancia "desde dentro". Cuando se ha alcanzado el clímax, cuando Fane debe levantar el arma asesina y concretar lo que falta en el libreto, se detiene, y en la toma siguiente lo vemos abrir la boca en un grito silencioso. Entonces surge el punto clave de la dirección de Hitchcock: el corte que nos saca "afuera", de modo que vemos el escenario desde arriba, "desde el techo". La escena está dividida en áreas negras y blancas. Fane y Sir John permanecen inmóviles, uno frente al otro, con los libretos en la mano; un personaje está en la luz, el otro en la oscuridad.

A continuación hay un corte y un primer plano sobre el guión: una mano vuelve una página y aparece una página en blanco. Precisamente este salto de la cámara, que nos saca del centro de los hechos, que nos desplaza a una visión desde arriba [toma en picado] y nos vuelve a arrojar a la situación, tiene una significación clave. Con este método se produce el efecto de dos campos, uno dentro del otro, "un film dentro de un film", "una obra dentro de una obra". La estructura de la ratonera de Hitchcock no es entonces nada más que el plano de Bergson visto desde arriba, con cuya ayuda G. Deleuze[10] ilustra el fenómeno de la imagen-cristal. El cristal del que se trata es un cristal de tiempo, definido por Deleuze como el presente que coincide con su propio pasado –precisamente el momento estructural básico de la ratonera–. Tenemos un cierto momento, el momento del crimen excluido de los acontecimientos y de la realidad cinematográfica, pero que revolotea continuamente en el trasfondo como una especie de amenaza. Y tenemos el presente, el momento real de la escena de teatro, en cuyo "cristal" el momento excluido –es decir, el tiempo "virtual" de Deleuze– finalmente encuentra su lugar en esa realidad. Hitchcock no podría haber señalado más directamente esa coincidencia de dos registros diferentes del tiempo: realmente sabemos que el asesinato sucedió a la 1.30. Cuando comienza la escena de teatro, vemos la hora en el reloj de alguien, y es exactamente la 1.30. Por lo tanto, se cierra el círculo del tiempo virtual y real. ¿No sería posible ver en este hecho el eco de las famosas palabras de Hamlet:

"El tiempo está dislocado. Oh, maldito rencor,
ojalá nunca hubiera nacido para enderezarlo?"

La función de la ratonera consiste en aprehender ese tiempo que ha descarrilado y asignarle un lugar en una realidad cinematográfica (o teatral), es decir que asigna el *presente propiamente dicho* al tiempo que no tiene futuro y que estaba "congelado" en el momento del crimen.

Es posible decirlo de otro modo: en el "género de la escena de teatro" no tratamos con la reconstrucción del crimen, sino con el *Vorstellungs-Repraesentanz* del crimen. La estructura de la escena en la escena es precisamente la estructura de lo que el psicoanálisis ha conceptualizado como *Vorstellungs-Repraesentanz:* estamos ante la representación de algo que original y estructuralmente falta; ante algo que sólo puede aparecer como *duplicado*, y que ya apareció la primera vez como su propia *repetición: su único original es esa misma repetición.*[11] El crimen original que impulsa a todo *Asesinato* (o a todo *Hamlet*) sólo puede materializarse y presentarse en la forma de *Vorstellungs-Repraesentanz;* de otro modo es estructuralmente inaccesible. Este es el único modo en que la falta de la presentación original en sí, o la imposibilidad de su representación adecuada por un significante, puede inscribirse en la realidad.

Cuando, diecisiete años más tarde, Laurence Olivier emprendió su producción fílmica de *Hamlet,* tropezó con el mismo problema de la duplicación estructural al rodar la escena de la representación teatral: el problema de hacer "una obra dentro de una obra" a partir de "una obra dentro de un film". También Olivier lo logró y, como su solución recuerda en muchos aspectos a la de Hitchcock, vale la pena examinarla más detalladamente.

Entonces, ¿cómo es la toma de la ratonera en su film? En la estructura básica, los actores interpretan la obra de teatro; el rey, la reina y multitud de cortesanos son los espectadores, mientras Hamlet y Horacio (al que Hamlet ya anteriormente ha hecho conocer su sospecha y las palabras del espectro) observan al rey. En cierto sentido tenemos dos escenarios o dos centros de acontecimientos, cuyo punto de intersección es, desde luego, el rey, "el asesino real".

Olivier filma la ratonera de un modo tal que el rey pierde el control de sí mismo ya en la primera parte de la ratonera (sabemos que la obra de teatro-ratonera es primero interpretada como pantomima, y después repetida con texto). Basta con que el rey vea la escena *sin palabras*. La cámara –salvo en la parte media, donde construye una cruz con la serie de seis cortes y define "vectores" de las miradas (el rey mira al escenario, Hamlet y Horacio alternativamente observan al rey)– se mueve como si estuviera fijada a un péndulo. Con ese movimiento delinea y define el foco o el "centro de gravedad" de la acción. En la primera parte, hasta la escena del envenenamiento, ese centro está en el escenario, y la cámara se desplaza oscilando detrás de las espaldas de los espectadores. Después, a continuación del intercambio de miradas, el foco pasa al rey (el envenenador), que está entre el público y se convierte en el centro de las últimas dos oscilaciones de la cámara.[12] El esquema se va invirtiendo gradualmente: a partir del punto crucial de los seis cortes, la atención de la audiencia comienza a seguir las persistentes miradas de Hamlet y Horacio, hasta que por fin todos miran fijamente al rey. En su torno se cierra el círculo de miradas sorprendidas, aterradas y curiosas, ante lo cual él responde con el célebre estallido de "¡Denme luz!", seguido por el pánico y la confusión generales.

Mientras una obra de teatro se interpreta sobre el escenario (la "ratonera" para apresar la mirada del rey), la otra trampa se monta frente al escenario: una trampa no menos "ficticia", pero tampoco menos eficaz. El rey queda atrapado en la red, en la "telaraña" de las miradas. En la interpretación que da Olivier de la ratonera, la luz que pide el rey aterrorizado demuestra de manera inequívoca lo "consciente" que está del aprieto en que ha caído en el nivel del campo escópico.

¿Qué hace entonces Olivier respecto de la "duplicación estructural"? En primer lugar, debemos tener presente que la trampa para el rey se monta en el campo escópico y no en el nivel verbal, como en la obra de teatro. Esto ya proporciona una respuesta parcial a la cuestión de la "duplicación estructural" de la ratonera en la película. Dando un paso más, podemos decir que el efecto dramático de lo que en otro sentido vemos como una realidad cinematográfica culmina en la serie de seis cortes/miradas. Sabemos que el corte o la compaginación es la instancia en que tenemos la menor conciencia de la presencia de la cámara. Al mismo tiempo, esta secuencia dramática, explícitamente cinematográfica, está enmarcada por movimientos casi demasiado obvios, oscilaciones de la cámara detrás de las espaldas de los protagonistas. (Ese momento, en el que de pronto nos percatamos bien de la presencia de la cámara como mediadora de nuestra mirada, equivale al efecto que Hitchcock lograba con un movimiento abrupto de la cámara hacia una visión desde arriba [toma en picado], para volver después a la original.) Primero la cámara circunscribe y bosqueja el campo de la visión, mientras que la cruz que constituye dentro de ese campo representa una intrusión real suya en el lugar prohibido: en su propio campo visual. Por este medio, Olivier se acerca lo más posible a la estructura del film dentro de un film: el "primer" film sería el que observamos a través de la perspectiva de la cámara oscilante. Una vez definido este círculo, se produce una serie de cortes que tejen el drama de las miradas, es decir, otra "ratonera" dentro de esta escena de la ratonera delineada antes. En un segundo momento, la cámara, "como si no hubiera pasado nada", vuelve a los movimientos oscilatorios detrás de la audiencia; parecería decirnos: "lo que vieron antes, bien podría no habérselos mostrado".

El método de Olivier podría verse como una inversión que, sin embargo, conserva el paradigma básico del procedimiento de Hitchcock. En ambos casos tenemos la estructura de un cono: horizontal en Hitchcock, vertical en Olivier. Y en los dos casos encontramos el intercambio de la visión "interna" y "externa": en *Asesinato*, la secuencia es adentro-afuera-adentro, mientras que en *Hamlet* es afuera-adentro-afuera. Esta inversión podría deberse al hecho de que en *Asesinato* el asesino está *adentro*, en la representación teatral misma, mientras que en *Hamlet* está *afuera*, en la audiencia.

¿Qué conclusión podría extraerse de todo esto? ¿Diremos que Olivier era un discípulo de Hitchcock? ¿O llegaremos a la tesis de que ambos fueron Maestros de una cierta perfección básica en el paradigma de la relación entre el cine y el teatro?

El suicidio como la estructura del acto

En la sección anterior construimos nuestra interpretación del modo en que Hitchcock filmó la escena de la representación teatral en *Asesinato*. Subrayamos sobre todo el momento en que la cámara de pronto "salta" a la visión desde arriba [toma en picado]. En la escena siguiente, esa altura vertiginosa adquirirá un nuevo significado retroactivo: parecerá el punto virtual de la muerte del asesino. Ella es exactamente la altura escogida por Fane como lugar para suicidarse.

El suicidio de Fane es el momento de *Asesinato* que mejor diluye y reduce el triunfo final de Sir John. Es, en el sentido estricto de la palabra, el momento sublime de la película, la imagen en comparación con la cual todas las otras se desdibujan. Además, es el momento de la "victoria moral" de Fane sobre Sir John. Una digresión relacionada con la teoría del acto (ético) –la teoría desarrollada por Kant que podría vincularse con algunos conceptos del psicoanálisis lacaniano–, nos permite iluminar este punto.

El primer elemento clave de la teoría kantiana del acto ético puro reside en la distinción entre el acto realizado exclusivamente *de acuerdo con* el deber, y el acto sólo realizado *por deber*. Sólo este último es ético en sentido estricto. Uno puede actuar de acuerdo con el deber a causa de diversos intereses personales: quiere evitarse incomodidades, quiere dejar una buena impresión, espera un beneficio, etc. Para Kant, una acción de este tipo es patológica, y aunque se realice *de acuerdo con* el deber, nunca constituye un acto ético. Un acto ético es sólo el que se realiza exclusivamente *por deber*. En primer lugar, esto significa que ese acto, en sentido estricto, no tiene exterior: su fundamentación debe ser siempre una *autofundamentación*. Un acto no necesariamente se basa en razones externas a él (nuestros impulsos y motivos "internos" también se cuentan entre estas razones). Es posible que surja sólo de sí mismo, como idéntico a la ley moral; en caso contrario es "no puro", "patológico", en el sentido propio de la palabra. Por otro lado, ese acto no tiene exterior, en cuanto todos los efectos, consecuencias, todo lo que sigue *después de él,* debe abstraerse y ponerse entre paréntesis. En el acto no hay ningún después. Esto es lo que Kant repite incansablemente: un acto ético está más allá de todos los criterios de utilidad, eficacia, etc.; es –para emplear la metáfora kantiana– una joya que brilla y vale por sí misma. Lo que cuenta es sólo un acto sin propósito fuera de sí mismo, que encierra en sí su propio propósito; el único propósito de ese acto es su propia realización, siendo, por así decirlo, "*un acto sin propósito*". Si actuamos para obtener esto o aquello, no se trata de un acto.[13] En última instancia, ese acto es *esencialmente un producto de sí mismo*. Representa algo absolutamente firme, aunque sin base. Es el punto de la firmeza y la certidumbre absoluta que flota en el vacío: es "*en sí mismo*".

Otro momento esencial del acto ético es que está explícitamente situado "más allá del principio de placer", más allá de la preocupación por el bienestar del sujeto *(Wohl)*. En la estructura de ese acto no hay lugar para cualquier placer o satisfacción. Como lo señala Lacan en su seminario *La ética del psicoanálisis,* Kant llega incluso a admitir un único correlato emocional de la ley moral: *el dolor.*[14]

Además, ese acto está más allá de cualquier compensación (si busco compensación, sacrifico algo para ganar alguna otra cosa), está más allá de todo intercambio o cálculo, más allá de cualquier modelo o lógica de la equivalencia. Si el acto es un sacrificio, sólo puede ser "puro"; no hay nada equivalente a él, nada capaz de compensarlo.

No obstante, al formular de este modo los criterios del acto moral, surge el problema de que nunca sabemos con seguridad si están realmente satisfechos o no. Nunca podemos afirmar con certidumbre que nuestro acto excluye cualquier "objeto patológico". Kant traslada este problema al problema de la estructura del acto en sí, exponiéndolo en el nivel del lenguaje. Lo que tenemos en mente es el pasaje de la *Fundamentación de la metafísica de las costumbres* en el que Kant examina los diversos tipos de imperativos. Una de las distinciones más importantes que traza es la que diferencia el imperativo hipotético del categórico. La forma del imperativo hipotético es la siguiente: "Si quieres obtener X, tendrás que hacer Y". En este caso, el acto es sólo un medio para obtener un cierto propósito o meta. En contraste con ese imperativo, el categórico impone la necesidad del acto, una necesidad que es estrictamente propia del acto en sí, independiente de cualquier propósito. Consideremos la orden "¡Debes cumplir tus promesas!". Su carácter problemático y su ambigüedad (así como la ambigüedad de nuestro actuar de acuerdo con ella) se deben al hecho de que puede haber una continuación oculta o implícita: "... o de lo contrario perderás tu reputación". Con este complemento, el imperativo categórico se convierte en –o, más bien, resulta ser– un imperativo hipotético disfrazado. Todos los imperativos que parecen categóricos podrían ser sólo *imperativos hipotéticos disfrazados* o, como dice Kant, "más bien hay que temer que todos estos imperativos categóricos aparentes sean en realidad hipotéticos".[15]

En pocas palabras, el problema de los actos (morales) consiste en que están ligados con el lenguaje, inscritos en la red simbólica o, en los términos de Kant, en que no son "en sí", *an sich*. Esta es la razón misma de su ambigüedad, que comparten con las palabras, con los significantes. La ambigüedad que está en juego en este caso no es algo de lo que uno podría "desembarazarse"; surge del hecho de que el habla de un sujeto es siempre un discurso (más o menos disfrazado) del Otro, y el sujeto –para parafrasear una formulación bien conocida– no actúa sino que "es actuado". En otras palabras, el problema reside en que el sujeto del acto es el sujeto del inconsciente, razón por la cual el estatuto del acto es el de un acto *fallido, abortado,* y no el de un acto realizado. Desde esta perspectiva, un acto exitoso sería algo que atraviesa el umbral de lo simbólico y, por lo tanto, le permite al sujeto desprenderse de la ambigüedad de las palabras. Sólo sería posible como una entidad "limítrofe" en el sentido literal de la palabra.

Kant insiste en el proceso de "purificación" infinita, de aproximación infinita a este límite del acto (e incluso introduce el postulado de la inmortalidad del alma para "darle sustento"). No obstante, hay un acto que se adecua completamente a la estructura del acto requerida por Kant: *el suicidio,* el acto de suicidio tal como lo describe y define Jacques-Alain Miller en su artículo "Jacques Lacan: notes to his concepts of *passage à l'acte"*.[16] Miller sostiene que en Lacan el modelo del acto es el acto del suicidio: todo acto real es un "suicidio del sujeto". Después de ese acto, el sujeto puede volver a nacer, pero sólo como un nuevo sujeto. El acto sólo es un acto si después el sujeto ya no es el mismo de antes. El acto siempre está estructurado como un suicidio simbólico;

es un gesto por medio del cual se cortan los lazos simbólicos. ¿Cuál es la clave, cuáles son los rasgos distintivos del suicidio como modelo del acto? ¿Cuáles son las características de este acto por excelencia?

Es siempre *"auto"*. En el nivel de la fundamentación, es el acto de la autoautorización. Está radicalmente más allá del principio de placer, y reposa en lo que Freud llamaba "pulsión de muerte", y que más tarde Lacan conceptualizó como *jouissance*. En él, el sujeto se evade de la ambigüedad de las palabras, atraviesa el umbral de lo simbólico. Es un acto limítrofe. (Miller da el ejemplo de Cesar cruzando el Rubicón.) Este es el único *acto logrado*, y es totalmente diferente del "hacer" o la "acción". Incorpora un *¡no!* radical al universo que lo rodea, e involucra un momento irreductible de riesgo. Es indiferente a su exterior y a su futuro, y como tal externo al sentido, al significado. En su corazón, el acto no tiene ningún *después* (puesto que, como ya hemos dicho, después del acto el sujeto ya no es el mismo), y, dice Miller, es *en sí mismo*.

La estructura del acto requerida por Kant, en realidad, corresponde a la estructura del suicidio, salvo en un aspecto: el suicidio no parece satisfacer el criterio de la universalidad, no puede convertirse en una ley universal (según el requerimiento del imperativo categórico: actúa sólo siguiendo una máxima que al mismo tiempo puedas desear que sea una ley universal). Es cierto que esta imposibilidad parece evidente de por sí, pero la belleza de la teoría de Kant reside en el hecho de que es, sin embargo, posible demostrar que también podemos obrar de ese modo. La elaboración kantiana del concepto de mal puro, radical, surge precisamente de ese tipo de gesto, en el que *explícitamente* ubicamos algo particular en el lugar de la ley, y la particularidad en sí actúa como la forma de la legislación suprema. Este mal no es una cuestión de debilidad, carencia, transgresión o impulsos temporarios "patológicos"; se trata del Mal como una "actitud ética". El mejor ejemplo puede encontrarse en *La metafísica de las costumbres*, donde Kant analiza la diferencia entre el asesinato de un monarca y su ejecución formal, y define esta última como "un acto de suicidio por el estado".[17] Desde luego, el asesinato es un crimen, un crimen que habrá de ser castigado por la ley. El asesinato de un soberano –el legislador supremo– es también un crimen, el crimen "supremo", "límite", pero siempre un crimen. Es un crimen límite en el sentido de que probablemente no será castigado, puesto que es cometido contra la persona misma que podría castigarlo. Y se lo comete precisamente con esa intención: por miedo a ser castigado después. Podría ocurrir que con una nueva legislación "revolucionaria" la competencia del nuevo soberano cambie radicalmente, pero es del todo improbable que las nuevas autoridades legalicen el asesinato como tal. Por esta razón, el asesinato de un soberano se podría pensar sin dificultades en los términos de la categoría del crimen.

Sin embargo, la ejecución formal de un soberano es algo totalmente distinto. Resulta insoportable por el hecho de que es absolutamente escandalosa y, sin embargo, no un crimen en el sentido propio de la palabra: se realiza en nombre de la ley y tiene la forma de la ley. La ejecución formal de un monarca es entonces, en un sentido, la realización de la idea sadeana del crimen radical. En contraste con la muerte (que es vista por Sade como un momento intrínseco del ciclo vital, de la transformación permanente que involucra la disolución y el nacimiento), Sade desarrolla la idea de un crimen radical que destruiría, detendría el ciclo vital y el proceso de transformación en sí.[18] Es precisamente la misma lógica que podría identificarse en la lectura kantiana de la ejecución de un monarca como un crimen radical, el crimen que está más allá de todos los crímenes: las otras maneras de cambiar gobernantes y sistemas forman parte de un ciclo social "normal", mientras que la ejecución (formal) del monarca disloca la sociedad, la arroja al punto de no retorno. ¿Qué hay en este acto que es tan insoportable para Kant?

Como ya hemos dicho, Kant define este acto como un *suicidio* del estado, y el suicidio resulta ser el único punto, en el territorio de la filosofía kantiana, en el que el acto del mal puro, radical, y el acto moral puro, coinciden paradójicamente. Las condiciones kantianas que tiene que satisfacer un acto para ser considerado moral conducen a la disposición fundamental: el acto moral puro, inmaculado, sería el que logra emerger y permanecer en el registro de *lo Real* (en el sentido lacaniano). Un acto sólo es moral si fallan nuestros esfuerzos por explicarlo o simbolizarlo. Es decir, si no podemos encontrar sus razones, los motivos o propósitos que el sujeto quiso alcanzar con él, o los intereses que llevaron al sujeto a realizarlo. En síntesis, si el sujeto no actuó motivado por nada más que el acto en sí (si por lo tanto no actuó "con intención", "funcionalmente"), no ha realizado el acto moral sino una acción común.

Es precisamente en esta dimensión de lo Real donde el acto del mal radical, "intransigente", del mal como "actitud ética" (el mal que no se debe a debilidad o a impulsos patológicos temporarios) coincide con el acto moral puro, puesto que la ética está allí estrictamente más allá del bien y del mal. La razón de que a Kant lo aterrara tanto la ejecución formal de un monarca reside en la posibilidad de que se cometa "un crimen de tal malicia formal y completamente fútil",[19] porque la ejecución formal de un monarca es "una idea pura que representa el mal final".[20] En otras palabras, si la gente quiere desembarazarse de su monarca en un estallido de ira y miedo por su propia existencia futura, ¿por qué no matarlo? Es un crimen, y como tal puede explicarse y comprenderse. Pero –y ésta es la cuestión que irrita a Kant–, ¿por qué tomarse el trabajo de realizar una ejecución formal, que no es nada más que el acto de la maldad pura, "desperdicio inútil"? Satisface las formas por las formas mismas, *lo cual es exactamente la definición del acto moral puro*. El origen del horror y la fascinación que ejerce sobre Kant un crimen de este tipo podría discernirse en el hecho de que, siempre que tropieza con él (lo cual no es en absoluto infrecuente) se siente compelido a describirlo con las mismas palabras como el acto moral puro. Lo único que puede añadir a esa descripción se refiere a la "perversidad" de dicho acto. Kant sólo podía mantener el ideal del Bien al precio de abandonar la posibilidad del acto moral o ético puro: los únicos ejemplos inambiguos de este acto que él encuentra son ejemplos del mal radical, con sus agentes en el papel de "guardianes del ser del crimen como tal", palabras utilizadas por Lacan para demostrar la posición de Antígona y su acto. Aunque en esta perspectiva el suicidio aparece como el acto del mal radical, conserva no obstante la dignidad y la estructura del acto por excelencia, puesto que el meollo de su estructura, para decirlo con las palabras de Miller, es precisamente un *delito*.

Entre el acto y el "teatro histérico"

En vista de lo que acabamos de desarrollar, ¿qué podemos decir sobre el desenlace de *Asesinato*? ¿Cuáles son las consecuencias para las posiciones de Sir John y Fane?

Sir John es un "hombre real"; él encarna la suma de los rasgos identificatorios considerados "la manifestación de la masculinidad": es fuerte, exitoso, bien parecido, inflexible... Fane es su opuesto exacto, desdichado en el amor, sin éxito, de "raza impura" y género incierto. No sólo es "mestizo", sino también de "medio género"; todo su aspecto está envuelto en ambigüedad sexual y travestismo (en el escenario aparece a menudo vestido de mujer). Al principio de la película alguien lo describe como "un varón ciento por ciento mujer". En cuanto a su identificación sexual, está más cerca del lado femenino. De modo que Sir John y Fane son opuestos entre sí; más precisamente, cada uno representa todo lo que el otro no es. Este esquema fundamental de oposición complementaria basta en sí mismo para recordar otra disposición que allí está en juego: *la disposición del doble* y el antagonismo vinculado con ella. En *Asesinato* esta disposición podría discernirse en varios niveles; en primer lugar en la escena que sigue al juicio. Sir John está en su baño, absorto en sus pensamientos, bebiendo vino. Deposita el vaso y se mira en el espejo. La toma en que vemos su imagen silenciosa en el espejo y el vaso frente a él es acompañada por una pregunta en *off*: "¿Quién bebió el *brandy*?". (En la escena del crimen se había encontrado un vaso de *brandy,* de modo que el vaso de Sir John en esta escena evoca directamente al asesino.) Estamos en este caso ante la función de la imagen especular, con el asesino como doble de Sir John. Lo mismo podría decirse de la escena como ratonera que hemos examinado antes, en la que Fane y Sir John permanecen uno frente al otro, los dos con libretos en las manos, uno en la luz, el otro en la oscuridad, como el cuerpo y su sombra. Lo que también los convierte en dobles es su rivalidad con relación a Diana. Y, en último lugar, pero no por su importancia, la dimensión del doble es el único modo de explicar el *odio* de Sir John a Fane. El no sólo trata de encontrar al asesino; parece odiarlo (sobre todo hacia el final de la película). Está jugando sucio (la alusión a que Fane sea "mestizo" en la escena que éste tiene que interpretar), y su reacción a la muerte del hombre es absolutamente fría; lo odia porque de algún modo está demasiado cerca a él. Fane le recuerda alguna dimensión siniestra de su propio deseo, de los rasgos mortales de la Cosa en torno a la cual su deseo circula.

En cuanto al deseo, la posición de Sir John es totalmente paradójica; la describe perfectamente la observación siguiente de William Rothman: "Mientras bebe el vino, quizás se imagina poseyendo el objeto de su deseo. Por otra parte, su gesto, actuado frente a un espejo, parece tan teatral, que podríamos considerar que está absorto no por su deseo sino por el *rol* de un hombre poseído por el deseo". Y éste no es el único caso en que podría discernirse tal aspecto de su deseo, que resulta aún más impactante en el monólogo de Sir John que sigue a su conversación con Bennett, durante la cual surge que ha conocido a Diana antes. Cuando Bennett se va, Sir John asume una pose perfectamente "hamletiana": apoyado contra la pared, con los ojos fijos en el techo, comienza a pensar en voz alta sobre Diana y su relación. El escenario es tan teatral que está al borde de la comedia.

Y además está el hecho de que trasladara toda la historia de la resolución del crimen a la obra de teatro que le proporciona el marco para actuar su relación con Diana, para *actuar* su deseo. Se podría decir que Sir John nunca *cesa* de interpretar "el papel de un hombre poseído por el deseo". Respecto de este punto son posibles dos líneas interpretativas: la actuación de su deseo por Sir John podría concebirse como su modo de ocultar alguna imposibilidad radical, alguna incapacidad para desear. El se avergüenza de esta "impotencia" y, por lo tanto, pretende estar "poseído por el deseo". No obstante, ¿no es más plausible la interpretación exactamente opuesta? ¿No es más plausible interpretar que la impotencia de la que Sir John se avergüenza es *la impotencia debida a la presencia del deseo en sí*? Al *actuar su deseo,* él no está ocultando la falta sino la presencia abrumadora del deseo, oculta el deseo mismo. La actuación del deseo es su estrategia para mantener la distancia, para "organizarlo" adecuadamente. Es la estrategia por medio de la cual intenta controlarlo y convertirse en *amo* del deseo, en lugar de ser su súbdito. La angustia y el miedo que le suscita su deseo, lo real de este deseo y el hecho de que Diana realmente lo poseyera a él durante el juicio, se vuelven las fuerzas impulsoras de su actuación del deseo. Es la técnica con cuya ayuda mantiene los hechos bajo control e impide que se le vayan de las manos. Para decirlo en pocas palabras: *la actuación del deseo es exactamente igual a la huida del deseo,* es una maniobra para evitar la confrontación con lo real del deseo, con la Cosa, *das Ding.* Sir John pone incesantemente en obra una especie de "teatro histérico", donde puede interpretar el rol de un Amo (el rol de un hombre que maneja los hilos y domina el juego), y en ese rol él compromete a su deseo. En este sentido, Fane se le aparece como la figura ideal para justificar que comprometa a su deseo: Fane encarna la amenaza de lo que sucedería si Sir John no controlara su deseo. Personifica la sombra indeseable, perturbadora, del propio deseo de Sir John, la sombra de la que Sir John está tratando de escapar y que quiere dejar detrás de la escena: la dimensión letal, mortal, del deseo. Pero el problema consiste en que esta sombra se "emancipa" y aparece frente a él. ¿Y dónde, si no sobre el escenario, bajo el disfraz del suicidio con el que se corporiza el triunfo del deseo puro, del deseo de muerte? Si, a lo largo de toda la película, Fane no es más que una sombra de Sir John, al final subvierte radicalmente esta situación por medio de su acto de "autonomía pura": entonces Sir John emerge como nada más que la pálida sombra de Fane.

¿Qué es lo que introduce exactamente el acto de Fane, qué es lo que logra? El escoge la senda de la absoluta *persistencia,* de una persitencia que, por lo menos en la perspectiva del principio de realidad, carece por completo de sentido. No obstante, es precisamente el carecer de sentido, el estar *hors-sens*, lo que presta al acto de Fane la dimensión ética. Fane persiste incluso cuando el deseo vacila, al borde del último límite que separa el deseo de su foco y desde donde sólo cabe en adelante hablar de un "deseo puro", del deseo de muerte como tal. *El persiste en su deseo incluso cuando este deseo ya no tiene más bases,* cuando ya no espera nada a cambio de su persistencia; esto es lo que lo convierte en ético. De modo que es Fane quien, a diferencia de Sir John, encarna durante todo el tiempo la posición paradójica de "entre dos", la posición de "indeterminación" y la ambigüedad simbólica; es él quien, finalmente, es capaz del acto moral *stricto sensu.*

En todo acto moral en sentido propio es esencial que haya una ruptura que "reordena" el código simbólico anterior, que restructura el universo simbólico dentro del cual emerge. Para ejemplificar esta característica del acto, consideremos otra película en la que el suicidio desempeña una función crucial, *La sociedad de los poetas muertos,* de Peter Weir. La acción tiene lugar en una clásica escuela victoriana. Su vida regular es perturbada por la llegada de Keating, un nuevo profesor de literatura. Ya en su primera clase él sorprende a los alumnos proponiéndoles el imperativo *"Carpe diem"*, "¡vivir el día!". Keating recurre a peculiares enfoques pedagógicos y los justifica por el hecho de que enseña poesía y no una "ciencia positiva". Su aparición provoca cuatro respuestas diferentes entre los estudiantes. Algunos continúan viviendo como antes, y están bien preparados para satisfacer los "caprichos" de su nuevo profesor (si es necesario se paran sobre el pupitre, escriben un poema o marchan en el patio trasero). Otros están inmediatamente dispuestos a reemplazar la antigua autoridad por la nueva: los entusiasma hacer todo lo que suponen que Keating apreciaría; los principales protagonistas de esta actitud son Dalton y Neil. Neil descubre que Keating, que estudió en esa misma escuela, era miembro de una "Sociedad de los Poetas Muertos", y los muchachos deciden, entonces, formar su propia "Sociedad de los Poetas Muertos"; se encuentran por la noche en una caverna próxima a la escuela y leen poesía. El tercer tipo de respuesta a los procedimientos de Keating es el representado por Todd Anderson: él se mantiene reservado respecto de Keating, no quiere cambiar, "abrirse", y es el único que se niega a escribir un poema como tarea para el hogar (y, probablemente, el único que tiene la oportunidad de llegar a ser poeta); su actitud sólo se modifica en la segunda parte de la película. El cuarto tipo de respuesta es la del personaje central, Neil. Es cierto que éste pertenece al grupo de los entusiastas, pero, sin embargo, no está tan fácilmente dispuesto a reemplazar la Ley paterna por otra nueva, y en este punto las cosas se complican. Neil quiere desesperadamente llegar a ser un actor, pero su padre se opone a ello con energía. Entonces él falsifica la autorización del padre para tomar parte en la interpretación escolar de *Sueño de una noche de verano*. El padre descubre el hecho un día antes del estreno, y una vez más le prohíbe subir al escenario. En su desesperación, Neil se vuelve hacia Keating, quien le aconseja que le diga al padre lo que le ha dicho a él: que actuar es sencillamente lo único que le gustaría hacer en su vida. Cuando Neil vuelve de un encuentro con el padre, afirma que, después de escucharlo, el padre lo autorizó a participar en el estreno. Neil realiza una interpretación brillante, pero antes de que pueda disfrutar de su éxito, el padre lo sube al auto y se lo lleva a su casa. El resultado de una discusión familiar sumamente desagradable es que se le prohíbe actuar mientras sus padres "lo mantengan": debe ir a Harvard y estudiar medicina durante los próximos diez años. En la noche siguiente a esa discusión, Neil se suicida. Para evitar el escándalo, las autoridades de la escuela desesperan por encontrar a alguien a quien puedan culpar por la muerte de Neil, de modo que acusan a Keating. Los miembros de la "Sociedad de los Poetas Muertos" son forzados a firmar una declaración en la que declaran que Keating estaba seduciéndolos. La película termina con la escena de Keating que abandona el aula: el director de la escuela (el "exorcista" en jefe) da la clase en lugar de él. Todd Anderson le grita a Keating que los obligaron a firmar la declaración, y entonces, a pesar de las amenazas del director, se para sobre el pupitre gritando "¡Oh capitán, mi capitán!". Uno tras otro los muchachos lo imitan, y el director aúlla impotente. Keating les agradece y se va.

Consideremos en primer lugar las consecuencias de la llegada de Keating en el nivel intersubjetivo. Si, como se indica en varias escenas, la relación entre alumnos y profesores en esa escuela se basaba principalmente en el miedo y la disciplina, Keating "la complica" considerablemente al suscitar en los estudiantes un tipo diferente de "transferencia", a saber: el amor. Esta vinculación puede discernirse del modo más claro en la relación entre Dalton y Keating; dos escenas tienen en tal sentido una importancia crucial. La primera es la escena del patio trasero, cuando Keating les ordena a sus alumnos que marchen y encuentren "su propio camino"; Dalton se niega a hacerlo. En este punto somos testigos del desafío, una de las formas fundamentales del amor. El mensaje es claro: la demanda de atención y de una mirada, un llamado a Keating: "Mírame, mira lo que estoy haciendo". Desde luego, Keating capta el mensaje. La segunda escena es el escándalo que Dalton provoca en la asamblea escolar, imitando burlonamente una llamada telefónica, y gritándole al director que Dios quiere hablar con él –un gesto que cuestiona la autoridad del director y lo ridiculiza, un gesto que plantea el interrogante de "¿qué te autoriza?", "¿qué supremo conocimiento posees tú?"–. La verdadera meta de esa provocación se vuelve manifiesta poco después, cuando Dalton (luego de haber sido castigado) charla con sus amigos y es el astro indiscutido de la noche; Keating entra y le dice que ha hecho algo muy estúpido, pero Dalton lo mira con sorpresa y responde: "¡Creí que *a usted* le gustaría!". En síntesis, resulta que su acto tenía la intención de que Keating lo viera; es decir, era una vez más una demanda de mirada. El segundo rasgo que se pone de manifiesto en esta escena es el hecho de que Dalton podía anular a una autoridad sólo para reposar en otra, en Keating. De modo que se había frustrado la demanda del profesor, que decía "Piensen con su propia cabeza": todos los que la tomaron en serio *empezaron a pensar con la cabeza de Keating o a actuar para conseguir su mirada.* Esta fue una lección para Keating que valía lo que le costó. Con independencia de las ideas, enfoques y esfuerzos pedagógicos que se introduzcan, la disposición fundamental *alumno (sujeto)-maestro (sujeto supuesto saber)* es irreductible.

Una vez introducida la transferencia, también pierde su inocencia el *¡Carpe diem!* Pierde su forma de consejo y comienza a funcionar como imperativo, más precisamente, como el imperativo del superyó, puesto que lo que comunica es en última instancia un mandato de *jouissance.* Es cierto que el verbo *carpo* significa goce en un sentido amplio de la palabra, desde comer frutas hasta "disfruta de tu juventud", por ejemplo, pero en cuanto obtiene el estatuto de imperativo del superyó, esta orden pierde su inocencia. ¡Goza!: la imposibilidad de esta orden que los muchachos tienen frente a sí surge del hecho de que nos deja sobre una cuerda floja. Nunca podemos estar seguros de que hemos gozado lo suficiente, de que hemos aprovechado todas nuestras oportunidades, de que hemos realmente "aferrado el día". Constantemente nos preocupa haber perdido algo. En síntesis, la situación es estrictamente homóloga a la del atolladero del sujeto kantiano que de modo incesante se pregunta si en verdad ha realizado un acto moral o no, puesto que nunca puede estar seguro de haber eliminado todos los impulsos patológicos. Esto atestigua el hecho de que es precisamente la dimensión de la *jouissance* lo que hace tan difícil realizar el acto moral: Keating es un kantiano que le dice a sus alumnos "hagan su deber", "hagan su Cosa", hagan la Cosa que es realmente de *ustedes,* y no de la escuela, de los padres o de cualquier otra persona. Realicen el acto porque es lo único que podría hacer su vida digna de vivirse. La mayoría de los alumnos fracasa en esto. Neil, no.

La situación de Neil puede describirse como sigue: él tiene su Cosa (actuar) pero el padre la prohíbe. Existen dos alternativas posibles, una peor que la otra, por así decirlo. La primera sería que se impusiera la Ley paterna, que Neil se sometiera a la voluntad de sus padres. Esta sería la senda de un antagonismo de toda la vida: el Otro (el padre) sería para Neil aquel que constantemente le impide realizarse por completo, realizar su Cosa. Con la segunda posibilidad –esto es, si él escogiera actuar y negarse a obedecer la voluntad de los padres–, perdería la Cosa en sí. ¿Por qué? Según la elemental "dialéctica del deseo", es la Ley paterna –es decir, la interdicción en sí– lo que convierte a una cosa en la Cosa. De modo que, si se convertía en actor, Neil comprendería, un poco antes o después, que *no era Eso*. Neil decide no optar en esta alternativa, y suicidarse: se da cuenta de que sólo puede llevar a cabo su Cosa al precio de su vida. El acto suicida es una respuesta clara e inambigua a la presión del universo simbólico que lo rodea: *la respuesta de lo Real*. El aparato escolar se activa de inmediato e intenta *simbolizar* este acto; buscan desesperadamente "causas externas", tratando de privar a este suicidio de la dignidad del acto, de reducirlo a una acción corriente: Neil fue seducido y, como ya se dijo, se escoge a Keating para el papel de víctima propiciatoria. Quien primero comprende la falsedad de esa victimización es Todd, el compañero de habitación de Neil, que insistentemente repite que el ser actor era una idea de Neil, y que Keating no tenía nada que ver con ella. El muchacho que fue el último en unirse a la "Sociedad de los Poetas Muertos" es el primero en subirse al pupitre en la escena final del film, cuando Keating tiene que dejar la escuela. Desde esta perspectiva, la escena final (los alumnos de pie sobre los pupitres, recitando "¡Oh capitán, mi capitán!") podría interpretarse como el gesto por medio del cual se restituye al suicidio de Neil la dignidad del acto, su estatuto no simbolizable.

Este gesto es en sí intrínsecamente "teatral", un desafío público, destinado a obtener una mirada –en contraste con el suicidio de Neil, que fue un acto solitario–. Pero lo que distingue al suicidio de Fane en *Asesinato* consiste precisamente en que se produce en un teatro, frente a una gran cantidad de público. ¿Lo hace esto menos "puro"? Precisamente lo contrario. Hitchcock podría haber filmado la escena del suicidio de un modo convencional: digamos que, después de haber terminado su interpretación, Fane se colgara en su camarín. Pero al ubicar el suicidio en el escenario, logra perfectamente escenificar *el encuentro malogrado del acto con la mirada*. Es decir, cuando Fane termina su interpretación en el trapecio, su mirada se convierte en la mirada de un ciego: mirando fijamente ante sí pero sin ver nada, intenta alcanzar la cuerda y la pierde dos o tres veces; cuando finalmente se aferra a ella, toda la disposición se repite: Fane permite que la cuerda se deslice lentamente entre sus manos, parece prestarle poca atención, no da muestras de tener conciencia del público. Desde luego, si el suicidio se cometiera en privado, este efecto escaparía a nuestra atención. *Sólo cuando se produce en público tenemos una completa conciencia de que su meta está más allá del público,* de que no está destinada a la mirada de este último. A pesar de la gran audiencia, Fane está solo en ese momento: ese aislamiento absoluto nos recuerda la verdadera dimensión de su acto.

NOTAS

1. La película comienza cuando se encuentra el cuerpo de la actriz asesinada, Edna Duce. Todas las circunstancias apuntan a Diana Baring, otra actriz del mismo grupo. El asesinato se produjo en el departamento de Diana; ambas actrices eran rivales que se detestaban; se había encontrado a Diana en la escena del crimen en una especie de trance. A continuación sigue el juicio; la única defensa de Diana es que ella no recuerda nada, de modo que se la condena a muerte. Entre los jurados está Sir John, un famoso autor teatral convencido de la inocencia de la joven, que decide descubrir al verdadero asesino por cuenta propia. Su intención es servirse con tal fin de su arte. En sus propias palabras, "La vida permite que una chica hermosa e infortunada termine en la horca. A menos que, siquiera una vez, el arte pueda aplicar su técnica". El está escribiendo la obra "La historia íntima del caso Baring" (de lo cual sólo nos enteramos hacia el final de la película), una "historia real" sobre un asesinato. Su intención, o incluso su fantasía, resulta ser que él aparecería junto con Diana Baring interpretando sobre el escenario esa misma obra. Después de algún trabajo detectivesco (se encuentra una cigarrera que Diana reconoce) se descubre que el asesino es Handell Fane, un personaje absolutamente desdichado, un actor "condenado" sobre todo a interpretaciones circenses y de entretenimiento (con un grado considerable de travestismo). El está enamorado sin esperanzas de Diana, a la que, en el momento clave, Edna quiso revelarle algo vergonzoso respecto del hombre. Sir John decide capturar a Fane en una trampa teatral por excelencia, una "ratonera": una obra dentro de la obra. Con el pretexto de una prueba, le hace interpretar (frente a testigos) una escena inconclusa del drama que está escribiendo; prevé que Fane "llenará las lagunas", o se traicionará de algún modo. Pero, a pesar de su excitación, Fane logra atravesar el acto sin cometer ningún error fatal. Sigue una escena en la que Fane realiza en un circo un acto espectacular sobre el trapecio. Entre el público está Sir John y Markham, un empresario teatral que ayuda al primero en su trabajo detectivesco. Después de terminar su actuación, permaneciendo todavía en la altura, Fane hace un lazo en la cuerda y se suicida. Había dejado una carta en la que le dice a Sir John que, después de todo, ha decidido participar en su obra (para llenar "las lagunas"), y prosigue en el estilo de las indicaciones escénicas: "Ambas mujeres están de pie, contemplándose en un silencio mortal. Ambas están absortas en la tensión del momento, de modo que no oyen al asesino atravesando lentamente la puerta... Entra él, un asesino, un asesino que actúa obedeciendo a un impulso, silencia a la mujer que conocía su secreto, y comienza a revelárselo a la mujer que él osaba amar. Aquí está el melodrama para usted, Sir John". (Lo que hace incluso más melodramática la muerte de Fane es el hecho de que Diana conocía todo el tiempo el "secreto" de él.) Esa carta basta para absolver a Diana. La escena final del film parece al principio un enfático "final feliz". Sir John y Diana entran en el departamento, y el la besa. La cámara retrocede lentamente, hasta que aparece el marco... el marco del escenario. Entonces cae el telón y la película termina. Nunca nos enteraremos de lo que sucedió realmente en la relación de Diana y Sir John. Sólo sabemos que Sir John logró poner en escena su "fantasma", pues lo que hemos visto es obviamente la última escena de "La historia íntima del caso Baring".

2. François Truffaut, *Hitchcock,* Londres, A Panther Book, 1969, pág. 65.

3. Hitchcock lo enfatiza, puesto que el locutor radial nos dice lo que vamos a oír.

4. "En *Festín diabólico* cada toma dura hasta diez minutos, es decir, la totalidad del rollo que está en la cámara, y se denomina 'toma de diez minutos'. En la historia del cine, este es el único caso en que una película de largometraje fue rodada sin ninguna interrupción para las sucesivas recargas de la cámara." (François Truffaut, *Hitchcock,* pág. 259.)

5. Ibíd.

6. Ibíd., pág. 261.

7. Sobre el modo en que opera esta oposición de los espacios "públicos" y "privados" en las películas de Hitchcock, véase Fredric Jameson, "Allegorizing Hitchcock", *Signatures of the Visible,* Nueva York, 1990.

8. François Truffaut, *Hitchcock, op. cit.,* pág. 83.

9. *Half caste,* mestizo: un término que se aplica directamente a Fane. En la segunda parte de la película, Sir John visita a Diana en la cárcel y le reprocha que proteja al asesino por estar enamorada de él. Ella se defiende diciendo que eso es imposible. Cuando Sir John la "irrita" más, con la observación de que "no veo ninguna razón por la que sea imposible", Diana finalmente le espeta: "¡Ese hombre es un mestizo!".

10. Gilles Deleuze, *The Time-Image,* Londres, The Athlone Press, 1989, pág. 294.

11. Cf. el capítulo 17 de Jacques Lacan, *The Four Fundamental Concepts of Psycho-Analysis,* Harmondsworth, Penguin Books, 1979.

12. Ese movimiento de la cámara sigue exactamente los principios de la física galileana; cf. Galileo Galilei, *Two New Sciences,* trad. de S. Drake, Madison, The University of Wisconsin Press, 1974, pags. 162-64.

13. "Un acto realizado por deber deriva su valor moral, *no del propósito* que se ha de alcanzar con él, sino de la máxima por la cual está determinado. Por lo tanto, el acto no depende de la realización de su objetivo, sino sólo del *principio* de la volición en virtud del cual se ha producido, con independencia de cualquier objeto o deseo. De lo que precede surge con claridad que los propósitos que podemos tener en vista para nuestros actos, o sus efectos considerados como fines e impulsiones de la voluntad, no pueden darle a las acciones ningún valor incondicional o moral." ("Metaphisical Foundations of Morals", en *Immanuel Kant's Moral and Political Writings,* comp. por Carl J. Friedrich, Nueva York, Random House, 1949, pág. 147.)

14. Cf. el capítulo IV de Jacques Lacan, *Le Séminaire, livre VIII, L'éthique de la psychanalyse,* París, Seuil, 1986.

15. Ibíd., pág. 168.

16. Cf. Jacques-Alain Miller, "Jacques Lacan: Bemerkungen ueber sein Konzept des *passage à l'acte*", en *Wo es war,* VII-VIII, Viena, Hora Verlag, 1990.

17. *Kant's Political Writings,* comp. por Hans Reiss, Cambridge, Cambridge University Press, 1970, pág. 146.

18. Véase una elaboración más detallada de este "proyecto sadeano" y su relación con el concepto de Lacan del "entre dos muertes" en Slavoj Žižek, *The Sublime Object of Ideology,* Londres, Verso Books, 1989, pág. 134 y sigs.

19. *Kant's Political Writings,* pág. 146.

20. Ibíd.

4

Punctum caecum, o del *insight* y la ceguera

Stojan Pelko

Fuera de la vista, fuera de la mente.
Slogan publicitario para
los espectáculos Moschino

Fuera de la vista, no fuera de la mente.
Slogan para un video clip televisivo
en apoyo de un periodista
secuestrado en Beirut

1

En la conexión del ojo y la mente se han roto muchas cabezas filosóficas, y deben de haberse quebrado algunos cráneos del cine. Sin duda, uno de los cráneos más famosos es el de la fotografía titulada "46, Burnham Street", de *La sombra de una duda*. Pertenecía al pequeño Charlie, que andando en bicicleta patinó en el hielo y fue a caer bajo las ruedas de un tranvía. "Se fracturó el cráneo y tuvo que guardar cama mucho tiempo. Después de eso nunca leyó mucho, deja que te lo diga. [La fotografía] fue tomada el mismo día del accidente. Y después, unos días más tarde, cuando las fotos llegaron a casa, ¡cómo lloró mamá! Ella se preguntaba si él volvería a tener el mismo aspecto, si volvería a ser igual", resume la hermana Emma. El tío Charlie no sabía nada de esa fotografía: estaba fuera de su vista y, al mismo tiempo, fuera de su (morbosa) mente. Pero una vez enfrentado a esa estúpida prueba del día traumático, todo su cuerpo se aletargó, y su vista fue reemplazada por una ceguera protectora. *¡Fuera de la vista, pero no fuera de la mente!*

Raymond Bellour extrajo de este caso algunas conclusiones de largo alcance sobre el papel de una imagen fotográfica estática en la corriente dinámica de los fotogramas cinematográficos en movimiento:

"Al crear distancia y otro tiempo, la fotografía me permite pensar en el cine. Me permite pensar el film así como el hecho mismo de estar en el cine. En síntesis, la presencia de la fotografía me permite catectizar más libremente lo que veo. Me ayuda (un poco) a cerrar los ojos, aunque sigan abiertos."[1]

No es ninguna coincidencia que Bellour haya titulado su texto *Le spectateur pensif*, "el espectador pensativo". Después de todo, Alfred Hitchcock construye su universo cinematográfico precisamente en torno a esta elusiva articulación de los ojos que ponderan y la mente que se empaña. A causa de ello, necesariamente, él mismo aparece en una articulación análogamente elusiva: en la articulación del cine clásico y el moderno. Específicamente, la definición más breve de nuestro autor que da Gilles Deleuze es la siguiente:

"El está quizás en el punto de articulación de dos cines, el clásico, que él perfecciona, y el moderno, que él prepara."[2]

Hitchcock asume este papel ingrato de piedra miliar y eslabón al mismo tiempo, de la pura relación entre uno y otro cine, precisamente cuando "introduce en el cine la imagen mental. Es decir, *él hace de la relación en sí misma el objeto de una imagen,* que no es sólo añadida a las imágenes de la percepción, la acción y la afectividad, sino que las enmarca y las transforma".[3] Por ello Deleuze puede sostener enfáticamente que con Hitchcock aparece un nuevo tipo de "figuras" en la historia del cine, *las figuras de pensamientos,* y ubica a su "inventor" a la misma altura que la filosofía inglesa:

"Hitchcock produce un cine de la relación, así como la filosofía inglesa produjo una filosofía de la relación."[4]

Entonces, ¿qué ha sucedido con nuestro punto de partida, la relación entre el ojo y la mente? ¿Qué sucede cuando los ojos están cerrados pero se mantienen abiertos?

2

Seguramente el lector conoce la historia de Hitchcock sobre un guionista que tiene sus mejores ideas por la noche, pero por la mañana no recuerda nada, de modo que ha colocado papel y lápiz sobre su mesa de luz. Después de una de sus noches turbulentas, encuentra una nota: "Los muchachos se reúnen con las chicas".

Menciono esta historia porque ésta es precisamente la disposición en el inicio del texto que va a servir como una especie de leyenda en nuestro examen de las imágenes de Hitchcock: *Memoires d'aveugles. L'autoportrait et autres ruines,* de Jacques Derrida. Una "leyenda", puesto que el texto explica imágenes (la selección por el autor de cuadros sobre el tema de la ceguera tomados de los archivos del Louvre), pero también porque continuamente vuelve a remitirse a las mismas leyendas que han determinado de modo fundamental la imaginería (ciega) de la civilización occidental, desde Homero hasta Borges.

Todo comenzó una noche inquieta (el 6 de julio de 1989) con un lápiz y un anotador junto a la cama. Por la mañana, el autor pudo leer las huellas siguientes de un sueño interrumpido:

> "[...] duel de ces aveugles aux prises l'un avec l'autre, l'un des veillards se détournant pour s'en prendre à moi, pour prendre à partie le pauvre passant que je suis, il me harcèle, me fait chanter, puis je tombe avec lui par terre, il me ressaisit avec une telle agilité que je finis par soupçonner de voir au moins d'un oeil entrouvert et fixe, comme un cyclope (un être borgne ou louche, je ne sais plus), il me retient toujours en jouant d'une prise après l'autre et finit par user l'arme devant laquelle je suis sans défense, une menace contre mes fils [...]"[5]

Aunque el autor añade explícitamente que ése era su sueño y no el asunto de otra persona – *"il ne regarde personne"* –, sin embargo, nosotros nos atreveremos a seguir las huellas de ese sueño, pues además del inicio sorprendentemente análogo, contiene una condensación de literalmente todo lo que vamos a examinar con relación a Hitchcock: el ciego real y el falso, el fastidioso y el transeúnte, el tuerto y el bizco, los padres y los hijos...

3

Comenzamos con un sueño ("anoche soñé que volvía a Manderley", *Rebeca, una mujer inolvidable*), de modo que desde la luz y las luces ("¡Mantén tus luces encendidas, América!", *Corresponsal extranjero*, pasando por la miopía *(La sospecha)*, podemos llegar a la ceguera *(Saboteador)* y finalmente caer en la sombra de una nueva pesadilla ("Y te traigo pesadillas... tú vives en un sueño, eres una sonámbula, una ciega", *La sombra de una duda*).

En contraste con la clasificación común de los temas de las películas de Hitchcock, a nosotros nos interesan más bien cinco films consecutivos que aproximadamente marcan su pasaje desde Europa a América en la época de la Segunda Guerra Mundial. De nuevo tenemos la ruptura elusiva entre dos períodos, análoga a la "quiebra" de Deleuze entre el movimiento-imagen y el tiempo-imagen. Y, desde luego, no es una coincidencia que la clasificación de Deleuze de las imágenes cinematográficas, mientras acumula pruebas de esa quiebra, deba finalmente recurrir a un argumento totalmente externo: ¡la Segunda Guerra Mundial como la ruptura más radical entre "lo viejo" y "lo nuevo"!

La innovación clave del tiempo-imagen es que se convirtió en un cine de vidente, *un cinema de voyant,* dice Deleuze. Aunque ubicado al borde de la antigua imagen-movimiento, Hitchcock logra escenificar con precisión esta innovación esencial del tiempo-imagen. Contrariamente a lo que suele decirse, él no es revolucionario por *involucrar al espectador con los personajes de la pantalla,* sino sobre todo por *convertir en espectador al propio personaje.*[6] Así como la acción básica del personaje se reduce a observar, y entonces se encarna literalmente en un objeto único (la mirada), hay una amplia gama de oportunidades que parecen subvertir esa actitud básica: el personaje puede ver demasiado o demasiado poco, ser miope o bizco, estar ciego o hipnotizado y, por fin, la ceguera puede ser presentada en sentido literal, arrancándose los ojos. En este texto nos interesan esas *imágenes de la ceguera,* pues quizás, en virtud de la ausencia radical del objeto, ellas son las más reveladoras respecto del tema de la visión que concierne directamente a las *imágenes de pensamientos.*

4

Comencemos entonces con *Rebeca, una mujer inolvidable* pues la ceguera está allí desde el principio, en la referencia bíblica. Desde luego, el ciego era Isaac, el esposo de Rebeca, lo que hace posible la escena paradigmática de la elección entre los dos hijos, el primogénito Esaú y el menor, Jacob. El hecho notorio es que la verdadera "directora" de toda la escena es Rebeca. Más exactamente, ella provee el elenco y el vestuario: ella "tomó los vestidos de Esaú, su hijo mayor, los preciosos, que ella tenía en casa, y vistió a Jacob, su hijo menor; y cubrió sus manos y la parte de su cuello donde no tenía vello con las pieles de los cabritos".[7] No obstante, la interpretación clásica, que reduce el acto de Rebeca a un mero engaño, es una trivialidad demasiado débil. En primer lugar, pasa por alto el hecho de que Rebeca no hace más que seguir el consejo del Señor, en cuanto a que "el mayor servirá al menor",[8] y, en segundo término, que la escena paradigmática de la elección del ciego se repitió en la generación de los nietos, cuando Jacob, en lugar de bendecir a su primogénito Manasés, bendice al hijo menor, Efraín.

De esta interpretación más perspicaz pueden extraerse por lo menos dos conclusiones: por un lado, *demuestra que el engaño es el medio necesario para que se cumpla el destino* (¿qué otra cosa hace la Rebeca de Hitchcock sino montar un engaño: escenificar su propia muerte, a la que de todas maneras la conduce su enfermedad fatal inevitable?); por otra parte, la dimensión clave de todo el juego se inscribe, precisamente, por medio de la *repetición* (en Hitchcock, su "agente" es desde luego Miss Denvers, quien copia el gesto bíblico de Rebeca: distribuye los roles y procura el vestuario).

A nuestro juicio, en una cierta dualidad fundamental de la toma se puede encontrar la analogía formal precisa de esta dualidad del contenido. Con Hitchcock, Deleuze ofrece lo que quizás sea su ilustración más bella, a saber: en cada toma pueden discernirse *los dos lados de un movimiento* –el movimiento de las distintas partes de una multitud que cambian sus posiciones recíprocas, y el movimiento que cruza al todo y delinea su cambio–. Si la relación intersubjetiva que socava las posiciones mutuas de los protagonistas es precisamente *el engaño necesario,* entonces la *repetición* cambia el estatuto del todo en sí, al inscribir su inevitabilidad por medio de la duración.[9] Los dos aspectos son resumidos del mejor modo en un par de conceptos utilizados por Deleuze como título de su disertación doctoral: *Difference et repetition,* Diferencia y repetición.

Además, esta doble necesidad (ordenada *de antemano* y confirmada *retroactivamente*) pone en cuestión el estatuto del tema mismo de la elección: ¿qué sucede si una decisión (errónea) no es la *consecuencia* de la ceguera, sino más bien la ceguera la *condición* de una decisión (correcta)? O bien, como dice Derrida, con palabras un poco distintas, ¿qué sucede si no es la elección (y el sacrificio que inevitablemente la sigue) lo que ciega, qué sucede si es más bien la ceguera en sí la condición de la elección y el sacrificio? Una ceguera en la que el sujeto ya no ve, porque en realidad ve "demasiado lejos y demasiado bien".[10] De modo que el ciego, en la primera confrontación, resulta ser vidente, el *voyant* con el que, por empezar, vamos a entrar en la oscuridad del cine moderno. Es cierto que aún estamos lejos del *voyeur* de *La ventana indiscreta,* pero el vínculo entre ellos no es en absoluto desdeñable. Al ver menos los dos ven más. *Fuera de la vista, no fuera de la mente.*

5

La misma estructura registrada en el caso de la ceguera bíblica (el engaño es necesario para cumplir la misión) podría volver a encontrarse en el único personaje de Hitchcock verdaderamente ciego de este período: Philip Martin en *Saboteador.* Podríamos incluso hacer una pequeña broma y decir que en este punto no estamos muy lejos de la Biblia, más precisamente, del Antiguo Testamento: en lugar de Caín, tenemos a Ken y Kane (el primero, inocente, muere en un incendio, y el otro, igualmente inocente, es acusado de haberlo provocado; una vez más, hay *sacrificio* y *elección*), y en lugar de Sodoma, somos conducidos a Soda City. Después de todo, en el principio mismo, la ceguera y el no mirar aparecen indicados por el nombre escrito en el envoltorio que lleva a Barry Kane a seguir las huellas del crimen: Charles *Tobin.* ¿No fue acaso Tobías el hijo bíblico que le restituyó la vista a su padre Tobit?[11] Philip Martin aparece por lo tanto anticipado en el nombre de Tobit; la anticipación, como dice Derrida, es en primer lugar una cuestión de *manos.* En tanto distinta de la prisa o precipitación (*prae-caput,* de cabeza, la cabeza primero), la anticipación tiene que ver primordialmente con el contacto, con asir (*capere,* aferrar; *ante,* de antemano).[12] Y el ciego está realmente en una situación en la que, como Isaac, tiene que elegir entre lo que se dice con las manos y lo que dice la voz. Sabemos que Isaac fue llevado a engaño por manos disfrazadas, y descartó la voz ("la voz es la de Jacob, pero las manos son las de Esaú"). Naturalmente, Philip Martin no repite este error: incluso aunque las esposas en las manos de Barry Kane indican su culpa, él escucha la voz de Barry y en ella reconoce su inocencia.

El engaño (de Kane) también en este caso demuestra ser el único modo de cumplir la misión (descubrir una red de sabotaje), y el ciego demuestra ser el vidente más profundo. Pero, ¿qué decir de la repetición? Para responder a este interrogante, debemos introducir en el juego una tercera mirada, la de Patricia, la sobrina de Martin.[13] Patricia piensa con la cabeza, y en su prisa ve culpa en Kane. Por esto precisamente tiene que estar la otra consecuencia estructural: *la repetición*. Ella no está definitivamente convencida hasta la escena en la caravana del circo –una especie de repetición espectacular de la elección original entre la culpa y la inocencia–. Es casi redundante decir que esta decisión suya está una vez más condicionada por la ceguera: lo que surge entre los personajes en su senda común es el amor ciego llamado transferencia.

Desde luego, Hitchcock, como director de las relaciones, sabía bien que una pareja nunca se inicia a causa del amor, y que lo único que engendra el amor es la senda en sí. Esto, después de todo, es lo que está en juego en *Su amado enemigo*. Precisamente sobre la base de este film Deleuze introdujo el término clave de su interpretación de Hitchcock, es decir, la terceridad, *la tierceité*.

6

Es decir que el doble movimiento de la toma (cambio en la posición recíproca de las partes de la multitud, cambio en el estatuto del todo) interesa a justo título en tanto, entre los dos lados de una acción, hay alguna interacción sostenida, en tanto hay *una relación* entretejida entre ellas. Desde luego, esta "terceridad" se puede expresar de diferentes modos. Lo "primario" en el nivel cinematográfico no es ya el personaje (en este caso, tendríamos una película policial, pasada por alto por Hitchcock) ni la acción, sino la multitud misma de relaciones que resume acción y personaje. No obstante, en el nivel metacinematográfico, la relación bipolar entre el autor y el film se enriquece con la tercera parte, el espectador. Ya hemos mencionado que las interpretaciones han reconocido la primera gran innovación de Hitchcock en la inclusión del *espectador;* de tal modo no han hecho más que repetir, respecto de la historia del cine, el gesto realizado en cuanto a la historia del arte por Michael Fried, quien discernió el proceso de la absorción del espectador como "un cambio principal" de mediados del siglo XVIII. No es ninguna coincidencia que esta revolución se produjera, precisamente, en relación con cuadros cuyos temas están expresamente vinculados con la ceguera (*El ciego engañado,* de Greuze, *Ratones ciegos,* de Fregonard). La recapitulación por Derrida de esta revolución en la historia del arte es la réplica exacta de la caracterización de Hitchcock resumida por Deleuze siguiendo a Truffaut y Douchet:

Derrida: "*El ciego engañado* atrae e implica al espectador. Este se vuelve indispensable para el relato dramático. El lugar del espectador como testigo visible está marcado en la disposición misma de la representación. Podríamos decir que en ella el tercero está incluido".[14]

Deleuze: "En la historia del cine, Hitchcock aparece como alguien que ya no concibe la constitución del cine como una función de dos términos (el director y la película a filmar) sino como una fusión de tres términos: el director, la película y el público que debe entrar a la sala, o cuyas reacciones deben ser parte integral del film (éste es el sentido explícito del suspenso, puesto que el espectador es el primero en conocer las relaciones)".[15]

Ahora debería estar claro por qué utilizamos la expresión "la tercera vista" con respecto a la introducción de Patricia en *Saboteador*. Si continuamos especulando sobre el paralelo posible entre el vidente ciego Martin y el director mismo, y confiamos la acción del film a su personaje principal, Barry Kane, lo que queda de la tríada autor-film-espectador es el lugar de la tercera parte, que no ocupa nadie más que Patricia. Pero con un enriquecimiento especial: el espectador se convierte en uno de los personajes o, más exactamente, *el personaje se convierte en un espectador*. Así llegamos al segundo movimiento de Hitchcock, mucho más innovador, que mencionamos al principio: *el personaje es reducido a una mirada,* queda literalmente resumido en ella. De allí su inevitable entrampamiento en la dialéctica de la visión, en el clivaje entre la vigilancia todopoderosa y el castigo impotente. Sin duda, Patricia *ve* las esposas en las manos de Kane, pero por ello precisamente *no advierte* su verdad y se equivoca en cuanto a la culpa del hombre.

Saboteador es la película a propósito de la cual Zlavoj Žižek señaló la semejanza entre los problemas de la visión en Hitchcock y la dialéctica específica de la omnipotencia y la impotencia radical simultáneas de la mirada, tal como la desarrolló E. A. Poe en *La carta robada*.[16] En ambos casos tenemos tres partes: el *agente,* el *adversario* y *la tercera parte inocente.* Desde luego, la escena del baile de caridad en el palacio de Mrs. Van Sutton es paradigmática en este sentido, pero el mismo fenómeno parece perfectamente aplicable también a la interpretación del encuentro de nuestros tres protagonistas: Kane, el viejo ciego y Patricia. En esta escena encontramos enredadas prácticamente todas las hebras que hemos intentado ordenar hasta ahora. Sólo podríamos desenredarlas comprendiendo a Patricia como agente de la "terceridad", que no sólo corporiza la relación, sino que es literalmente sustanciada por ella.

Pero debemos entender esta corporización en un sentido muy específico. Para explicarla, tenemos que volver una vez más a la escena en que Tobías restituye la vista a su padre ciego. La historia del arte distingue dos tipos globales de escenificación de este episodio; el rasgo distintivo es la presencia o la ausencia del ángel Rafael. El es el que *lleva la mano* de Tobías y en realidad *restaura la vista*. Pero en cuanto preguntamos por la significación real de la restauración de la vista, las cosas inesperadamente se complican. Pues, ¿cuál es el primer "objeto" ofrecido a los ojos curados? ¿Es el hijo quien restauró la vista, o en realidad lo hizo el ángel? Por cierto, es Rafael quien da la vista, pero ¡él mismo es una pura *visión*! Después de todo, esta naturaleza de puro simulacro, sustanciada sólo por lo que él mismo produjo (es decir, la vista) aparece explícitamente en sus propias palabras:

> "Gracias a Dios ahora y siempre. En cuanto a mí, cuando vine a ti no fue por ningún favor de mi parte, sino porque era la voluntad de Dios. [...] Incluso aunque me veías comer y beber, en realidad no lo hacía; lo que veías era una visión."[17]

Antes de dejar este mundo de cuerpos y de carne, Rafael encarga a los desconcertados testigos "escribir [cuidadosamente] todas estas cosas que os han sucedido". De modo que a la visión le sigue necesariamente el acto de escribir, *graphein,* que retroactivamente sustancia a la visión en sí.

En lugar de preguntarnos por el sexo de los ángeles, debemos tratar de justificar la equiparación de este tipo de *visión* que siempre se ofrece a un destinatario definido precisamente y demanda una inscripción, por un lado, y, por el otro, *la corporización* que atribuimos a Patricia. En nuestra opinión, Patricia está inscripta en la larga serie de personajes femeninos de Hitchcock que persistentemente oscilan entre la presencia y la ausencia, y cuyo paradigma es desde luego la heroína del título de *La dama desaparece*. Es decir que todos y cada uno de esos personajes deben su estatuto de simulacros a la propia disposición cinematográfica que, con un simple trazo, puede reemplazar la presencia con la ausencia, y de este modo representar visiones bíblicas cotidianas. Por ello a esa disposición ha de atribuírsele el papel de demiurgo de la "terceridad". Antes que nada, Deleuze señala que las personas de un film pueden actuar, sentir y experimentar, pero nunca atestiguar las relaciones que las determinan. Este papel fundamental queda siempre reservado al *movimiento de la cámara* y al *movimiento de las personas* respecto de ella. Podría *delegarse* a otra máquina (desde luego, en Hitchcok lo análogo por excelencia a la cámara es el tren); podría ser literalmente *escenificado* (los falsos periodistas cinematográficos en el lanzamiento de un buque en *Saboteador* no son más que la otra cara de un movimiento muy real de personas sobre la pantalla, más precisamente, frente a la pantalla de una sala cinematográfica), y, en la consecuencia final, puede incluso reemplazar totalmente al *montaje* (como lo demuestra en *Festín diabólico*). Pero siempre se trata de que el contenido es literalmente *narrado* por una instancia completamente formal, tal como lo es el movimiento de la cámara.

7

El *personaje* de Patricia tiene un interés adicional con referencia a los modos de narrar. Le provoca problemas a la teoría tradicional de la identificación fílmica, que en principio diferencia una identificación primaria (identificación con una disposición) y una identificación secundaria (identificación con un personaje): hemos tratado de demostrar que Patricia corporiza la disposición cinematográfica y se encarna a sí misma *al mismo tiempo*. ¿Cómo hemos de entender esta concurrencia del objeto con el sujeto?

El mismo interrogante surge al final de la investigación sobre los modos narrativos en la segunda parte del estudio de Deleuze dedicado al cine, *The Time-Image*.[18] Después de evocar el dilema de lo real y lo imaginario interrogando a la *descripción*, y el par de lo verdadero y lo falso interrogando a la narrativa, le queda el *relato, le recit*. Y allí introduce en el juego el par filosófico fundamental del objeto y el sujeto, pero todavía ambos dentro de la disposición cinematográfica. Por ello primero reasume la división usual (lo "objetivo" como visto por una cámara; lo "subjetivo" como visto por una persona en la película), pero la complica en el movimiento siguiente: la cámara también debe estar viendo a la persona que ve. Así llega muy rápidamente a la persona que ve y es vista al mismo tiempo. El otro lado de la persona es la cámara que ofrece a la vista a esa persona que vemos, así como lo que la persona ve. La dualidad inicial se ha multiplicado, entonces, dentro de cada uno de los dos elementos, pero en el curso de esta multiplicación, la división en sí ganó independencia y autonomía. De modo que lo que está en juego en la narrativa fílmica puede concebirse como un esfuerzo persistente por fusionar ese clivaje inicial entre las imágenes "subjetivas" y "objetivas", un esfuerzo que es mucho más difícil si falta una de las partes, o si, en la consecuencia final, los roles de las partes están invertidos (cámara subjetiva; persona-objeto). Por ello nos atrevemos a decir que, en contraste con la distinción tradicional entre las identificaciones primaria y secundaria, a Deleuze le interesa precisamente la "identidad de las dos identificaciones", y tenemos la oportunidad de reconocer uno de los pocos logros exitosos de esa identidad en el personaje de Patricia, de *Saboteador*. En cuanto Patricia es la portadora de la mencionada "tercera vista", tanto como está resumida en ella; en la medida en que es simultáneamente el sujeto y el objeto, en cierto sentido también es simultáneamente el espectador y el agente. ¿Es entonces realmente por azar que el espectador del film encuentra en ella el principal sostén de la identificación en su calvario entre los indicios verdaderos y falsos, entre las manos y las voces? Si fuéramos a juzgar por otro personaje femenino similar (la miope Lina MacLaidlaw de *La sospecha*), parecería que el espectador debe ser llevado a error inevitablemente por la heroína sólo después de ver la verdad. Además, en ese procedimiento, la verdad en sí resulta ser totalmente arbitraria, basada en un mero azar –que después de todo es bastante ingeniosamente atestiguado por el episodio de "la carta robada" de Hitchcock–.[19] Desde el extremo radicalmente opuesto, sólo queda en la película el cameo del maestro: echa una carta en un buzón de campaña. La expresión que hemos introducido, *punctum caecum,* el punto ciego, toma entonces un significado adicional, desde que esta vez es literalmente la concurrencia de la "ceguera estructural" del director ante lo que sucede frente a la cámara, con algún *conocimiento excedente* del que sólo él mismo dispone.[20]

La ceguera como condición de la elección, el error como único camino a la verdad, ¿no son sólo formas diferentes de afirmar la relación fundamental entre el azar y la necesidad, resumida en sus pormenores en el "arrojar los dados" nietzscheano, con su doble estructura?:

> "Una vez arrojados, los dados son la confirmación del azar, pero la combinación que forman al caer es la confirmación de la necesidad. La necesidad es afirmada por el azar, así como el ser es afirmado por el devenir, así como el uno es afirmado por los muchos."[21]

De modo que se arrojan los dados. Pero lo que también se arroja es el cuerpo, en *La sombra de una duda.* Esta caída del cuerpo, *la chute du corps,* también está duplicada: primero, el pequeño Charlie cayó bajo un tranvía, y al final, bajo un tren. ¿Azar o necesidad? El personaje de la sobrina Charlie nos ayuda a salir de lo que parece la identidad no reflejable de la identificación. Pues Deleuze agudiza el problema entre las imágenes subjetivas y objetivas en un movimiento, un *devenir:*

> "Lo que el cine debe captar no es la identidad de un personaje, sea real o de ficción, a través de sus aspectos objetivos y subjetivos. Es el devenir del personaje real cuando él mismo comienza a 'hacer ficciones', cuando comete la 'transgresión flagrante de construir leyendas'."[22]

¿No es este *flagrant delit de legender* el rótulo más adecuado para las acciones de todos los personajes femeninos de Hitchcock mencionados hasta ahora? Después de todo, ¿qué otra cosa hacen Patricia Martin en *Saboteador,* Linda MacLaidlaw en *La sospecha,* y Charlie Newton en *La sombra de una duda,* sino "ficcionalizar" sobre la culpa y la inocencia, el amor y el odio, la vida y la muerte...? Nuestra propia posición con relación a ellas es desde luego bastante difícil, pues nos conducen a través de la historia del film (esto es muy claro en *La sospecha,* donde nuestra vista es llevada por la miopía de la heroína), mientras al mismo tiempo nunca podemos desembarazarnos del malestar de haberlas sorprendido "leyendarizando". Pero si hoy en día el término "leyenda" por lo general indica un *apéndice textual a la imagen* (por ejemplo, la leyenda que está debajo de una fotografía), la acción de "leyendarizar" de estos personajes es exactamente lo opuesto: se trata del *apéndice imaginario a un texto* o, más exactamente, es fotografiar un texto ya existente. Con el último personaje femenino mencionado, la sobrina Charlie, este apilamiento del *texto* que siembra imágenes sombrías de sospecha es más que obvio: el telegrama, la emisión de radio, las iniciales en el anillo, el artículo del periódico y por último (pero no porque sea lo menos importante) el título de la melodía que, fotografiada, irrumpe entre las primeras letras de la película (es decir, durante los créditos de apertura): *La viuda alegre.* El tío Charlie trata de defenderse de esa estrategia de "leyendarización" con una sucesión de mecanismos de defensa: desde la *interdicción de tomar fotos* (no permite que lo fotografíen), hasta el intento de *aniquilar al sujeto mismo de la leyendarización,* pasando por la emborronadura y *borradura del texto* (el vaso volteado cuando se menciona el título de la melodía; la ocultación del artículo periodístico). En cuanto a la aniquilación del sujeto que "leyendea", no nos interesa tanto el intento de asesinato físico en sí (después de todo, todos estos intentos fallan) como las palabras por medio de las cuales el tío trata de conmover la actitud básica de la sobrina:

> "Tú atraviesas tu pequeño día ordinario y por la noche duermes tu pequeño sueño ordinario y perturbado, lleno de estúpidos sueños fragmentarios. Y yo te traje pesadillas. ¿O no fui yo? ¿O fue sólo una mentira tonta, inexperta? Tú vives en un sueño, eres una sonámbula, una ciega. ¿Cómo sabes cómo es el mundo?"

Precisamente porque está "ciega", la heroína puede realizar la elección correcta, y el cuerpo del asesino *cae,* exactamente como en *Saboteador.* El pecado original, en el principio era el Verbo, la caída del cuerpo como condición de la fusión de los sexos: todas estas son las piedras angulares del trabajo cinematográfico de Hitchcock que, aunque en él podría reconocerse la tradición católica, sólo puede ser verdaderamente contextualizado si se lo extiende a las relaciones sustanciadas por la disposición cinematográfica del intercambio persistente de la presencia y la ausencia, la palabra y la imagen, la escritura y la visión.

Para concluir, tenemos que abordar una figura específica de la ceguera que resume todos los entrelazamientos mencionados hasta ahora, entre las manos y la cabeza, los ojos y el espíritu, la palabra y la visión. Desde luego se trata de la *hipnosis.* Raymond Bellour (sin duda, entre los teóricos contemporáneos del cine, quien con más profundidad ha trabajado sobre el paralelismo existente entre la disposición cinematográfica y la disposición hipnótica) ha concebido la situación misma del espectador en el cinematógrafo como la superposición simultánea de dos fases hipnóticas: el *proceso de inducción* que duerme al sujeto (y que corresponde aproximadamente a la "regresión" de Freud) y el *estado hipnótico en sí,* en el cual el hipnotizado establece el vínculo con el mundo exterior a través del hipnotizador (la "idealización" de Freud). En síntesis, el espectador cinematográfico experimenta una regresión en forma de idealización.[23]

La situación hipnótica, resumida en sus elementos fundamentales por la disposición cinematográfica, es, entonces, precisamente esa coyuntura de ceguera y valor excedente, ojo y espíritu, que perseguimos a lo largo de este ensayo; es en particular *blanc sur blanc* ("su mente está en blanco", le dice el hipnotizador a su víctima en la primera versión de *El hombre que sabía demasiado*); ese *punctum caecum* es la condición de la vista. Y si en nuestro ensayo nos hemos interesado primariamente por personajes femeninos, sin duda lo hemos hecho no sin relación con el vínculo estrecho que existe entre la hipnosis y la *diferencia sexual* mencionada por Bellour:

> "En su mayoría, los sujetos electivos de un sueño crítico son mujeres: a través de ellas el hipnotizador puede ver mejor. En una extensa nota al pie al texto *Precis pour servir à l'histoire du magnetisme animal,* Mesmer describe el caso de Marie-Therese Paradis, que es literalmente el logro de la pre-visión de la disposición fotográfica y cinematográfica a través del cuerpo y los ojos de una mujer."[24]

De modo que en el final hemos vuelto a los ángeles o, más precisamente, a las visiones y el Paraíso. Si hay un denominador común en todos los coqueteos de Hitchcock con la cámara, ha de buscarse en la comprensión de que la disposición cinematográfica hipnótica es femenina, y que todos sus agentes son mujeres: *¡Mujeres que sabían demasiado!*

NOTAS

1. Raymond Bellour, "Le spectateur pensif", en *L'Entre-Images,* París, La Difference, 1990, pág. 77.

2. Gilles Deleuze, Prefacio a la versión inglesa de *Cinema 1. The Movement-Image,* Londres, The Athlone Press, 1986, pág. X.

3. *Op. cit.,* pág. 203.

4. *Op. cit.,* pág. X.

5. Jacques Derrida, *Memoires d'aveugle. L'autoportrait et autre ruines,* París, Editions de la Réunion des musées nationaux, 1990: "[...] duelo de dos ciegos, uno de los cuales se vuelve para atacarme, a mí, el pobre transeúnte; me molesta, me obliga a cantar, y después caigo con él; me aferra con tal rapidez que tengo serias dudas de si no veo por lo menos un ojo medio abierto y fijo como el de los cíclopes (no puedo decir si era un ser con un sólo ojo o bizco), continúa aferrándome y me lleva de una posición a otra y finalmente emplea el arma contra la que estoy indefenso: una amenaza a mis hijos [...]".

6. Cf. Gilles Deleuze, *The-Movement-Image,* pág. 205: "Si una de las innovaciones de Hitchcock fue implicar al espectador en el cine, los personajes mismos, de un modo más o menos obvio, ¿no tienen que poder asimilarse a espectadores?".

7. Gén. 27: 15-16.

8. Gén. 25: 23. Para un examen más detallado, véase el comentario en Jacques Derrida, *Memoires d'aveugle, op. cit.,* pág. 100.

9. Cf. Gilles Deleuze, *The-Movement-Image, op. cit.,* pág. 22.

10. Jacques Derrida, *Memoires d'aveugle, op. cit.,* pág. 100.

11. La historia sobre la pérdida de la vista por Tobit, en realidad, parece una condensación de *Antígona* y *Los pájaros* de Hitchcock. A pesar de la prohibición, Tobit enterraba a los muertos. Una noche, cuando cayó dormido junto a una pared, con los ojos abiertos, los gorriones se los salpicaron con sus excrementos, provocándole leucoma ("manchas blancas"). Ningún médico pudo curarlo, hasta que ocho años más tarde su hijo Tobías le restauró la vista con hiel de pescado. Leyes divinas y humanas, aves anales y ojos arrancados...

12. Jacques Derrida, *Memoires d'aveugle, op. cit.,* pág. 12.

13. Patricia era también el nombre de la hija de Hitchcock. Si fuéramos a especular sobre pormenores exteriores al cine, quizás, a través de un padre-vidente ciego, podríamos llegar a la comprensión de los cameos de Hitchcock. ¿Acaso toda aparición de un director (cuya posición está por definición detrás de la cámara) al otro lado de la barrera, es decir, frente a la cámara, no es también el punto de su ceguera, el *punctum caecum* de nuestro título? El *voyeur* se convierte en *voyant,* y el autorretrato se transforma en la forma superior de la ceguera...

14. Jacques Derrida, *Memoires d'aveugle, op. cit.,* pág. 97, n. 73. Véase un examen más atento en Michael Fried, *Absorption and Theatricality, Paintig and Beholder in the Age of Diderot,* Berkeley, Los Angeles, Londres, 1980. A nuestros fines, el título de la traducción francesa es más que significativo: *Théorie et origines de la peinture moderne.*

15. Gilles Deleuze, *The Movement-Image, op. cit.,* pág. 202. Sobre las referencias a la "terceridad" en Truffaut y Douchet, véase también la nota 7 en la misma página.

16. Véase Slavoj Žižek, *Looking Awry: An Introduction to Jacques Lacan Through Popular Culture,* Cambridge (Ma.), MIT Press, 1991, págs. 71-3.

17. Libro de Tobit, 12: 17-19. Cita tomada de Jacques Derrida, *Memoires d'aveugle, op. cit.,* pág. 35. En relación con la historia de este libro, véase también la nota 24 de la pág. 33.

18. Gilles Deleuze, *The Time-Image,* Londres, The Athlone Press, 1989. Véase principalmente el capítulo 6, "Los poderes de lo falso".

19. Se sabe que Hitchcock tenía en mente un final muy distinto: antes de su muerte, Lina le escribe una carta a la madre en la que previene a la sociedad sobre lo peligroso que es Johnnie; en la última escena echa esa carta al buzón y de tal modo, silbando alegremente, sella el destino del hombre. Cf. François Truffaut, *Hitchcock,* Londres, A Panther Book, 1969, pág. 164.

20. La misma expresión, "punto ciego", ha sido usada por Stephen Heath respecto de la otra escena "inexplicable", la lucha de Lina y Johnnie en la tormenta. "¿Desde dónde se ve este plano? ¿Con qué mirada nos captura?", pregunta Heath, y responde con la idea lacaniana del objeto *a* que enmarca el campo de la realidad en la medida en que está ausente de él. Cf. Stephen Heath, "Droit de regard", en *Le cinema américain II,* comp. de Raymond Bellour, París, Flammarion, 1980, págs. 87-93.

21. Gilles Deleuze, *Nietzsche et la philosophie,* París, P.U.F., 1962, pág. 29.

22. Gilles Deleuze, *The Time-Image, op. cit.,* pág. 150.

23. (Conversación con) Raymond Bellour, "La machine & hypnose", *CinemAction,* Nº 47, 1988, pág. 69.

24. Ibíd.

II

LO PARTICULAR: LAS PELICULAS

1

Los sínthomas hitchcockianos
Slavoj Žižek

La teoría de *auteur* de Hitchcock nos ha enseñado a prestar atención al continuo de motivos, visuales y de otro tipo, que persisten de un film a otro, con independencia del contexto narrativo modificado: "la mujer que sabe demasiado", "la persona suspendida de la mano de otra", "el vaso lleno de bebida blanca", etc. El primer motivo (el de la mujer con anteojos, intelectualmente superior pero carente de atractivo sexual, que tiene el *insight* de lo que sigue oculto para los otros) recorre una serie de films de Hitchcock desde *Cuéntame tu vida* hasta *Psicosis*. En *Cuéntame tu vida*, la "mujer que sabe demasiado" y carece de atractivos es la propia Ingrid Bergman, antes de encontrar su liberación emocional en el contacto con Gregory Peck. En *La sombra de una duda* es la altanera hermana menor de la sobrina Charlie; en *Pacto siniestro* es la hermana de Ruth Roman que muy pronto adivina que Bruno es un asesino (significativamente, el papel fue interpretado por la hija de Hitchcock, Patricia, quien retrata una personalidad homóloga en *Psicosis*); en *Vértigo* es Midge, la ex novia insatisfecha de Scottie (Bárbara Bel Geddes); en *El hombre equivocado*, es la cajera de banco que identifica erróneamente a Henry Fonda como el ladrón, etc., etc. En cuanto al motivo de "la persona suspendida de la mano de otro", lo encontramos por primera vez en la acción final sobre la antorcha de la Estatua de la Libertad en *Saboteador,* y después en las tres películas de fines de la década de 1950: en *Para atrapar al ladrón,* el verdadero ladrón es obligado a confesar mientras cuelga de la mano de Cary Grant al borde de un tejado; al principio de *Vértigo,* cae al vacío el propio policía que le tiende la mano al suspendido Scottie; en *Intriga internacional,* Eve-Marie Saint cuelga de la mano de Cary Grant y sus manos desesperadamente apretadas se disuelven directamente en la escena final en la casa rodante, mientras Cary Grant la alza a la litera de arriba. El célebre vaso de leche anormalmente blanca que Cary Grant le arroja a Joan Fontaine en *La sospecha* vuelve a aparecer tres años más tarde en *Cuéntame tu vida* (el doctor Brulow, el psicoanalista, se lo entrega a John Ballantine –Gregory Peck–, para hacerlo dormir), y un año después en *Tuyo es mi corazón* (Cary Grant se lo ofrece a Ingrid Bergman para que recupere la sobriedad después de una noche de borrachera).

¿Cómo entonces tenemos que interpretar esos motivos que se repiten? Si buscamos en ellos un núcleo común de significados (interpretando la mano que sostiene al sujeto como una muestra de liberación, de salvación espiritual, por ejemplo), *decimos demasiado:* entramos en el dominio de los arquetipos junguianos que es totalmente incompatible con el universo de Hitchcock; si, por otro lado, los reducimos a una cáscara de significantes vacía y llenada en cada uno de los films con un contenido específico, *no decimos lo bastante:* nos elude la fuerza que los lleva a persistir de una película a otra. Tenemos la medida correcta al concebirlos como *sínthomas* en el sentido lacaniano: como una constelación (fórmula) de significantes que fija un cierto núcleo de goce, como los manierismos en pintura, es decir, detalles característicos que persisten y se repiten sin implicar un significado común (esta insistencia ofrece quizás una clave de lo que Freud entendía por "compulsión a la repetición").[1] De modo que, paradójicamente, estos motivos repetidos, que sirven de soporte al delirio interpretativo hitchcockiano, designan el *límite de la interpretación:* son lo que resiste a la interpretación, la inscripción en la trama de un goce visual específico.[2] Remachando de tal modo nuestra atención a los *sínthomas* podemos establecer vínculos conectivos entre películas de Hitchcock que, por su contenido "oficial", parecen no tener nada en común. Mencionemos sólo *El tercer tiro* y *Vértigo:* ¿es posible imaginar dos películas más divergentes? Sin embargo, en ambos casos, ¿no reposa la historia sobre *la diferencia entre las dos muertes, la simbólica y la real?* ¿No es que Harry, igual que Judy-Madeleine, muere dos veces?[3]

Esta tensión entre el contenido "oficial" de la totalidad de la obra y el excedente que aparece en sus detalles determina el típico procedimiento hitchcockiano, que consiste en un súbito "salto", en un apartamiento del contenido "oficial" ("aunque en apariencia una historia de detectives, la película es en realidad una historia de ..."). Precisamente estas pruebas autoimpuestas son las que procuran el placer posmodernista de la interpretación de Hitchcock: uno inventa los "más locos cambios" posibles a partir del contenido oficial de la película (el núcleo real de *Pacto siniestro* es la circulación de un encendedor,[4] etc.), después de lo cual se espera que soporte la puesta a prueba proponiendo argumentos perspicaces en su defensa.

La primera versión de *El hombre que sabía demasiado* (1934) es quizás la película que más directamente apela a una interpretación de este tipo: una mirada atenta revela muy pronto, detrás de la trama "oficial" de espionaje, una historia sobre la familia, sobre el modo en que la intrusión de un extraño encantador (Louis Bernard) amenaza su compostura, sobre el precio que la madre tiene que pagar por haber sucumbido a sus encantos aunque sólo fuera en broma. Cuando, en una fiesta en el Hotel Saint Moritz, la madre se aleja danzando con el extraño seductor, el resto de la familia, (el padre y la hija) fijan a la mesa una hebra de la espalda del suéter de lana del hombre, de modo que la pareja va destejiendo gradualmente la prenda, símbolo del lazo familiar. El disparo que durante esa danza mata al extraño es claramente un castigo por su intrusión en el círculo familiar cerrado. (Es muy significativo que este disparo tenga una especie de acción diferida idéntica a la que solemos encontrar en las historietas: Louis Bernard primero echa una mirada sorprendida a su pecho, es decir que cae lentamente sólo después de tomar conciencia de la bala que lo ha alcanzado, como si el rodeo por la conciencia fuera necesario para que el disparo haga su efecto...) En la escena anterior, una competencia de tiro, la madre yerra el tiro al pichón, dando prueba con ello de la agitación que le ha provocado el seductor; en el final de la película, ella le acierta un disparo desde el techo al asesino que amenazaba a la hija, redimiéndose de su fracaso previo: su disparo ahora tiene éxito. Uno se siente entonces tentado a decir que la película es, en realidad, la historia de los dos disparos: de una madre que la segunda vez rectifica su aberración y recobra su capacidad para disparar rectamente. (El ritmo de toda la película está regulado por una sucesión de disparos: la competencia de tiro al principio, el disparo que mata a Louis Bernard a través de la ventana del hotel, el intento frustrado de matar al político extranjero en el Albert Hall, el disparo final que suprime la amenaza a la hija.)

NOTAS

1. En cuanto a la noción de *sínthoma,* cf. el capítulo 2 de Slavoj Žižek, *The Sublime Object of Ideology,* Londres, Verso Books, 1989.

2. Otro caso, por ejemplo, es el de la misteriosa y vieja casona en que Madeleine ha alquilado en *Vértigo.* Aunque anticipa la casa de la madre en *Psicosis,* es totalmente erróneo buscar en esta resonancia algún significado común: basta con concebirla como una "mancha hitchcockiana".

3. Cf. Slavoj Žižek, *Looking Awry: An Introduction to Lacan Through Popular Culture,* Cambridge (Ma), MIT Press, págs. 26-7 y 83-7.

4. Véase el ensayo de Dolar sobre los objetos de Hitchcock en este mismo volumen.

2

El espectador que sabía demasiado

Mladen Dolar

Sabotaje produjo un escándalo e indignación general en el momento de su estreno en 1936 (episodio un tanto eclipsado por la abdicación prácticamente simultánea de Eduardo VIII), y se diría que ese escándalo no ha amainado. La película aún suscita juicios contradictorios y netamente opuestos, que van desde el elogio que lo considera el mejor film inglés de Hitchcock y uno de los más radicales de su carrera, hasta los veredictos despectivos, que lo consideran tosco y de mal gusto, "académico, frío y falso",[1] de una "crueldad no igualada hasta *Psicosis,* y quizás ni siquiera por *Psicosis*".[2] Este último juicio puede encontrar respaldo en la ulterior opinión negativa del propio Hitchcock acerca de esta obra.

La primera razón de la indignación es el tratamiento irrespetuoso de un clásico literario, *El agente secreto,* de Joseph Conrad, en el cual se basa la película (no se empleó el mismo título de la novela para evitar la confusión con el film anterior de Hitchcock titulado *El agente secreto,* rodado el mismo año sobre la base de dos relatos de "Ashenden" de Somerset Maugham). Esta fue la mayor aproximación de Hitchcock a la "alta" literatura (más tarde en su carrera, él consideró la posibilidad de filmar "Otra vuelta de tuerca", de Henry James, e incluso una versión de Hamlet, pero, por fortuna, estos proyectos no prosperaron). La opinión general ha sido resumida por Jorge Luis Borges:

"Conrad nos permite comprender a un hombre que provoca la muerte de un niño; Hitchcock, con su habilidad (y los ojos rasgados de Sylvia Sidney), intenta emocionarnos con ello. El esfuerzo del primero fue intelectual; el del segundo es, a lo sumo, sentimental. Y esto no es todo: el film contiene (¡oh!, otro horror de mal gusto) una relación amorosa cuyos protagonistas, igualmente virtuosos y apasionados, son la mártir señora Verloc y el afectuoso y elegante detective disfrazado de verdulero."[3]

Pero, paradójicamente, la razón principal del escándalo fue una escena en la que Hitchcock seguía estrechamente a Conrad: la escena de la explosión con la muerte de un niño inocente, en torno a la cual está construida toda la película. Más tarde Hitchcock lamentó esa escena; no obstante, en sus conversaciones con Truffaut y Bogdanovich, dio dos razones muy diferentes de que hubiera afrentado y enfurecido a la gente.

> "Cometí un serio error al hacer que el niño llevara la bomba. Un personaje que sin saberlo lleva una bomba como si fuera un paquete común tiene que despertar un gran suspenso en la audiencia. El niño estaba en una situación que le ganaba demasiada simpatía del público, de modo que cuando la bomba explotó y él resultó muerto, el público se sintió agraviado."[4]

La muerte del niño violó todas las reglas tradicionales acerca de quién y en qué condiciones puede convertirse en víctima. Los héroes no mueren por azar: las víctimas tienen que haber cometido errores o pecados, tienen alguna marca que impide una identificación total con ellas, son lo bastante marginales como para no disfrutar de mucha simpatía, obstruyen el final feliz, etc. (para no hablar de los personajes negativos). El asesinato de Janet Leigh en *Psicosis* –prácticamente el único asesinato de una estrella en las películas de Hitchcock– obedece a estas reglas de un modo oblicuo, puesto que ella misma había cometido un delito, el robo de un dinero, si bien totalmente desproporcionado con el "castigo" que recibió. Un héroe positivo puede morir si el hecho se presenta como un sacrificio necesario en la senda victoriosa de una "idea": esta muerte siempre puede ser "economizada", procura una recompensa en un nivel "superior", no ha sido en vano. Además de ese efecto saludable, ha de ser preparada de antemano por algún tipo de advertencia.

La muerte del niño en *Sabotaje* no presenta ninguno de estos rasgos. El personaje tiene toda la simpatía de su lado, sin ningún efecto lateral; su muerte no es preparada y carece completamente de sentido, no procura una absolución. Además, la acompaña la muerte de los pasajeros inocentes de un autobús. Aparecen como una pérdida irrecuperable, una fractura que no se puede remediar, ni siquiera por medio de la venganza.

La segunda razón tiene un aspecto paradójico:

> "Oh, fue un gran error. La bomba nunca debió haber explotado... Si

uno lleva progresivamente a la audiencia hasta ese punto, la explosión resulta extrañamente opuesta al clímax. Se ha excitado a la audiencia en tal medida que necesita alivio."[5]

¿Por qué habría de producir el anticlímax un acontecimiento totalmente esperado y que servía como base misma del suspenso? La expectativa es defraudada precisamente porque sucede lo esperado, y la audiencia se siente engañada porque obtiene precisamente lo que quería. Esto ocurre en una forma aún más desagradable a causa de un recurso adicional de Hitchcock, la demora antes de la catástrofe: se suponía que la bomba iba a explotar a la 1.45; ese momento pasa, y durante un breve intervalo el público casi se siente aliviado ("siempre supimos que no iba a suceder") mientras aguarda alguna explicación plausible. Después de ese breve momento que condensa el pulso del deseo del espectador, la bomba explota con una doble fuerza, las expectativas son doblemente frustradas. Al llegar tarde, la explosión no obstante se produce demasiado temprano, al caer sobre un espectador no preparado.

Esta demora puede equipararse con otras dos demoras famosas: la de *La llamada fatal,* cuando la llamada telefónica llega demasiado tarde y el asesino ya se está preparando para irse (con lo cual cambia la identificación de la audiencia, que súbitamente quiere que él se quede), y la de *Psicosis,* cuando el auto con el cuerpo de Marion, mientras se hunde en el pantano, queda por un momento atascado (volviendo de nuevo el deseo de la audiencia hacia el lado de Norman, con la esperanza de que se hunda). Estas dos demoras desempeñan un papel en la economía de suspenso (y el suspenso no es en última instancia nada más que una forma de economizar), mientras que en *Sabotaje* la economía falla: la demora sólo produce frustración e ira; no puede ser economizada ni compensada.

Las dos razones que dio Hitchcock para justificar su ulterior arrepentimiento en última instancia se reducen a la cultura de las reglas de la economía: la primera se refiere a quebrar la regla de que toda víctima tiene que ser compensada (y la víctima de *Sabotaje* no lo es); la segunda concierne a la regla de que también el suspenso tiene que ser compensado. Todo suspenso debe ser un suspenso con absolución, pero en *Sabotaje* el espectador se siente defraudado porque consigue lo que quería sin una absolución. Se plantea el problema de la ficción cinematográfica y su economía interna de un modo particularmente rudo y radical: el espectador quiere al mismo tiempo creer y no creer en la ficción fílmica, actúa basándose en el supuesto de que será compensado por su creencia. Cuando el presupuesto que cimentaba el suspenso se realiza, produce el efecto de *menetekel,* enfrenta al sujeto con una destrucción absurda en la cual él se encuentra totalmente implicado con su deseo. Ha sido capturado en ese desastre como en una trampa y, retroactivamente, el suspenso se convierte en angustia. La ficción fílmica deja de producir realidad, tropieza con su límite, produce un trauma que quiebra el equilibrio del universo de ficción.

Aunque todas las películas de Hitchcock se centran en un acontecimiento traumático que involucra una confrontación del sujeto con su deseo (en la forma más pura con ese "¿qué quieres?" del final de *La ventana indiscreta*), *Sabotaje* es quizás la única en la que la herida traumática no cura, no se puede volver a introducir en un molde de ficción. El segundo asesinato no hace más que perpetuarla, no lleva a una absolución a la señora Verloc. Esta condición irresuelta nos deja frustrados, como también lo dejó a Hitchcock.

Rohmer y Chabrol dicen que *Sabotaje* es una película no hitchcockiana, que el mecanismo tosco del suspenso está muy lejos de la fineza que logra Hitchcock en sus mejores momentos, y que a este film lo admiran sobre todo personas que por otro lado no gustan de Hitchcock.[6] Este juicio suscita una pregunta interesante y un problema legítimo: un héroe que lleva una bomba sin saberlo, ¿puede considerarse ejemplo de suspenso hitchcockiano? En términos más generales: para la forma específicamente hitchcockiana del suspenso, ¿basta con que el espectador sepa más que el héroe? Esta parece ser una forma muy tradicional de producir suspenso, ampliamente usada en la literatura.

En el ahora clásico ensayo de Pascal Bonitzer[7] se encuentra el argumento más conciso sobre el suspenso específicamente hitchcockiano. Bonitzer sostiene que con la introducción del montaje por Griffith, el film perdió su inocencia original. Hasta entonces se lo podía tomar como una presentación más o menos "neutra" de objetos y acontecimientos, como una mirada que no se reflejaba a sí misma como mirada. Hitchcock radicalizó esa primera revolución de un modo tal que la mirada misma se ha convertido en el punto capital y el principal objeto del suspenso. Bonitzer demostró que, de este modo, la función de la mirada tiene que redoblarse, tiene que presentarse como *una mancha*, un *fascinum* en el campo escópico. La mancha destroza una vida idílica cotidiana, un orden acostumbrado; surge como un cuerpo extraño, un elemento contranatural en una pauta natural. Vuelve extraño y pervierte su trasfondo ordenado, que de pronto queda lleno de posibilidades siniestras. Para lograr este efecto hitchcockiano no basta, entonces, el montaje paralelo (un cuchillo se aproxima a un cuerpo, un automóvil avanza a toda velocidad: ¿llegará a tiempo?). Se basa en las presentaciones independientes y, por lo tanto, paralelas de dos o más acontecimientos, uno interior y otro exterior, y el suspenso resulta de su concomitancia. Este recurso se vuelve hitchcockiano cuando la amenaza exterior es arrastrada al interior, cuando la mancha contamina al todo. Es cierto, como lo ha sostenido Jean Narboni,[8] que en Hitchcock el exterior del campo de la visión es heterogéneo respecto de su interior (en contraste con Renoir y muchos otros, que mueven libremente la cámara en un espacio continuo y homogéneo), pero el exterior heterogéneo tiene que ser inscrito en el interior, y ello constituye su tensión interna.

Teóricamente, se podría hablar de dos casos claramente definidos: el montaje paralelo, por un lado, y, por el otro, la función hitchcockiana de la mancha (Narboni la llama "un signo que no es el signo de nada",[9] Deleuze[10] la llama *démarque,* etc.). ¿Dónde se debe ubicar entonces el caso simple y muy frecuente del espectador que sabe más que el héroe? Bonitzer proporciona un ejemplo básico del modo de lograr un suspenso "hitchcockiano" con una toma "ingenua" *a la Lumière.* Si tenemos una escena simple en la que un soldado trata de seducir a una chica que lleva un bebé en el cochecito, dice Bonitzer que basta con sumar un conocimiento adicional (por ejemplo, que el soldado es un asesino, o que la chica quiere desprenderse del bebé). La misma toma simple asume un valor muy diferente, la rondan lóbregas posibilidades y angustias. No obstante, este caso elemental no está en el mismo nivel de sus otros ejemplos tomados de Hitchcock (el famoso molino de viento de *Corresponsal extranjero,* el cigarro del asesino de *La ventana indiscreta,* etc.), puesto que en este caso no hay ninguna contracara de nuestro conocimiento adicional en el campo visual en sí; la mirada no tiene ninguna contracara en la mancha. No ha sido necesario ningún recurso cinematográfico; la toma no ha sufrido ninguna modificación: simplemente añadimos el conocimiento adicional en otra toma separada. Pero el caso no es reducible a un montaje paralelo: las dos tomas pueden estar muy alejadas, no necesitan de la alternancia para producir el suspenso (el montaje paralelo obtiene toda su fuerza de la alternancia). El conocimiento adicional basta en sí mismo para mantener el suspenso durante mucho tiempo. Si no hay ninguna mancha en el campo de la visión, la mancha consiste sólo en el excedente de conocimiento como tal: basta con quebrar la paz ordinaria y apresar nuestra visión desde el interior para estructurar la mirada. La mancha está en la mirada, no en lo visible.

El conocimiento excedente del espectador es, entonces, el punto de intersección entre el montaje paralelo y la función de la mancha como tensión interior del campo. Desde el punto de vista técnico, resulta de dos tomas separadas, la primera de las cuales no está representada de ningún modo en la segunda, salvo por el hecho de que el conocimiento adicional invade el todo, habita la mirada y colorea todos los detalles. A esto se lo podría llamar "el grado cero del suspenso": la mirada neutra pierde su transparencia, es reflejada como mirada y, por lo tanto, como mancha invisible en la misma imagen. El conocimiento excedente es primero y principalmente el conocimiento sobre la mirada como agente de la imagen cinematográfica. Pero ese conocimiento excedente también produce falta de conocimiento, enfrenta al espectador con su propia ignorancia: si el escenario inicial era bien conocido y predecible, el conocimiento excedente lo vuelve opaco e incierto, y el desenlace se convierte en totalmente impredecible, más allá del alcance del conocimiento –se convierte en el lugar en que el sujeto queda desgarrado entre su conocimiento excedente y su falta de conocimiento; el excedente se convierte en falta–. Los objetos pierden su funcionalidad, se vuelven signos secretos que han perdido su significado (usual) y están, por lo tanto, abiertos a una multiplicidad de significaciones. De modo que, en última instancia, la función de la mancha es sólo la forma desarrollada y la expresión reflejada de la función de la mirada estructurada por la oscilación entre el excedente y la falta. La mancha es la contracara de esa mirada, concentrada en un punto. En ella, el grado cero adquiere su expresión positiva.

Sabotaje logra el suspenso de una manera que es aún rudimentaria y tosca. Hitchcock no es todavía el maestro de sus propios recursos, y juega con medios que se le escapan de las manos. Todas las películas de Hitchcock están construidas en torno a un equilibrio que se quiebra en virtud de un acontecimiento traumático, un asesinato, y que al final vuelve a establecerse. La fórmula convencional de Hollywood queda siempre satisfecha, por lo menos superficialmente, aunque el trauma suele arrojar una larga sombra sobre el comienzo "normal" y el final también "normal". Se diría que en *Sabotaje* la fórmula fracasó; el final no se libra del trauma (ni siquiera al precio de la ambivalencia, como en muchas otras películas). Hitchcock ha ido más allá de cierto límite, él mismo parece un niño que lleva una bomba sin saberlo. De modo que quizás Durgnat tenga razón al decir que la continuación de *Sabotaje* se encuentra en *Psicosis*, donde Hitchcock vuelve a cruzar el límite, pero esta vez en la cima de su poder de maestro, produciendo un trauma que ni Hitchcock ni la historia del cine pudieron integrar.

Es preciso añadir algún comentario adicional sobre la famosa escena del "asesinato" de Verloc. Verloc es uno de esos personajes negativos de Hitchcock con los cuales uno no puede identificarse totalmente (esto es lo que hace ambiguos algunos de sus finales felices). El cuchillo depositado sobre la mesa de la cena se vuelve un objeto fascinante, primero para el espectador (esa es la tercera comida de la película y el motivo ya está bien preparado), después para Sylvia, y finalmente para Verloc, que sigue la mirada de Sylvia y gradualmente comprende sus consecuencias. Pero Verloc no intenta defenderse, acepta su destino, de modo que ese asesinato parece un suicidio sin entusiasmo. Más precisamente, la muerte de Verloc es el resultado de dos gestos, dos movimientos suspendidos en el medio (y un gesto es "algo que se hace para ser detenido y suspendido").[11] El impulso de Sylvia con el cuchillo queda refrenado, ella no puede llevarlo totalmente hasta su fin, sólo puede producir un gesto, pero la otra mitad es realizada por el propio Verloc, con un gesto de autocastigo, un gesto suicida suspendido. De modo que el asesinato es, en realidad, el resultado exitoso de una coincidencia de dos gestos frustrados; ninguno de los dos personajes podría haberlo logrado por sí mismo. Esto no basta para eximir de culpa a Sylvia, y el final deja una incómoda sensación de que no se ha logrado el equilibrio moral. El detective dispuesto a encubrir el crimen de Sylvia también asume su parte de culpa –lo cual es similar al desenlace de *Chantaje* y en alguna medida a la *La sombra de una duda,* en las que los héroes policías se pasan al otro lado, abandonando el curso recto del cumplimiento de la ley–. Si para Hitchcock la policía es un objeto digno de interés, lo menos que puede hacer es encubrir crímenes.

NOTAS

1. Eric Rohmer y Claude Chabrol, *Hitchcock,* París, Editions d'aujourd'hui, 1976, pág. 53.

2. Raymond Durgnat, *The Strange Case of Alfred Hitchcock,* Londres, Faber y Faber 1974, págs. 137-8.

3. Jorge Luis Borges, *Sur le cinema,* París, Edgardo Cozarinski (comp.), 1979, pág 87.

4. François Truffaut, *Hitchcock,* Londres, A Panther Book, 1969, pág. 118.

5. Cita tomada de Raymond Durgnat, *The Strange Case of Alfred Hitchcock, op. cit.,* pág. 138.

6. Eric Rohmer y Claude Chabrol, *Hitchcock, op. cit.,* págs. 52-5.

7. Véase Pascal Bonitzer, "Le champ aveugle", París, *Cahiers du cinema,* 1982.

8. Jean Narboni, "Visages d'Hitchcock", en *Cahiers du cinema, hors-série 8: Alfred Hitchcock,* París, 1980, pág. 33.

9. *Op. cit.,* pág. 33.

10. Gilles Deleuze, *The Movement-Image,* Londres, The Athlone Press, 1986, pág. 203.

11. Jacques Lacan, *The Four Fundamental Concepts of Psycho-Analysis,* Harmondsworth, Penguin Books, 1979, pág. 116.

3

Un padre que no está totalmente muerto

Mladen Dolar

Observamos a una esposa que observa a su marido: ¿es él un asesino? La pauta básica es extremadamente simple, pero puede abarcar la complejidad total del drama de la mirada.

En primer lugar, a lo largo de toda la película nuestra mirada es delegada en otra mirada: observamos a alguien que observa, sólo vemos a través de los ojos de Lina, y no vemos nada que esté fuera del horizonte de ella. No contamos con ninguna información adicional que nos permita juzgar su "objetividad". Pero la portadora de esta mirada está constantemente en el centro de la historia, no actúa como le conviene a la heroína (por lo menos durante las últimas dos terceras partes del film, después de casarse contra la voluntad del padre). Su principal actividad es observar: ella está allí, inerte y pasiva, marcando cada escena con su mirada llena de preocupaciones, sospechas y temores. Observa, pero no ve.[1] "Tienen ojos pero no ven": esta sentencia bíblica podría encabezar casi todos los films de Hitchcock, pero no ver es la condición de la *mise-en-scène* de la mirada.

La obsesión de Hitchcock con la mirada es omnipresente en sus películas; *La sospecha* la presenta de un modo particularmente intenso. La misma pauta fue más tarde continuada y radicalizada en *La ventana indiscreta*, donde Jefferies (James Stewart), lo mismo que Lina, está condenado a la inactividad, literalmente inmóvil con su pierna fracturada, reducido a ser de la mirada, confrontado con los signos enigmáticos de la casa que está frente a su ventana del fondo. También él observa pero no ve: ¿se trata de un asesinato, o sólo de una serie de coincidencias? La misma situación básica tiene dos desenlaces diferentes: en *La ventana indiscreta* resulta que el asesinato fue real; en *La sospecha,* los signos letales eran engañosos, y sólo retroactivamente se los transformó en un serie de coincidencias. La sospecha que da soporte a la mirada (o la mirada que da soporte a la sospecha) estaba justificada en un caso y era injustificada en el otro.

La ventana indiscreta es la presentación hitchcockiana del Panóptico, la aplicación ilustrativa por Hitchcock de Bentham y Foucault. Stewart, en su sillón, está en la torre central de observación, desde donde puede vigilar los departamentos de enfrente; estos departamentos están ubicados como las celdas del Panóptico, constantemente expuestas a la mirada controladora. Pero lo que diferencia a Hitchcock de Bentham es el hecho de que la disposición opera a la inversa: en el Panóptico, los presos viven con un permanente miedo a la mirada ubicua que ellos no ven, pero a la que nada escapa (y esta disposición opera igualmente bien aunque no haya nadie en la torre), mientras que en este caso los habitantes viven sus tranquilas vidas ordinarias (comiendo, durmiendo, bailando, celebrando reuniones, haciendo el amor y matándose recíprocamente); Stewart, por el contrario, vive en su torre con un miedo constante –el miedo a que algo se le escape–. Su problema consiste en hacer ubicua su mirada (y la realidad esencial se le escapa: en el momento del asesinato está dormido). De modo que los habitantes no son los prisioneros de la mirada del Otro, con su omnipresencia invisible; el Supervisor es más bien el prisionero, el prisionero de su propia mirada, una mirada que no ve.

También Lina enfrenta constantemente huellas opacas y ambiguas. Ella espera en silencio lo peor, en un verdadero contraste con el esposo, que rebosa actividad y está lleno de nuevas ideas y proyectos. La presentación hitchcockiana de la mirada se basa en el axioma de que no existe para ésta ninguna buena medida: uno ve demasiado o no ve lo suficiente. O mejor: uno ve demasiado y no lo suficiente al mismo tiempo. El drama de la mirada se desencadena cuando, por coincidencia, ella capta algo de más, algo que va más allá del campo "normal" de la visión, pero este elusivo excedente de visibilidad hace que toda la visión sea no transparente, ambigua y amenazante. Ver demasiado entraña ceguera, entraña la opacidad de la visión.

Las huellas suscitan la sospecha, y siguen siendo enigmáticas, es decir que requieren nuevas huellas que las aclaren. Las sospechas aumentan y disminuyen, y esperamos encontrar un indicio inambiguo, un significante inmodificable que detenga el deslizamiento y determine el sentido. Pero este movimiento de dilación, que mantiene y nutre la sospecha, no puede detenerse antes de la última escena. La ambigüedad y la indeterminación del sentido son la sustancia de todo el film. No obstante, como espectadores, sabemos desde el principio que la ambigüedad ha de disolverse y que en el final surgirá un sentido inequívoco. Cary Grant es un asesino o sólo un estafador insignificante: no existe una tercera salida, y el suspenso es una certidumbre anticipada de la solución de uno u otro modo.

Se sabe que la solución final de la película es opuesta a la del libro, *Before the Fact,* de Francis Iles. En el libro está Lina, que bebe el vaso de leche envenenado por propia y "libre voluntad", por amor a Johnny, aceptando conscientemente el destino de víctima. Hitchcock le dijo a Truffaut que quería mantener el final de la novela, pero con un giro adicional: antes de beber, Lina le escribiría una carta a la madre, explicando la culpa de Johnny, y pidiéndole al propio Johnny que la enviara por correo. En la última escena veríamos a Johnny depositando muy contento la carta en el buzón. Según Hitchcock, a ese final se oponían las convenciones de Hollywood, que probablemente no toleraban a un Cary Grant asesino.[2] La única huella de esa idea que quedó en el film fue el cameo de Hitchcock: lo vemos depositando una carta en el buzón, asumiendo él mismo la parte de portador del mensaje letal.

Las interpretaciones han lamentado la solución de transacción que produjo un cliché de final feliz, en lugar de una solución más radical, o bien sostuvieron que especular sobre un final diferente es sólo otro de los trucos de Hitchcock, y que sólo el final presente es coherente con el resto de la película (esta es también la opinión de Truffaut[3] y la de Donald Spoto[4]). ¿Hay que decidir entre una u otra idea? ¿Cuál es el final más apropiado? Sin embargo, existe una tercera solución: algunas interpretaciones han observado que la decisión en una dirección o en la otra no es realmente muy importante para la sustancia del film (Raymond Durgnat: "Parece que de un modo u otro no hay ninguna ganancia o pérdida en cuanto a la profundidad artística").[5] Si aceptamos este modo de ver, tenemos que aceptar la paradoja siguiente: que lo que decide el sentido de toda la película, en última instancia no es importante. Que la sospecha esté o no fundada, en realidad no cambia mucho, no tiene grandes consecuencias para la sustancia de la película. Desde el punto de vista de su dispositivo básico, es en última instancia irrelevante que Cary Grant sea un asesino o sólo un estafador de poca monta. Hitchcock sabía muy bien que el *enjeu* de la trama es precisamente un punto vacío, un Mac Guffin insignificante en sí mismo; por lo tanto, el "punto de relleno" final, aunque confiere sentido, puede ser irrelevante para la eficacia del film. Pero el Mac Guffin puede seguir vacío o enteramente tautológico, mientras que el final tiene que llenarse, debe resolver la cuestión en una de las posibilidades, incluso aunque no importe cuál. Sea cual fuere la solución, siempre crea retroactivamente la ilusión de que precisamente ése era el final inevitable y el único lógico.

Puesto que el final no puede quedar vacío (como Mac Guffin), también genera un cierto efecto de decepción. La sospecha es confirmada o rechazada, el suspenso se convierte en certidumbre. La decepción es estructural: proviene del hecho de que *no hay ningún significante final que se contraponga a la mirada,* la portadora de todo el film: ningún significante podría resolver ese estatuto suspendido y angustiado del sujeto, que enfrenta indicios opacos y está reducido a la mirada. El significante final necesariamente frustra las expectativas. La determinación del sentido disuelve el estatuto de "entre dos" del sujeto suspendido entre indicios enigmáticos. Un sentido definitivo, positivo e irrevocable, disipa esas entidades intermedias, deslizantes y nunca totalmente existentes: la sospecha, la mirada, el suspenso. El problema del final es que la alternativa entre las dos soluciones parecía demasiado exhaustiva, aunque lo que no cubría era la oscilación evasiva entre ambas; la sospecha como sustancia del film era traicionada en ambos casos. El sujeto dependía de ella, Lina existía, tenía *ser*, sólo en la medida en que no surgía el *sentido*, es decir, mientras los indicios siguieran siendo opacos. De modo que si, en el final, no hay ninguna representación exitosa de ese sujeto, ¿es inevitable la decepción? ¿Cómo se podría terminar la película? ¿Cualquier final sería inadecuado?

Abordemos el problema desde otro ángulo, a través de un célebre ejemplo literario. La comparación con "Otra vuelta de tuerca", de Henry James, ya ha sido sugerida por Donald Spoto,[6] y el paralelo formal parece evidente: la joven institutriz, el objeto de la sospecha, que cuenta su historia en primera persona (dejemos a un lado las complejas estratagemas narrativas de James), también enfrenta constantemente indicios enigmáticos, pero nunca tenemos la certidumbre, y nunca nos enteramos de si ella está en lo cierto o se equivoca: ¿ve fantasmas y trata de complicar a los dos niños en su locura, o ella es la única que ve la terrible verdad? ¿Hay que ubicar el mal en ella o en los niños y su complicidad con Peter Quint y Miss Jessel? La ambigüedad subsiste hasta el final, y nunca estamos seguros de lo que sucede realmente. Sólo vemos a través de los ojos de la institutriz, y nunca tenemos información adicional inequívoca. La persistente fascinación del relato se basa en el hecho de que James no nos proporciona una clave interpretativa, no disuelve el misterio. Las dos interpretaciones siguen siendo posibles, y él sólo nos reenvía a nuestro propio estatuto oscilante de sujeto sin ofrecernos soporte. Se trata de una historia de fantasmas sobre el vínculo entre la inocencia infantil y el mal radical, o un *thriller* psicológico sobre las ideas delirantes de una joven sin duda "sexualmente frustrada" (cf. la relación mística con el patrón, etc.). Optar por una u otra alternativa equivaldría a no comprender el verdadero sentido: en lugar de determinar el sentido, James vuelca el dilema sobre el lector. Por esa razón, este relato breve ha seguido dando lugar a "delirios interpretativos", como una fuente inagotable de fascinación.[7] Quizás no sea una coincidencia que el propio Hitchcock, en un cierto punto de su carrera, haya considerado la posibilidad de filmar "Otra vuelta de tuerca" (no estoy seguro de que tengamos que estar contentos o lamentar que no lo haya hecho).

La solución de Hitchcock en el final de *La sospecha* parece, en comparación, poco refinada y convincente, de algún modo remendada en el último minuto de la película. Pero incluso como está es menos simple y más ambigua de lo que parece. Aunque establece, sin duda, el sentido y disipa la sospecha, abre otro tipo de ambigüedad en cuanto al estatuto del sujeto. Puesto que resulta que la sospecha era infundada, surge la cuestión de lo que, por empezar, la había alimentado. Ya que no se basaba en los hechos, tenía que basarse en alguna otra cosa.

En este punto, debemos volver al principio, para recordar que la sospecha estaba insertada, desde el punto de partida, en una situación edípica. Lina es abrumada por las sospechas después de la muerte del padre, el general MacLaidlaw. Se ha casado contra su voluntad, y lo único que el padre le dejó en el testamento fue su retrato, que asegura su presencia imponente después de haber muerto. Y es un retrato que realmente se mueve cuando Johnny se dirige a él, es un padre que no está totalmente muerto. Si Lina oscila en sus sospechas, por otra parte está como paralizada por la presencia paterna, y su fluctuación está condicionada por su parálisis. Borde y Chaumeton[8] no vacilan en clasificar la obra como "una película de crímenes" centrada en un asesinato, aunque técnicamente no se ve el episodio. Pero la clasificación es totalmente adecuada: el asesinato de que se trata es sin ninguna duda el asesinato del padre. Era fácil contradecir al padre mientras estaba vivo, contradecir al general que había decretado al principio: "Lina no se casará nunca; no es el tipo"; era fácil demostrar la falsedad de su veredicto, pero mucho más difícil enfrentar su pesada ausencia, su silencio, la ausencia de un decreto, y este peso era la base de la sospecha.

La pasividad de Lina es sintomática. Por ejemplo, ella nunca intenta seriamente convencer a otra persona, en contraste con la institutriz de "Otra vuelta de tuerca", que constantemente pretende convencer a la señora Grose, esa condensación de la sociedad y la opinión recibida. Las sospechas de Lina son silenciosas y privadas, limitadas a su soledad. Pero quizás lo que más teme es que resulte que carecen de fundamento, que los otros las disipen (como lo hace su amiga Isobel: "Absurdo, Johnny no mataría ni a una mosca"). De modo que el final ofrece retroactivamente otra interpretación de la sospecha: lo que más teme Lina es la inocencia de Johnny; su principal miedo es que no haya ninguna razón para temer. Lo que la angustia es que tendría que aceptar a Johnny sin la sospecha atenuante, sin el beneficio de la sombra de una duda. Su angustia no tiene que ver con una pérdida posible, sino con el hecho de que no habría ninguna oportunidad para la pérdida. No proviene de una incertidumbre espantosa, sino de una pérdida amenazante de incertidumbre. Ella teme lo peor, y sucede. Toda la película podría resumirse en la tenaz ambigüedad de una oración, pero en francés, puesto que en otros idiomas no es lo mismo: *"Elle craint que Johnny ne soit un assassin"*. La ambigüedad está centrada en la palabra *ne*. En castellano habría que decir "ella teme que Johnny sea un asesino" o "ella teme que Johnny no sea un asesino". Lacan ha ponderado a menudo la extraña función de esa curiosidad francesa que es el *ne explétif*, la partícula negativa expletiva asociada con los verbos del temor y que no cumple ninguna función real, salvo que el sujeto del deseo queda extrañamente corporizado en su ambigüedad: ¿qué es lo que él o ella realmente teme?[9] Allí sale a luz "el deseo que constituye la ambivalencia propia del inconsciente",[10] la presentificación del sujeto de la enunciación.

El espectador y Lina quedan entonces ubicados en una simetría inversa: el espectador sabe que la situación se resolverá de uno de los modos posibles, aunque no sabe cuál, y tiene que esperar hasta el final; Lina se hunde en la sospecha conociendo la solución, pero posponiendo todo lo posible el momento de la clarificación. La paradoja de la escena con el vaso de leche –una de las tomas antológicas de Hitchcock– consiste en que Lina podría desembarazarse de la sospecha: si Johnny fuera realmente un asesino, ella sólo podría demostrarlo con su propia muerte. Sigue reducida a la mirada angustiada, puesto que cualquier acción perturbaría su delicado equilibrio, y no bebe la leche porque está segura de que sobreviviría, y de ese modo no tendría escape. En el final, también fracasa la fuga a la casa de su madre; Johnny se explica en el camino, y el futuro feliz es inevitable. En otras palabras, si el final parece decepcionar, aún más decepcionante es para la heroína.

De modo que *La sospecha* desarrolla dos lógicas diferentes de la subjetividad. En la primera tenemos un sujeto fluctuante, que se desliza, inubicable, que no puede reducirse a ninguna interpretación global, con un constante "entre dos", por un lado, y por el otro el sujeto de la sospecha, la incertidumbre y el suspenso, presentificado por la mirada. El segundo es el sujeto de la certidumbre, el sujeto paralizado: la sospecha es en este caso el modo de huir de esa certidumbre o posponerla, de negar la fijación. La subjetividad puede mantenerse mientras subsiste la frustración, pero en el primer caso en busca de la certidumbre que la liberaría de la sospecha, mientras que en el segundo caso huyendo de la certidumbre que sería el final del "entre dos". Por un lado, la certidumbre aparece como el remedio contra las situaciones conflictivas del sujeto, y por el otro como una catástrofe contra la cual las situaciones conflictivas del sujeto ofrecen el mejor remedio. La segunda subjetividad está insertada en la primera y echa una luz de sospecha sobre el todo. No sólo son sospechosos los hechos opacos, sino que también lo es la sospecha en sí, y esta ambivalencia es desplazada hacia el espectador.

NOTAS

1. Hay una pauta tradicional, en la cual la actividad implica una cierta ceguera, y la pasividad hace posible ver claro. Cf. Fanny, la famosa heroína pasiva de *Mansfield Park,* de Jane Austen, que es la única que ve claro en la confusión moral, pero al precio de su inactividad. En este caso, la pasividad no es un obstáculo.

2. François Truffaut, *Hitchcock*, Londres, A Panther Book, 1969, pág. 164.

3. François Truffaut, "Un trousseau de fausses cles", en *Cahiers du cinema,* Nº 39, 1954.

4. Cf. Donald Spoto, *The Art of Alfred Hitchcock,* Nueva York, Doubleday, 1976, pág. 116.

5. Raymond Durgnat, *The Strange Case of Alfred Hitchcock,* Londres, Faber and Faber, 1974, pág. 178. Cf. también Stephen Heath, "Droit de reponse", en *Le cinema americain II,* comp. de Raymond Bellour, París, Flammarion, 1980, págs. 87-93.

6. Donald Spoto, *The Art of Alfred Hitchcock,* pág. 119.

7. Señalaré sólo O. Mannoni, "Le tour de vis", en *Clefs pour l'Imaginaire,* París, Editions du Seuil, 1969, y Shoshana Felman, "Henry James: folie et interprétation", en *Folie et la chose littéraire,* París, Seuil, 1978, donde se puede encontrar una excelente visión general de las críticas.

8. Raymonde Borde y Etienne Chaumeton, *Panorama du Film Noir Americain,* París, Editions de Minuit, 1955, pág. 38.

9. Cf. Jacques Lacan, *The Four Fundamental Concepts of Psycho-Analysis,* Harmondsworth, Penguin Books, 1979, págs. 56-7; también Jacques Lacan, *Ecrits,* París, Seuil, 1966, pág. 664.

10. Jacques Lacan, *Ecrits,* París, Seuil, 1966, pág. 664.

4

"La femme n'existe pas"

Slavoj Žižek

La dama desaparece es probablemente la variación más hermosa y eficaz sobre el tema de una "desaparición que todos pretenden que no ha sucedido": por lo común, la historia es narrada desde el punto de vista de un héroe que por azar ha conocido a una persona agradable y un tanto excéntrica; poco después, esta persona desaparece, y cuando el héroe trata de encontrarla, quienes los vieron juntos no recuerdan nada sobre el otro, o incluso recuerdan positivamente que el héroe estaba solo, de modo que la existencia misma de esta persona que falta pasa por ser una *idée fixe* alucinatoria del protagonista. En sus conversaciones con Truffaut, el propio Hitchcock se refirió al original de esa serie de variaciones: la historia de una anciana dama que desapareció de su habitación de hotel en París en 1889, en la época de la Gran Exposición. Junto con *La dama desaparece*, la variación más célebre es sin duda la "novela negra" de Cornell Woolrich titulada *Phantom Lady*, en la que después de una disputa con su esposa, el héroe pasa la noche con una hermosa desconocida que encuentra en un bar; cuando vuelve a su casa, la policía lo está aguardando: la esposa ha sido asesinada y la coartada que él tiene falla, porque en todos los lugares que visitó con la desconocida (el restaurante, el teatro) sólo lo recuerdan a él... (El desenlace: no se podía ubicar a la dama desconocida porque era una enferma mental y había huido del asilo sólo por esa noche; los testigos habían sido sobornados por el asesino real, el mejor amigo del héroe, que tenía una relación amorosa con la esposa.)

A pesar de la total improbabilidad de esa trama, existe en ella algo "psicológicamente convincente", como si tocara la tecla exacta en nuestra conciencia. Para ubicar esta tecla oculta, debemos prestar atención al hecho obvio de que la persona que desaparece es como regla una mujer muy "dama"; no resulta difícil reconocer en esa figura fantasmática la aparición de La Mujer (*La femme*), la mujer "toda" que podría llenar la falta en el hombre, que podría ser su complemento, y no sólo su suplemento, su compañera ideal, con la que sería finalmente posible la relación sexual. En síntesis, ¿no es La Mujer que, según la teoría lacaniana, precisamente no existe? Es la mujer cuya no existencia se pone de manifiesto para el héroe en virtud de la ausencia de su inscripción en la red socio-simbólica: la comunidad intersubjetiva del héroe actúa como si ella no existiera; lo único que queda de ella es la *idée fixe* del héroe...

En adelante tiene que quedar en claro dónde debemos buscar la "falsedad" y al mismo tiempo la atracción, el encanto irresistible, de este tema de una "desaparición que todos pretenden que no se produjo". El desenlace habitual de este tipo de relato es que, a pesar de todas las pruebas en contrario, la dama que desapareció no era sólo una alucinación del héroe: en otras palabras, La Mujer *sí* existe... La estructura en este caso es igual a la de un conocido chiste sobre un psiquiatra. Alguien va a verlo y se queja de que haya un cocodrilo debajo de su cama; el psiquiatra, desde luego, trata de convencerlo de que es sólo una alucinación, una proyección de sus traumatismos psíquicos, de que en realidad no hay ningún cocodrilo debajo de su cama, etc. En la sesión siguiente, el hombre insiste en que un cocodrilo se oculta debajo de la cama, y el psiquiatra continúa con sus esfuerzos de persuasión. Cuando el hombre no concurre a la tercera sesión, el psiquiatra está seguro de que lo ha curado. Un tiempo más tarde se cruza con un amigo del hombre que tenía la obsesión del cocodrilo, y le pregunta cómo le va al pobre ex paciente. El amigo responde: "¿A quien se refiere exactamente? ¿Al que fue devorado por un cocodrilo?".

A primera vista, la lección de este tipo de historia parece ser que el sujeto tenía razón contra la *doxa* del Otro: la verdad estaba del lado de su *idée fixe,* aunque su insistencia en ella amenazaba con excluirlo de la comunidad simbólica. No obstante, esa interpretación oscurece un rasgo esencial que se puede encarar a través de otra variación, ligeramente distinta, sobre el tema de la "alucinación realizada": el cuento corto de ciencia-ficción de Robert Heinlein titulado "They". Su héroe, confinado en un asilo para lunáticos, está convencido de que el mundo externo, la realidad objetiva, es una *mise-en-scène* gigantesca montada por "ellos" para engañarlo. Todas las personas que lo rodean participan de ese embuste, incluso su esposa. (El "había visto las cosas claramente" unos meses antes, al salir a dar un paseo de domingo con la familia. Ya estaba en el auto, afuera llovía, y de pronto recordó un pequeño detalle que lo obligó a volver a la casa. En ella miró casualmente por la ventana trasera del segundo piso: el sol brillaba, no estaba lloviendo... "Ellos" habían cometido un pequeño error, habían olvidado escenificar la lluvia también detrás de la casa.) Su benévolo psiquiatra, su afectuosa mujer, todos sus amigos intentan desesperadamente volverlo a la "realidad"; a solas con la esposa, ella le subraya el amor que le tiene, y él casi se deja engañar, creyéndole sinceramente, pero pronto prevalece su convicción de que todo ha sido montado con el objetivo de engañarlo... El final del cuento: después de separarse de él, la persona que se hacía pasar por la esposa informa a una instancia no identificada: "Hemos fallado con el sujeto X; aún duda, principalmente debido a nuestro error con el efecto lluvia: olvidamos escenificarlo detrás de la casa...".

En este caso, como en el de la broma sobre el cocodrilo, el desenlace no es interpretativo, no nos transpone a otro marco de referencia; al final, nos vemos devueltos al mismo principio: el paciente está convencido de que hay un cocodrilo debajo de la cama, y realmente lo hay; el héroe de Heinlein piensa que la realidad objetiva es una *mise-en-scène* organizada por "ellos", y la realidad objetiva realmente resulta ser una *mise-en-scène* organizada por "ellos"... En consecuencia, tenemos una especie de *encuentro exitoso*. La sorpresa final se debe al hecho de que queda abolida cierta brecha (que separa la "alucinación" de la "realidad"); este tipo de "cortocircuito" entre la ficción simbólica (los contenidos de la "alucinación") y la "realidad", define el universo psicótico. No obstante, sólo el segundo relato ("They") nos permite aislar el rasgo crucial del mecanismo que está operando: en él el engaño del Otro está ubicado en una instancia, en otro sujeto ("ellos"), que *no es engañado;* este sujeto que tiene y manipula los hilos del engaño propio del orden simbólico es lo que Lacan denomina "el Otro del Otro"; surge como tal, adquiere existencia visible, en la paranoia, en la forma del perseguidor que se supone domina el juego del engaño.

En esto reside el rasgo crucial: la desconfianza del sujeto psicótico respecto del Otro, su *idée fixe* de que el Otro (encarnado en su comunidad intersubjetiva) está tratando de engañarlo, tiene siempre y necesariamente el soporte de una creencia inconmovible en un Otro consistente, un Otro sin brechas, un "Otro del Otro" ("ellos" en el relato de Heinlein). Cuando el sujeto paranoico se aferra a esta creencia contra el Otro de la comunidad simbólica, de la "opinión común", de ese modo implica la existencia de un "Otro de este Otro", de un agente no engañado que tiene las riendas. Su error no consiste en su incredulidad radical, en su convicción de que hay un engaño universal; en ello tiene razón; el orden simbólico es en última instancia el orden de un engaño fundamental. Su error, por el contrario, reside en que con demasiada facilidad supone y cree en la existencia de una instancia oculta que manipula este engaño, tratando de embaucarlo y hacerle aceptar que, por ejemplo... "esa Mujer no existe". Esta sería entonces la versión paranoica del hecho de que "La Mujer no existe": ella sin duda existe, y su no existencia aparente no es más que el efecto del engaño montado por el Otro conspirativo, semejante a la pandilla de conspiradores de *La dama desaparece,* que tratan de embaucar a la heroína para que acepte que la dama que desapareció no existía en absoluto...

La dama que desaparece es entonces en última instancia la mujer con la que la relación sexual sería posible, la sombra elusiva de una La Mujer que no sería sólo otra mujer; por ello la desaparición de esta mujer es un medio para que la historia romántica de la película tome conocimiento de hecho de que "La mujer no existe" y que, por lo tanto, no hay relación sexual. El clásico melodrama hollywoodense de Joseph Mankiewicz titulado *Carta a tres esposas,* también un relato sobre una dama que desaparece, presenta esta imposibilidad de la relación sexual de otro modo, más refinado: la dama que desaparece, aunque nunca se la ve en la pantalla, está constantemente presente en la forma de lo que Michel Choin denominó *la voix acousmatique.*[1] La historia es introducida por la voz en *off* de Attie Ross, una *femme fatale* pueblerina, que les hace llegar una carta a tres mujeres que un domingo han salido de excursión al río. En la carta les dice que ese mismo día, mientras las tres están afuera, ella huirá con uno de sus esposos. Durante la excursión, cada una de las mujeres recuerda en *flash back* las dificultades de su matrimonio; cada una teme que haya escogido precisamente a su marido para huir, porque para ellas Attie representa la mujer ideal, una dama refinada que tiene ese "algo" que a ellas les falta, razón por la cual sus matrimonios no son "pícnics" (irónicamente, enfrentan el hecho en un pícnic). La primera esposa es una enfermera, una chica poco educada, ingenua, casada con un hombre rico al que conoció en el hospital; la segunda es una profesional activa y más bien vulgar, que gana mucho más dinero que el esposo, profesor y escritor; la tercera es una arribista de clase baja, que se casó sin ninguna ilusión de amor con un rico comerciante, sólo para obtener seguridad económica. La chica común ingenua, la esposa profesional, la arribista astuta: tres modos de introducir desarmonía en el matrimonio, tres modos de ser inadecuada en el rol de esposa, y en los tres casos Attie Ross aparece como "la otra mujer" que tiene lo que a ellas les falta: experiencia, delicadeza femenina, independencia económica...[2] Desde luego, el resultado es un final feliz, pero con un matiz interesante. Attie planeaba huir con el esposo de la tercera mujer, el rico comerciante, el cual, sin embargo, en el último momento cambia de opinión, vuelve a su casa y le confiesa todo a la esposa; aunque ella podría divorciarse de él y obtener una importante pensión por alimentos, decide perdonarlo, al descubrir que después de todo lo ama. Al final se reúnen las tres parejas, y desaparece la amenaza que pareció pesar sobre sus matrimonios. No obstante, la lección de la película es un poco más ambigua de lo que parece a primera vista. El final feliz no es nunca inmaculado, siempre implica algún tipo de renuncia: nos resignamos al hecho de que la mujer con la que vivimos no es nunca La Mujer, aceptamos la amenaza permanente de la desarmonía en la relación con ella, la posibilidad de que en cualquier momento aparezca otra mujer que encarne lo que pareciera faltar en esa relación. Lo que hace posible el final feliz, es decir, un retorno a la primera mujer, es precisamente la experiencia de que La Otra Mujer "no existe", de que en última instancia es sólo una figura fantasmática que llena el vacío de nuestra relación con una mujer. En otras palabras, el final feliz sólo es posible con la primera mujer: si el héroe optara por La Otra Mujer (cuyo caso ejemplar es desde luego la *femme fatal* del *cine negro*) necesariamente pagaría esa elección con la catástrofe, incluso con la muerte. Encontramos en este caso la misma paradoja que en la prohibición del incesto, es decir, la prohibición de algo que ya es de por sí imposible: La Otra Mujer está prohibida en la medida en que "no existe"; ella es mortalmente peligrosa debido a la discordancia fundamental entre su figura fantasmática y la Mujer "empírica" que, por azar, se encuentra ocupando ese lugar fantasmático. Es precisamente esta relación imposible entre la figura fantasmática de La Otra Mujer y la mujer "empírica" que se encuentra elevada a ese lugar sublime, y el terrible precio que ella tiene que pagar por esto, lo que constituye el núcleo mismo de otra obra de Hitchcock: *Vértigo.*

NOTAS

1. Sobre la noción de "acousmatique", cf. Michel Chion, *La voix au cinema,* París, *Cahiers du cinema,* 1982.

2. Sería interesante articular un paralelo detallado entre *Carta a tres esposas* y los *Cuentos de Hoffmann,* de Offenbach, en los que las tres historias que les cuenta Hoffman a sus compañeros de tragos también presentan tres modos de desarmonía en la relación sexual: el primer amor del poeta resulta ser una muñeca mecánica; el segundo es una mujer fácil y engañadora, y para la tercera lo más importante es su vocación de cantante (sigue cantando aunque sabe que, debido a su enfermedad, ello significará su muerte). No obstante, el elemento constitutivo crucial de la ópera es el marco que une esas tres historias: Hoffmann las relata a sus amigos mientras aguarda a su gran amor, una caprichosa *prima donna.* Mediante esta narración, en cierto modo él organiza el fracaso de su empeño amoroso, de modo que su derrota final da expresión a su verdadero deseo: cuando la *prima donna* llega a buscarlo después de haber actuado, lo encuentra totalmente ebrio, y se va con un rival del poeta.

5

El hombre detrás de su propia retina
Miran Božovič

To see you is to love you.

Bing Crosby

Amare tuum est videre tuum.

Nicolás de Cusa

La ventana indiscreta es un film sobre el goce del ojo (ese "apetito del ojo", como Lacan lo especifica en su *Seminario XI*)[1], y sobre la mirada, la forma de aparición del objeto *a (petit a)* dentro del campo visual, funcionando como el objeto del apetito.

La película se inicia con la cámara que se aproxima directamente a la ventana, y se detiene sobre el alféizar, es decir, cuando el panel medio de una ventana batiente cubre literalmente la pantalla. Ese es un momento de identificación completa entre lo que se ve desde la habitación y lo que ve la audiencia: vemos todo lo que puede verse desde el cuarto; quien quiera esté en el cuarto, está ahora, por así decirlo, en la audiencia, y en este sentido es como si hubiéramos entrado en su habitación. Después de que la visión desde la habitación se ha fusionado con la nuestra, la cámara recorre lentamente el patio, de derecha a izquierda; podría decirse que esa toma corresponde a nuestro primer movimiento ocular como ojo gigante que se abre y mira en torno.

El movimiento directo de la cámara hacia la ventana, del que resulta la coincidencia de la ventana como ojo gigante con el "ojo" de la cámara (es decir, con nuestro propio ojo), describe desde atrás una fusión de dos miradas, la nuestra y la de Jeff, una fusión que puede verse (esta vez desde el frente) en *El hombre equivocado,* cuando el rostro del verdadero transgresor se fusiona con el rostro de Henry Fonda; también la vemos en *Psicosis*, cuando la morbosa sonrisa de Norman revela los dientes apretados, es decir, el momento en que su madre muerta comienza a ver por medio de los ojos de él.

El hecho de que la ventana a través de la cual miramos funciona prácticamente como un ojo es evidente en cuanto la habitación en sí funciona como una *cámara oscura:* lo que se despliega en la habitación, de este lado de la ventana, es precisamente la imagen invertida de lo que se despliega más allá de la habitacion del departamento que está en el lado opuesto del patio, es decir, el departamento de los Thorwald. Como Hitchcock le dijo a Truffaut: "En un lado del patio tenemos la pareja de Stewart y Kelly, en la que él está inmovilizado por su pierna enyesada, mientras que ella se puede mover. Y en el otro lado hay una mujer enferma confinada en su lecho, mientras el esposo entra y sale".[2] Ambos inválidos son análogamente víctimas de sus parejas que pueden moverse; así como Lars sella el destino de su esposa, Lisa introduce a Jeff en los planes de ella; también es Lisa quien cruza el patio para entrar en el departamento de Thorwald, y es Thorwald quien llega al departamento de Jeff desde el lado opuesto.

Como espectadores, estamos ubicados detrás de la retina del ojo gigante, viendo las imágenes invertidas que aparecen en él, es decir que, junto con Jeff, ocupamos el lugar del barbudo que aparece en el grabado de la *Optica* de Descartes, situado en una habitación totalmente oscura. Insertado en el agujero de la pared frontal está "el ojo de una persona que acaba de morir" y, si no se cuenta con un cuerpo humano o por lo menos una cabeza que acabe de disecarse, basta "el ojo de un buey o algún otro animal grande".[3] El ojo muerto mira diversos objetos iluminados por el sol. La luz entra en la habitación sólo a través de ese ojo. En la parte de atrás del ojo, dice Descartes, "se verá allí, quizás no sin admiración y placer, una imagen que representa en la perspectiva natural todos los objetos de afuera",[4] es decir, del mundo externo.

Este experimento, dice Descartes, confirma que "los objetos a los que miramos imprimen imágenes totalmente perfectas de ellos en la parte de atrás de nuestros ojos",[5] es decir que las imágenes retinianas representan adecuadamente a los objetos del mundo externo. Descartes cree con firmeza que podemos asegurarnos de esto con nuestros propios ojos. ¿De qué manera? Sencillamente, saliendo de la habitación oscura y comparando los objetos del mundo externo con las imágenes retinianas que acabamos de ver en la parte de atrás del ojo muerto.

Innecesario es decir que el experimento fracasa, puesto que la imagen retiniana nunca puede compararse con el objeto, con la cosa en sí: en síntesis, porque una imitación, una copia, nunca puede compararse con el original. Sólo podemos comparar *nuestra* imagen retiniana del objeto con *nuestra* imagen retiniana de la imagen del objeto proveniente de la retina del ojo muerto. Por lo tanto, la admiración de Descartes es inane, y su placer totalmente injustificado: en términos estrictos, estamos constantemente en una habitación como la del barbudo de Descartes; nuestro ojo *es* esa habitación a oscuras. Nunca podemos salir, sino que estamos eternamente entrampados en un cuarto en el que sólo tenemos trato con nuestras imágenes retinianas, y nunca con las cosas mismas: cualquier comparación de nuestras imágenes retinianas con las cosas en sí, con los objetos, o de las imitaciones y copias con los originales, es ilusoria.

La ventana indiscreta representa, precisamente, esta imposibilidad de salir del mundo de las imitaciones, las copias y los simulacros. La habitación de estar de Jeff, con sus paredes llenas de fotografías (imitaciones, copias, simulacros), esa habitación de la que Jeff no puede salir y en la que está confinado, corresponde al cuarto de Descartes, al ojo como habitación a oscuras. Condenado a ese mundo de simulacros, Jeff es entonces un hombre que vive detrás de su propia retina. El mundo externo se ha convertido en un espectáculo a sus ojos. El hecho de que todo lo que se despliega más allá de la ventana de Jeff es un espectáculo, surge implícitamente con claridad al comienzo del film, cuando vemos subir lentamente cortinas de bambú, una detrás de otra, que revelan la escena, como en un teatro cuando se alza el telón. Nuestra comprensión como espectáculo de la escena que está más allá de la ventana de Jeff, se ve reforzada por la observación de Lisa mientras baja las cortinas: "Terminó el *show* por esta noche". De ese modo nos desconecta de la acción que transcurre en el escenario. ¿Cuál es el significado de esta metáfora teatral? Para nosotros, los espectadores, se ha alzado el telón y comienza el espectáculo: en nuestros ojos, es espectáculo tanto lo que se despliega de este lado de la ventana como en el otro lado. Por esa razón, su significado sólo podría ser que todo lo que se despliega más allá de la ventana *es también un espectáculo a los ojos del que está en la habitación de este lado de la ventana.*

La sugerencia de Stella en cuanto a que "lo que la gente tiene que hacer es salir de su casa y buscar un cambio", a lo que de inmediato añade "nos hemos convertido en una raza de mirones perversos", podía ser comprendida por Jeff como una simple demanda de que se viera viéndose en el objeto visto, en el *tableau vivant* que observa por la ventana.

Como Jeff está atrapado en su habitación oscura, en su propio ojo, en términos estrictos ocupa el punto de vista absoluto, es decir, el punto de vista sobre el que no puede tener otro punto de vista exterior: desde allí no se puede ir a ningún lado, sencillamente no es posible retroceder y observar el punto de vista desde el cual acabamos de mirar. El punto de vista absoluto es un punto de interioridad que nunca puede externalizarse, un punto desde el cual siempre miramos de adentro hacia fuera, un punto que no es posible abandonar, un punto desde el cual somos incapaces de vernos, y sólo podemos observar a los otros; en síntesis, un punto en el cual no podemos ser más que voyeurs.

Otro voyeur de reputación escandalosa, Norman Bates, ha captado esta condición como sigue:

> "Pienso que todos estamos en nuestras trampas privadas, sujetos en ellas. Y ninguno de nosotros puede liberarse. Arañamos y rasguñamos, pero sólo en el aire, sólo nos arañamos y rasguñamos entre nosotros. Y, a pesar de todo, no nos movemos ni un centímetro."

Esa situación intolerable de estar atrapado en nuestro propio cuerpo, en nuestros propios ojos, es decir, la insoportable experiencia del punto de vista absoluto, está reforzada por el hecho de que Jeff no puede abandonar su silla de ruedas a causa de la pierna enyesada. Refiriéndose a su yeso como un "capullo de yeso" del que le gustaría salir, se percibe a sí mismo como un gusano atrapado en una vaina de seda. La comparación con insectos es definidamente no casual, puesto que el punto de vista absoluto se encarna fundamentalmente en los insectos. Los insectos no sólo no pueden verse a sí mismos, a su propio cuerpo:[6] algunos ni siquiera pueden mirar hacia adelante; debido a la estructura de sus ojos compuestos, sólo ven un cierto objeto —por ejemplo, una vela— desde un cierto ángulo. Esa es la razón de que su vuelo parezca carecer de meta: para llegar a la fuente de luz, tienen que ajustar su senda a ese ángulo constante, y sólo con un desplazamiento en espiral llegan a destino.[7] Es obvio que estos insectos perciben la senda en espiral como "recta", "directa", como el camino "más corto" a la fuente de luz, y uno se pregunta si no los aturdiría volar directamente hacia adelante. Los bichos son, sin duda, los que experimentan del modo más penoso la verdad de la afirmación de Lacan: "Sólo veo desde un punto, pero en mi existencia soy mirado desde todas partes",[8] enunciado éste que no es más que una paráfrasis de la insoportable experiencia del punto de vista absoluto.

Estrictamente hablando, la sugerencia de Stella no es más que una paráfrasis platónica del oráculo délfico "conócete a ti mismo": supongamos, dice Platón, que "en lugar de hablarle a un hombre, ella [es decir, la inscripción délfica] le da al ojo de cada uno de nosotros el consejo de 'mírate a ti mismo'".[9] ¿Cómo sería posible seguirlo, puesto que el ojo no puede verse a sí mismo?[10] El ojo, dice Platón debe mirar a cierto objeto, y al hacerlo, verá el objeto y también se verá a sí mismo. Este objeto particular es precisamente el ojo de algún otro, es decir, el tercer ojo: en cuanto el ojo lo mire, "se verá viendo". El ojo sólo puede verse en la pupila del tercer ojo, es decir, "en la cosa con la cual *ve*". En las palabras de Platón:

"[...] para que un ojo se vea debe mirar a un ojo, y a la región de ese ojo en la cual se encuentra que está la virtud del ojo [es decir, la vista]".[11]

Se diría que Jeff ha tomado la sugerencia de Stella al pie de la letra, es decir, como una paráfrasis platónica del oráculo délfico. Desde ese instante busca ese objeto particular, el tercer ojo, en el que podría "verse viendo" en el punto desde el cual el objeto en sí, el ojo, lo mira a él.

La ventana de la sala de estar de Thorwlad, que funciona como un ojo, se ofrece como ese objeto particular en el lado opuesto del patio. ¿Cómo puede una ventana funcionar como un ojo? ¿Cómo puede una ventana mirarnos a nosotros?

Recordemos el análisis de "la brecha entre el ojo y la mirada" en *El ser y la nada* de Jean Paul Sartre. Sartre dice que "lo que más a menudo manifiesta la mirada es la convergencia de dos globos oculares en mi dirección", y continúa:

"Pero la mirada se dará también cuando haya un crujido de ramas, el sonido de pasos seguido por el silencio, la leve apertura de una persiana, o el ligero movimiento de una cortina. Durante un ataque, los hombres que se arrastran entre matorrales aprehenden como *una mirada que hay que evitar*, no dos ojos, sino una casona blanca que se recorta contra el cielo en la cima de una pequeña colina. [...] Ahora bien, el matorral, la casona, no son la mirada; sólo representan al *ojo*, pues el ojo no es aprehendido como un órgano sensorial de la visión sino como el soporte de la mirada. Por lo tanto, nunca remiten al ojo real del observador oculto detrás de la cortina, detrás de la ventana de una casona. *Ya son ojos en sí mismos.* Por otra parte, la mirada no es una cualidad entre otras del objeto que funciona como ojo, ni tampoco es la forma total de ese objeto, ni una relación 'mundana' establecida entre ese objeto y yo. Por el contrario, lejos de percibir la mirada *en* los objetos que la manifiestan, mi aprehensión de la mirada dirigida a mí aparece sobre la base de la destrucción de esos ojos que 'me miran'. Si aprehendo la mirada, dejo de percibir los ojos..."[12]

O bien, para decirlo como Lacan, que en su *Seminario I* resume a Sartre,

"Puedo sentirme bajo la mirada de alguien cuyos ojos no veo, ni siquiera discierno. Basta con que algo signifique para mí que allí puede haber otros. Esta ventana, si se oscurece un poco, y tengo razones para pensar que hay alguien detrás de ella, es inmediatamente una mirada."[13]

Tanto Sartre como Lacan evocan una escena, pero hay una diferencia crucial entre ellos: la ventana, según Sartre, es un ojo y no una mirada, mientras que según Lacan es una mirada. Pero la escena que evocan tanto Lacan como Sartre corresponde exactamente a la escena en la cual Jeff mira la oscuridad de la ventana de Thorwald.

La idea de una ventana que funciona como un ojo o una mirada, no le era desconocida a Hitchcock: la desarrolló en la década de 1920 en *El inquilino*. En una cierta toma de un camión de noticias que se aleja, vemos las cabezas del conductor y su acompañante por las ventanillas ovales de la parte de atrás del vehículo, es decir, a través de *ventanas traseras*. Las dos cabezas, esas dos manchas oscuras, se recortan detrás de las ventanillas ovales iluminadas, que hacen que parezcan ojos. Cuando el camión se balancea, también lo hacen las cabezas en las ventanillas ovales, y como se mueven más o menos simultáneamente, parecen globos oculares desplazándose en la cuencas. Entonces, toda la parte trasera del camión se asemeja a un rostro.[14]

¿Dónde está, según Lacan, la mirada del otro en la escena del cigarrillo encendido en la profundidad de la ventana de Thorwald, y dónde está según Sartre?

Según Sartre, esa mirada no está en el objeto que la manifiesta, no en la ventana que nos mira, e incluso menos detrás del objeto, en la profundidad de la ventana, sino *adelante de ella*. Lo que dice Sartre es que "la mirada del otro oculta sus ojos; parece estar *delante de ellos*".[15] En síntesis, la mirada está sobre mí, que, en el instante en que la ventana me devuelve mi mirada, he pasado de ser el sujeto de la mirada, un voyeur, a ser el objeto de la mirada del otro, un voyeur visto. Según Sartre, no podemos ver la mirada fija en nosotros si no logramos aprehenderla sobre nosotros, y la aprehendemos al costo de estar ciegos al objeto que la manifiesta, a la ventana/ojo que nos mira. Detrás del hecho de que para aprehender la mirada fija en nosotros se requiere estar ciego al objeto que la manifiesta, a la ventana/ojo que nos mira, hay un razonamiento elemental: según Sartre, no podemos percibir simultáneamente el mundo y aprehender la mirada fija en nosotros —sólo nos es posible una cosa o la otra—. Por eso, dice Sartre, *percibir el mundo es mirarlo*, y aprehender la mirada fija en nosotros no es aprehender la mirada-como-objeto, es ser consciente de *ser mirado*.[16] Como sujeto de la mirada, yo puedo también ver la mirada del otro, la mirada del otro también puede ser el objeto, en cuanto ella no se dirija a mí: si esto ocurre, el objeto ya no es más la mirada del otro, soy yo mismo, el sujeto de la mirada, quien se convierte en el objeto de la mirada del otro. Es cierto que una vez que he aprehendido la mirada dejo de ver el ojo que me mira, y viceversa: en cuanto veo el ojo, la mirada desaparece, quedan los ojos y quizá no vea que el otro me está mirando.

De modo que, según Sartre, Jeff habría tenido que optar entre dos alternativas (él ve la ventana porque ella no le devuelve la mirada, o la ventana lo mira y él no puede verla mirando), mientras que, según Lacan, Jeff puede ver al mismo tiempo la ventana y la mirada que la ventana le dirige: la ventana está escindida en ella misma y la mirada *más allá, detrás*, como una mancha *en* la ventana. Más bien que la ilusión platónica del autorreflejo perfecto (que Jeff "viéndose se vea" en la ventana, en este tercer ojo, en el punto de la mirada del otro, en el punto desde el cual la ventana misma le devuelve la mirada), él ve la mancha, es decir, el cigarrillo encendido en la ventana.

Jeff ve la ventana, pero la ventana ya estaba mirándolo; le devuelve la mirada desde el punto desde el cual él no puede verla, desde el punto al que él es, por así decir, ciego, debido al punto de vista que él encarna: "Nunca puedo ver adecuadamente, nunca puedo incluir en la totalidad de mi campo visual, el punto del otro desde el cual me devuelve la mirada".[17]

La ventana de Thorwald le devuelve la mirada a Jeff, "le concierne *[le regarde]*", de un modo diferente que cualquier otra ventana del patio. Si cualquier otra ventana le devolviera la mirada, probablemente él se convertiría en un objeto en el momento de aprehender esa mirada. En la terminología sartreana, su actitud respecto de todas la ventanas, *salvo la de Thorwald*, es la de un "sujeto que se nihiliza". La ventana de Thorwald le devuelve la mirada de un modo distinto, porque Jeff también la ve de un modo distinto. En ella hay algo que le intriga, algo de lo que carecen todas las otras ventanas, algo que es "en la ventana más que la ventana misma" y que siempre ha tenido que ver con él –en síntesis, el objeto causa de su deseo–. *Frente a la ventana, Jeff sólo puede verse como el sujeto del deseo.*

Jeff podría haber enfrentado antes su deseo, es decir, al caer en la desesperación después de que el detective Doyle lo convenciera de que Thorwald tenía las manos limpias. En ese momento podría haber reconocido su deseo por la vía de la elemental "mecánica de las pasiones" cartesianas, según la cual la desesperación siempre refleja un deseo, y también por la vía de la fórmula lacaniana según la cual "el deseo de un hombre es el deseo del Otro".[18] Según Descartes, la desesperación es sólo la angustia extrema que experimentamos al comprender que "hay [...] pocas perspectivas de que logremos lo que deseamos".[19] ¿Cómo había tenido Jeff su deseo en la palma de su mano? Según las palabras de Lisa, él se "hundió en la desesperación" cuando fue evidente que "el hombre no mató a su esposa": como el deseo es el deseo del Otro, la desesperación de Jeff porque *hay pocas perspectivas de que Thorwald logre lo que desea* (es decir, de que Thorwald realice su deseo, matar a la mujer), refleja el *propio deseo de Jeff* de desembarazarse de Lisa, de un modo u otro.

Más que reconocer su deseo, Jeff persiste en ser un sujeto que se nihiliza. No sólo ciego a su deseo, moraliza incluso sobre el voyeurismo, precisamente como lo hace el voyeur de Sartre, es decir, el individuo que, mientras atisba por una cerradura, es sorprendido por la mirada del otro: probablemente no sea una coincidencia que Stella se refiera al largavista de Jeff como a una "cerradura portátil". ¿Cómo moraliza exactamente el *voyeur vu* de Sartre? Lo que le he estado haciendo a otras personas, ellas también pueden hacérmelo a mí –como voyeur, yo mismo puedo ser visto–. Al mirar a otro sujeto, me esfuerzo por determinarlo como objeto, pero ese sujeto puede a su vez negarme el estatuto de sujeto y determinarme como objeto. Entonces yo seré el objeto que el otro mira y juzga, y aparecer en los ojos del otro como un objeto hace que me avergüence. En una palabra, "ser-visto-por-el-otro" es la verdad del "ver-al-otro",[20] dice Sartre.

¿Y Jeff? "Me pregunto si es ético observar a un hombre con binoculares y un largavista. [...] Desde luego, ellos pueden hacerme lo mismo a mí, observarme como a un insecto debajo de un vidrio, si es que lo desean." Jeff ha estado observando a sus vecinos como lo haría un entomólogo que estudia insectos con su lupa, y en ese momento toma conciencia de que ellos podrían haber hecho lo mismo con él, es decir, observarlo como a un insecto debajo de un vidrio. Por lo tanto, en esta perspectiva sartreana, Jeff es un predador consciente de que su presa puede a su vez convertirse en predadora, y él en presa.

Sin embargo, en el momento en que la mancha lo mira desde la ventana, él, como predador, se convierte en *su propia presa*. Presa de su propia mirada, como el entomólogo que se vuelve presa de su propia mirada cuando uno de sus especímenes, a su vez, le devuelve su mirada desde sus manchas oculares. Según Lacan, el mimetismo no es sólo un espectáculo que los insectos montan para la mirada del otro; por medio de las manchas oculares en las alas, los insectos *reproducen, por así decirlo, la mirada del otro*.

De modo que, aunque lo tuvo en la palma de su mano, Jeff no ha reconocido su deseo. Como hemos visto, pudo haberlo alcanzado fácilmente retroactuando a partir de su desesperación. Así, debe enfrentarlo literalmente cuando la ventana le devuelve la mirada. Esa mancha, ese punto desde el cual la ventana a su vez lo mira, es el cigarrillo encendido en la oscuridad.

La mancha hitchcockiana en su forma más pura se encuentra en la fotografía del accidente de la carrera automovilística que vemos al principio. Esa fotografía prácticamente condensa el cuadro *Los embajadores*, de Holbein. Como en la pintura de Holbein, vemos en la foto un objeto singular que está literalmente suspendido, un objeto que "no calza", que "resalta". Como la calavera de Holbein, este objeto es también oblicuo, agrandado y ligeramente desdibujado. Pero la calavera anamorfótica de Holbein nunca puede verse de frente, sino sólo desde un ángulo específico –de modo que ya presupone el punto de vista de un insecto–, mientras que en la fotografía de *La ventana indiscreta* el objeto oblicuo, distorsionado, convierte al propio Jeff en un insecto. Es decir que la mancha en el cuadro de Holbein puede ser captada desde cierto ángulo como la cabeza de un muerto, mientras que Jeff, al observar la mancha que vemos en la foto, enfrentaba literalmente, ojo a ojo, la muerte en sí: esa mancha bien podría ser lo último que Jeff vea. Frente a la mancha –que, desde luego, es la rueda girando que vuela directamente hacia la cámara, hacia el fotógrafo– Jeff probablemente se habría asemejado a una rata dando caza a una polilla, la cual, abriendo las alas, le devolvería la mirada de una lechuza –es decir, reproduciría lo último que la rata ve.

Así como la rueda girando no podía observarse desde una distancia segura, así como socavaba la posición del fotógrafo en tanto observador "neutral", "objetivo", en una palabra, así como la rueda es el punto en el que Jeff ya está apresado en la fotografía, el punto en que es fotografiado él mismo como fotógrafo (según Lacan, la mirada que está afuera, del lado del objeto visto, es "el instrumento a través del cual [...] yo soy *foto-grafeado*"),[21] del mismo modo el cigarrillo encendido es el punto en el que Jeff, como voyeur, ya está incluido en el objeto visto, en la ventana. Así como la rata ya está incluida en la mirada de las manchas oculares de la polilla –a los ojos de los predadores que no dan caza a la polilla, esas manchas oculares son desde luego "ciegas"–, así Jeff ya está incluido en la mirada de la ventana de Thorwald: a los ojos de esos *voyeurs* (es decir, los ocupantes de los departamentos del cuarto, el lado "olvidado"),[22] que más que atisbar a un anciano carente de interés prefieren a una joven y atractiva "miss Torso", la ventana de Thorwald es desde luego "ciega".

Por lo tanto, una mancha ocular de polilla está hecha para "ver" sólo a los ojos de la rata predadora de ese insecto; la ventana de Thorwald está destinada a "ver" sólo los ojos del atisbar interesado de Jeff. En síntesis, *la mancha sólo le puede devolver la mirada al sujeto del deseo*. Sólo el sujeto del deseo, el sujeto deseante, puede ver que la mancha le devuelve la mirada, puesto que ella materializa precisamente el objeto-causa de su deseo, es decir, la X incomprensible que "concierne *[regarde]*" al sujeto, que anima su deseo. La mancha no puede estar hecha para "ver" a los ojos del "sujeto que se nihiliza" sartreano; en ese caso la confrontación ojo a ojo entre el ver del sujeto y la mirada de la ventana es imposible: si el sujeto ve la ventana, esta última, precisamente debido a que el sujeto la ve, no puede devolverle la mirada, y viceversa.

Ya hemos mencionado que Jeff, que aguarda con impaciencia el día en que se librará del yeso, se ve como un gusano atrapado en un capullo. Más precisamente, Jeff se ve como un insecto que padece el proceso de la transformación, la metamorfosis en la forma adulta, que sale del capullo como polilla o mariposa. Esta metáfora entomológica no es en modo alguno casual. Desde la antigua Grecia hasta el día de hoy, en el tema de la transformación de los insectos y, en particular de la metamorfosis de una crisálida en mariposa, ha habido algo fascinante, pero ominoso y siniestro. En la poesía griega, según lo ha señalado D'Arcy W. Thompson, "las alusiones a las mariposas son escasas y raras".[23] Incluso en la actualidad, algunos entomólogos (por ejemplo, Pierre Louis)[24] se sienten perplejos ante el hecho, aparentemente inexplicable, de que el primer entomólogo, Aristóteles, en sus *Investigaciones zoológicas* (en las cuales, como regla, la mayoría de las especies reciben una descripción exhaustiva, detallada), al referirse a la metamorfosis de la crisálida en mariposa se encuentra falto de palabras.

¿Qué es lo que en este tema resulta tan fascinante pero ominoso y siniestro? Consideremos la descripción que hace Aristóteles de la evolución de la mariposa a partir de la crisálida, según la interpreta D'Arcy W. Thompson. Por una parte, la crisálida, que no come, yace rígida e inmóvil; está, por así decirlo, muerta; la crisálida es un cadáver, lo cual surge con evidencia del nombre griego, *nekydallos,* "pequeño cadáver". Por otro lado, la mariposa que emerge al cabo de cierto período se llama *psyché*, el alma.[25] Lo que paralizaba a Aristóteles al observar la metamorfosis de la crisálida en mariposa, era que estaba viendo literalmente al alma abandonar el cuerpo muerto.

En *The Silence of the Lambs*, de Thomas Harris, encontramos una fascinación similar con la metamorfosis de la crisálida en mariposa, que no puede captarse completamente sin referencia al texto de Aristóteles. En esta novela, un transexual al que se le ha negado cirugía de cambio de sexo debido a su pasado delictivo, se convierte en asesino en serie de mujeres. ¿Por qué? Al negársele la cirugía transexual, de hecho se le había negado *la transformación del cuerpo*, que habría seguido animado por una y la misma alma, así, el elige la única alternativa posible, *la transmigración del alma* de un cuerpo al otro.

El mata mujeres con la intención de habitar el cuerpo de ellas. En la boca de sus víctimas desolladas, él introduce la crisalida de un insecto: la polilla "cabeza de muerto". A sus ojos, la víctima es entonces sólo una crisálida aparentemente muerta, que al cabo de cierto lapso volverá a la vida como polilla, mientras que él, vestido con la piel de ella, en el momento en que la polilla salga volando de la boca de la víctima, entrará a habitar su cuerpo, *se transformará en mujer*. Además, al intervenir en el ciclo de transformación, el asesino ha cometido "el crimen perfecto": el alma de la víctima vivirá como una polilla con el dibujo de una calavera en su dorso, mientras que él, habiendo renunciado a su propio cuerpo, en adelante animará el cuerpo de ella.

¿Cómo hay que entender en *La ventana indiscreta* este tema de la transformación, de la metamorfosis de los insectos? Por lo menos, de tres maneras entrelazadas.

Primero. La metamorfosis de los insectos se puede entender como una alegoría de la Resurrección. Así se la ha interpretado con la mayor frecuencia. Por ejemplo, en Malebranche: del mismo modo que la oruga se encierra en su tumba y aparentemente muere, recobrando la vida al cabo de cierto tiempo, sin que su cuerpo se desintegre, Cristo murió y resucitó sin que su cuerpo haya estado sometido a la corrupción; así como la oruga deja de arrastrarse sobre el suelo y vuela como mariposa (según Malebranche, ha cobrado vida en "un cuerpo enteramente espiritual", un cuerpo que es en sí mismo un alma, es decir, mariposa, *psyché*), también Cristo deja de "reptar" por Judea y asciende al cielo, etc.[26]

A juzgar por la imagen de la rueda girando que vuela directamente a la cámara y fotografiada en el último momento, Jeff estaba mirando cara a cara a la muerte; por así decirlo, ya estaba muerto, pero sobrevivió milagrosamente. Incluso a sus ojos está claro que, liberado de su yeso, se levantará de entre los muertos, pues el yeso es para él lo mismo que un capullo para Malebranche: *una tumba* (en un momento dado vemos en el yeso el siguiente "epitafio": "Aquí yacen los huesos rotos de L. B. Jefferies").

Segundo. Ya hemos dicho que Jeff (inmovilizado por su yeso —es decir, su capullo— en una silla de ruedas, confinado en su sala de estar, condenado a un mundo de fantasía) representa la metáfora del entrampamiento del hombre en su propio cuerpo, en sus propios ojos: los objetos del mundo externo nunca podrán verse inmediatamente, en sí mismos, sino siempre a través de las imágenes retinianas, etc. Una cierta tradición filosófica ha concebido con los mismos lineamientos la inaccesibilidad de los objetos del mundo externo; recordemos de nuevo a Malebranche: la razón de que nuestra alma "no vea [los objetos] en sí" reside en el hecho de que "no es probable que [ella] deje el cuerpo y se pasee [...] para observar todos esos objetos".[27] Así como en la fantasía de Malebranche el alma no entrampada en el cuerpo se pasearía y contemplaría los objetos del mundo externo, de otro modo inaccesibles en sí mismos, del mismo modo Jeff, una vez liberado de su yeso —como la mariposa de su capullo, o el alma de su cuerpo– abandona su mundo de fantasía sellado, es decir, el mundo de las imitaciones, las copias, los simulacros, encarnado en su habitación, para entrar en el mundo real antes inaccesible, mezclarse con la gente, etcétera.

Tercero. El mismo tema de la transformación de los insectos da la clave de la crítica hitchcockiana del vouyerismo.

Una vez más Jeff es una crisálida, y "la significación de la crisálida", como lo observa el doctor Hannibal Lecter, el psiquiatra de *The Silence of the Lamb*, "es el cambio".[28] De modo que a Jeff le aguarda un cierto cambio. Por el momento, él es Gregorio Samsa cuando se va a dormir y todavía no ha sufrido un cambio sorprendente y desagradable. ¿Qué cambio? La transformación en un insecto adulto, sexualmente maduro, alado; en una palabra, la transformación en una *imago*.

Gregorio Samsa y Jeff despertarán como *imago*. Gregorio Samsa despertó como un bicho gigante, mientras que Jeff "despierta" como una imagen, un cuadro (que es precisamente el significado original de la palabra latina *imago*) o, más exactamente, se encontrará *en* el cuadro como una parte del *tableau vivant* que estaba viendo; como espectador se descubrirá entre los actores, se convertirá en parte del espectáculo que estaba siguiendo.

Esta transformación del voyeur en el cuadro, del espectador en el espectáculo, se realizará con la ayuda de alguien que acaba de salir del cuadro y del espectáculo: Thornwald, que arroja a Jeff por la ventana. Incluso el propio Jeff tiene conciencia del hecho de que caer por la ventana en realidad significa caer en el cuadro, en el espectáculo: esto es evidente en su defensa aparentemente absurda. El se defiende de su atacante disparándole flashes en los ojos, cegándolo temporariamente. Por lo tanto, *él no quiere ser visto*, no quiere convertirse en parte del cuadro, del espectáculo, sino que intenta desesperadamente conservar su posición de espectador. Al mismo tiempo se cubre los ojos con la mano, para no ver. Para no ver, ¿qué? Precisamente que, sin embargo, Thornwald está mirándolo, que *él es visto:* en síntesis, que ya forma parte del cuadro.

De modo que Thornwald se limita a llevar a cabo lo que ya había sucedido, aunque Jeff no tenía conciencia de ello. Si es cierto que el cuadro estaba en sus ojos, no es menos cierto que él mismo ya estaba en el cuadro.[29]

En esto consiste la crítica hitchcockiana del voyeurismo, tal como se articula en *La ventana indiscreta: el propio voyeur ya está en el cuadro*, se busca a sí mismo, busca su propia mirada en el cuadro, está fascinado por su propia presencia, por su propia mirada en él. Lo que atrae su atención en el cuadro es la mancha que quiebra la coherencia, y él está presente en ese cuadro precisamente como la mancha: "si soy algo en el cuadro, siempre lo soy en la forma de la pantalla, que antes he denominado la mancha",[30] dice Lacan. Si el cuadro fuera coherente, si no contuviera ninguna mancha, el voyeur probablemente no la advertiría. Más bien que por el cuadro en sí, por su contenido, el voyeur es fascinado por su propia presencia, por su propia mirada en aquél.

Para que el voyeur exista, debe haber alguna mancha en el cuadro. Si la mancha fuera obliterada, el sujeto mismo quedaría borrado. El sartreano "sujeto que se nihiliza" existe en la medida en que la ventana *no está* mirándolo a él: la mirada del otro lo objetivaría, volvería a convertirlo en una masa inerte de en-sí, mientras que el sujeto del deseo existe en cuanto la mancha *está* mirándolo. Esta situación del sujeto del deseo que enfrenta a la mancha es descrita a la perfección por las palabras de Nicolás de Cusa, quien, frente a un icono de Dios, tan hábilmente pintado que seguía mirándolo fuera cual fuere el lugar en que él se colocaba, declaró: "Yo soy porque Tú no me miras, y si Tú no apartas Tu mirada de mí, dejaré de ser".[31]

La trampa que Hitchcock montó para Jeff, así como para nosotros, los espectadores, podría entonces compendiarse con la fórmula de la crítica lacaniana del voyeurismo: *"¿Quieres ser? Bien mira... ¡Mira tu propia mirada!"*.

NOTAS

1. Jacques Lacan, *The Four Fundamental Concepts of Psycho-Analysis,* Harmondsworth, Penguin Books, 1986, pág. 115.
2. François Truffaut, *Hitchcock,* Londres, A Panther Book, 1969, pág. 267.
3. *The Philosophical Writings of Descartes,* vol. I, trad. de J. Cottingham, R. Stoothoff y D. Murdoch, Cambridge, Cambridge University Press, 1989, pág. 166.
4. Ibíd.
5. Ibíd.
6. Jean-Paul Sartre, *Being and Nothingness,* trad. de H. E. Barnes, Londres, Methuen, 1966, pág. 358.
7. Cf. D'Arcy W. Thompson, *On Growth and Form*, Cambridge, Cambridge University Press, 1984, pág. 178.
8. Lacan, *op. cit.,* pág. 72.
9. Platón, *Alcibiades I*, 132 d (trad. de W. R. M. Lamb), The Loeb Classical Library, Londres, William Heinemann, 1964, pág. 209.
10. Cf. Aguste Comte: "El ojo no puede verse a sí mismo"; citado por Sartre, *op. cit.,* pág. 316.
11. Platón, *Alcibiades I*, 133 b, *op. cit.,* pág. 211.
12. Sartre, *op. cit.,* págs. 257-8.
13. Jacques Lacan, *The Seminar, Book I: Freud's Papers on Technique,* Cambridge, Cambridge University Press, 1988, pág. 215.
14. Cf. F. Truffaut, *op. cit.,* págs. 50-1.
15. Sartre, *op. cit.,* pág. 258.
16. Cf. ibíd.
17. Slavoj Žižek, *Looking Awry: An Introduction to Jacques Lacan through Popular Culture,* Cambridge (Ma), MIT Press, 1991, pág. 114.
18. Jacques Lacan, *The Four Fundamental Concepts of Psycho-Analysis, op. cit.,* pág. 115.
19. René Descartes, *The Passions of Soul, op. cit.,* pág. 351.
20. Cf. J. P. Sartre, *op. cit.,* págs. 228, 257, 261.
21. J. Lacan, *op. cit.,* pág. 106.
22. Ver Michel Chion, *La Voix au Cinema,* París, Cahiers du cinema, 1982.

23. D'Arcy W. Thompson, "Aristotle the Naturalist", en *Science and the Classics,* Oxford, Oxford University Press, 1940, págs. 62-3.

24. Cf. Pierre Louis, *Aristote: La decouverte de la vie,* Hermann, París, 1975, pág. 117.

25. Cf. D'Arcy W. Thompson, *loc. cit.*

26. Cf. Malebranche, *Entretiens sur la métaphysique et sur la religion,* comp. de A. Robinet, *Oeuvres completes,* XII-XIII, París, Vrin, 1984, pág. 274.

27. Malebranche, *The Search after Truth,* Libro III, Parte 2, cap. 1, trad. de Lennon, T. M. y Olscamp, P. J., cita tomada de *Berkeley,* Milton Keynes, The Open University Press, 1986, pág. 79.

28. Thomas Harris, *The Silence of the Lambs,* Londres, A Mandarin Paperback, 1991, pág. 157.

29. Cf. Lacan, *op. cit.,* pág. 96: "Sin duda, en las profundidades de mi ojo, está pintado el cuadro. El cuadro, por cierto, está en mi ojo". La oración siguiente dice "Mais moi, je suis dans le tableau"; Alan Sheridan la traduce incorrectamente al inglés como "Pero yo no estoy en el cuadro", mientras que debería ser "pero yo, yo estoy en el cuadro".

30. J. Lacan, *op. cit.,* pág. 97.

31. Nicolás de Cusa, *The Vision of God,* trad. de Gurney-Salter, en *The Portable Medieval Reader,* comp. de J. B. Ross y M. M. McLaughlin, Harmondsworth, Penguin Books, 1978, pág. 686.

El hombre correcto y la mujer equivocada

Renata Salecl

Al explicar el fracaso de *El hombre equivocado*, las interpretaciones señalan que en esta película Hitchcock no es lo que suele ser, ese narrador divertido y cínico que no vacila en retorcer la historia como le guste, sino un observador bondadoso, sensible y compasivo. Sin duda, a Hitchcock lo conmovió profundamente la aventura real de un "hombre común", el músico Manny Balestrero, erróneamente acusado de robo. Esta identificación falsa lo arrastra a una batalla de pesadilla con la burocracia estatal; aunque finalmente el verdadero ladrón es capturado, la vida familiar de Manny queda destruida, y su mujer es hospitalizada por un colapso psicótico. Para subrayar ese "toque de lo real", Hitchcock dirigió el film de una manera seudodocumental: en blanco y negro, con realismo en la puesta en escena, reiteración del ruido del subterráneo, imágenes de descenso y oscuridad, etc. Como el propio Hitchcock lo anuncia en su cameo al principio de la película, la historia es "oscura y aterradora, tanto por su 'verdad' como por su lobreguez". Sin embargo, los problemas interpretativos se plantean respecto de la relación entre *la verdad* (objetiva) y la *lobreguez* (subjetiva).

Para lograr la atmósfera de lobreguez, la historia se narra desde el punto de vista del inocente Manny. De esta manera, el carácter documental del film se combina con la visión subjetiva que tiene Manny de las circunstancias horribles en las que se encuentra. Así es como, en la primera mitad de la película, la cámara de Hitchcock crea la impresión del desvalimiento del sujeto frente a la maquinaria burocrática. Consideremos las escenas en las que Manny es llevado a la comisaría: la cámara nos muestra primero a Manny saliendo del auto, y pasa a una toma subjetiva que presenta al amenazante edificio policial visto muy desde abajo, tal como lo ve el propio Manny, con lo cual se obliga al espectador a experimentar vívidamente el peso de la institución que parece estar por caer sobre el protagonista. El mismo efecto se reitera en las escenas de la cárcel: la cámara nos muestra primero la expresión desamparada del rostro de Manny, y después pasa a la toma subjetiva, que corresponde a su mirada inquisitiva a la estrecha celda. Sin embargo, en este punto tropezamos con el primer enigma de la película: a pesar del empleo de la cámara subjetiva, subrayado por la música amenazante, el choque de las esposas, el ruido de las puertas metálicas que se cierran, etc., *la historia nos deja indiferentes.* Sabemos que Manny es inocente y, por lo tanto, debemos identificarnos con su punto de vista, pero *la identificación falla.* En otras palabras, en *El hombre equivocado* Hitchcock no logra suscitar la sensación (tan típica de sus escenas filmadas desde el punto de vista subjetivo)

> "de que la mirada de la persona no revela cosas, de que sus pasos no la llevan *hacia* cosas, sino de que las cosas mismas la miran a ella, la atraen de un modo poderoso, la apresan y están a punto de tragársela, como sucede ejemplarmente en *Psicosis,* cuando el detective Arbogast sube por las escaleras. La voluntad nunca es libre, la subjetividad está siempre bajo coerción y atrapada".[1]

En *El hombre equivocado,* por el contrario, es como si, a pesar de las circunstancias horribles, la voluntad de Manny nunca padeciera coerción, pues es obvio que él no es afectado ni en lo mínimo por todo el contratiempo; entonces, la mirada subjetiva *no puede ser* la "suya propia". Esta es la discordia que suscita la película: aunque Hitchcock utiliza la técnica destinada a lograr la identificación del espectador con la víctima, la víctima reacciona como si los errores descriptos no le concernieran, como si él fuera un observador indiferente. El sujeto (Manny) no se adecua al modo de subjetivación que la forma del film propone.

En las películas de Hitchcock que se centran en la "transferencia de la culpa", el personaje principal acusado por error nunca es totalmente inocente. Aunque no es culpable de los hechos que se le atribuyen, la acusación falsa plantea la cuestión de otra culpa: si bien es inocente en cuanto a *los hechos,* es culpable por *su deseo.* En *Mi secreto me condena,* por ejemplo, el Padre Logan no es culpable del asesinato; sin embargo, el verdadero asesino se da cuenta del deseo de Logan, puesto que mata a la persona que chantajeaba a Ruth por su relación pasada con el sacerdote. Lo mismo sucede en *Pacto siniestro* obviamente, no puede decirse que Guy sea culpable (en el sentido legal del término) de complicidad en el asesinato de su esposa; no obstante, en vista de los problemas que la mujer le estaba causando, tampoco es posible absolverlo de la acusación de culpa subjetiva. En cierto sentido no podía sino acoger con gusto el asesinato de su esposa por Bruno. Por el contrario, en *El hombre equivocado* la acusación falsa no provoca ni una pizca de culpa. Manny simplemente sostiene que él es inocente, y ni el curso ulterior de los acontecimientos ni la locura de la mujer conmueven su posición o inducen en él un sentimiento de autorreproche.

En síntesis, Manny está todo lo lejos que es posible de un héroe kafkiano al que una maquinaria burocrática hace culpable de una manera performativa: hasta el final del relato, la culpa le es impuesta de un modo externo que no lo afecta en el núcleo de su ser. Recordemos la escena en la comisaría: las reiteradas tomas subjetivas de las manos y los pies de Manny parecen reflejar el embarazo y la vergüenza del protagonista; entonces vemos las manchas de tinta que han quedado en sus dedos después de que le tomaran las huellas digitales y que, desde luego, nos hacen pensar en sangre: "Lleva la marca de la culpa, pero ella le ha sido impuesta y no la merece más que a la acusación de robo con la que también ha sido manchado".[2] El efecto extraño de esta escena reside también en que Manny no es quien se siente culpable y avergonzado. ¿Quién, entonces, podría estarlo? La respuesta aparece en el transcurso de la película: quien voluntariamente asume la culpa sobre sí y, como consecuencia, padece la enfermedad mental, es la esposa de Manny, Rose. ¿Qué tipo de mecanismo pudo provocar esa situación? La propia Rose proporciona una respuesta aparentemente convincente:

"Yo tengo la culpa de que esto te haya sucedido, por la muela del juicio. Yo sabía que no debía permitirte que fueras a la Oficina de Seguros a tomar dinero prestado para mí, y esto cayó sobre ti. Antes nos hemos endeudado porque no supe manejar las cosas... porque no supe economizar. La verdad es que te he decepcionado, Manny. No he sido una buena esposa."

¿Hemos de creer en esa explicación? Una de las lecciones fundamentales del psicoanálisis lacaniano es que la admisión de culpa por parte del sujeto siempre funciona como una estratagema para engañar al Otro: el sujeto "se siente culpable" por sus hechos para encubrir otra culpa mucho más radical. "Confesarse culpable" es entonces, en última instancia, una astucia que apunta a entrampar al Otro:

"[...] al sancionar la falta propuesta por el sujeto, el Otro no dice nada sobre la culpa real del sujeto... Para poder continuar ignorando la verdad de su culpa, el sujeto le propone al Otro una falta de la cual él no tiene que ser considerado responsable."[3]

Es posible reconocer con facilidad este tipo de astucia en la disposición de Rose a asumir la culpa, es decir, en su precipitada admisión de que todos los problemas de Manny se debían a que ella era una mala esposa y, específicamente, a su dolor de muelas (Manny fue identificado como ladrón cuando ella lo envió a recoger un remedio odontológico). La verdad de la culpa de ella hay que buscarla en otra parte: *en su* insight *de lo que podría haber detrás de la perfección de Manny.*

Manny es descripto como un esposo ideal: un padre afectuoso que trabaja duro para mantener la familia, y al que sus hijos adoran; un hijo profundamente apegado a la madre (va en su ayuda cada vez que ella lo llama); una persona muy confiable que vuelve a su casa a la misma hora, ama a su esposa y la ayuda en todo lo que puede (lo vemos lavando los platos y ocupándose de los niños). Este cuadro idílico es reforzado por la escena de la pelea entre los niños: el acordeón del hermano menor molesta al mayor, que quiere tocar el piano, pero en cuanto llega Manny, la cuestión queda zanjada: él calma a sus hijos prometiéndoles practicar con cada uno de ellos por separado. Después de reconciliarlos, Manny hace profesión de algo así como su credo, cuando les dice que el camino al éxito es la autoconfianza; esa escena, y la escena en la que se ve a Manny orando frente a la imagen de Cristo, seguida por la sobreimpresión gradual del rostro del verdadero ladrón sobre el rostro de Manny, por lo general se consideran muestras de la fuerte fe del hombre en sí mismo y en Dios. Si él no se derrumba y enloquece, eso lo salva.[4]

No obstante, al principio de la película, cuando Manny comenta la vida de la familia y señala que, aunque no tienen dinero para pagar al dentista, "somos gente muy afortunada, querida", Rose expresa sus dudas respecto de esa vida familiar idílica, replicando: "¿Lo somos?". Sin esta duda latente, no habría ningún desencadenamiento del trastorno psíquico de Rose: si la falsa identificación accidental pudo tener esas consecuencias desastrosas, fue porque en el seno de la aparente felicidad de la familia de Manny ya *insistía* un trauma aunque no *existía.* Como dice Lacan, lo Real de un trauma se repite "*por medio de* la realidad":[5] para que un trauma brote, se necesita un impulso de la realidad externa, un accidente que lo desencadene, como la identificación falsa de *El hombre equivocado.* La ironía del film reside en el hecho de que su aspecto "documental", "realista", es en última instancia un engaño: la *realidad* de la historia actúa como un catalizador por medio del cual irrumpe el núcleo traumático de lo Real, estructurado en la *ficción* suprimida. ¿De qué trata esta ficción?

Podemos llegar a una respuesta comparando la reacción de Rose con la conducta de un neurótico obsesivo: *Rose se impone la culpa porque éste es el único modo de salvar la apariencia de la perfección de Manny.* Sólo culpándose por todo lo que marcha mal puede no atender al hecho tan intolerablemente evidente en todo el asunto de la falsa identificación de Manny: el hecho de que la perfección, la laboriosidad, la devoción de Manny... no son más que una máscara de su impotencia y pasividad:

"Por cierto, uno se pregunta si la idea de una tensión nerviosa tal que la esposa tuvo que ser hospitalizada no es una dilución de la tensión doméstica, y si podría haber sido más particularizada de haber sentido el esposo que algo pasivo en su personalidad, más bien que en su acción, era en parte responsable de la tensión de la mujer, y que sólo después de las oraciones de él por ella se completó el derrumbe de la mujer."[6]

No obstante, la pasividad en Manny resulta ser mucho más radical. Hay que concebirla como el signo de su actitud *psicótica*. La verdad que está detrás de su imagen perfecta no es una simple debilidad, sino la indiferencia psicótica puesta de manifiesto en la total ausencia de culpa: el carácter ominoso y siniestro de su "paz mental interior" se vuelve palpable en la escena en que él, con la misma indiferencia que ante su propia desdicha, observa con ojos impasibles el ataque de locura de Rose.[7] En este sentido, la fe en sí mismo y en Dios, por lo general interpretadas como la protección de Manny contra su propio derrumbe, resultan ser más exactamente la expresión de su locura: Manny no está marcado por la culpa fundamental, "ontológica", constitutiva de la existencia humana, es decir, de la existencia del ser humano como "*parlêtre* (ser-de-lenguaje)". El nombre freudiano de esta culpa es, desde luego, *parricidio:* según Lacan reinterpreta a Freud, el mero hecho de que hablemos implica que hemos asesinado al padre; el padre sólo reina en la medida en que está muerto, en la forma de su Nombre. Si la pesadilla kafkiana de la que Manny es una víctima fortuita no termina infligiéndole culpa (es decir, si él no trata de engañar al Otro ofreciéndole, en lugar de la culpa original, una culpa sustitutiva), es porque Manny no entra en absoluto en la dimensión de la culpa: no entra en la relación de la deuda simbólica. En otras palabras, su culpa no está sólo reprimida, sino *forcluida*. Esto explica el estatuto de Manny de padre perfecto, el foco en el idilio familiar:[8] en esta misma condición, él está confinado a la psicosis. Es decir, el funcionamiento "normal" de un padre implica que los miembros de la familia advierten plenamente las imperfecciones del padre real, notan la brecha que separa la función simbólica vacía del Nombre del Padre, de su ocupante empírico, contingente. Un padre que no toma en cuenta esta brecha y que, en consecuencia, actúa como un padre que "realmente piensa que es un padre", sólo puede ser un psicótico.[9]

Entonces, ¿cómo precipita la indiferencia psicótica de Manny la caída de Rose en el delirio de la culpabilidad autoinfligida? Podríamos recordar que esta caída se produce como reacción a su propio estallido de cólera contra el esposo: "Tú mismo no eres perfecto. ¿Cómo sé que no eres culpable? ¡Tú no me dices todo lo que haces!". En esta escena, Rose está sentada en una habitación oscura, cerca de la lámpara de mesa que le ilumina el rostro y proyecta sombras terroríficas en todo el lugar. Cuando Rose se pone de pie y se acerca a Manny, vemos su larga sombra deformarse en figuras monstruosas. Rose se detiene frente a un espejo, toma el cepillo y se lo arroja a Manny. El cepillo rebota en Manny y da contra el espejo. En ese punto, la cámara muestra primero a Manny herido, y después de un corte vemos el espejo roto en el que se refleja la imagen fracturada del rostro del hombre, cuya distorsión siniestra recuerda un retrato cubista. En la toma siguiente reaparece el rostro de Manny, con expresión inocente; trata de tocar a Rose, que al principio lo rechaza, y después se hunde en el letargo, con una expresión de resignación. La mirada distante de ella envuelve a Manny mientras le dice: "Realmente hay algo mal en mí. Tendrás que dejar que me lleven a algún lado. La gente tenía fe en mí y yo los defraudé... Yo fui culpable".

El acto de arrojar el cepillo indica el punto en el que, por un breve momento, Rose puede expresar su cólera ante la actitud impasible, impotente de Manny, y de ese modo conservar su propia cordura. Pero de inmediato se derrumba y asume la culpa sobre sí. ¿Por qué? La respuesta está en el reflejo de Manny en el espejo roto. Lo que vemos por un momento en él es *la contracara de su imagen paternal perfecta: el rostro payasesco fracturado de un loco obsceno.*[10] Ahora bien, ¿quién –qué mirada– puede ver realmente ese reflejo? La mirada que observa la imagen no puede ser sin duda la de Manny, porque en esta toma y en la anterior Manny aparece frente al espejo con su cabeza de perfil. En consecuencia, él no está frente al espejo. Tampoco Rose, porque en tal caso vería el rostro monstruosamente deformado y también su propio reflejo, lo que no ocurre. Por esta razón, el único punto de vista del que puede provenir la mirada es *el punto de vista de la lámpara de mesa.*

Según la teoría lacaniana, toda pantalla de realidad incluye una "mancha" constitutiva, la huella de lo que hubo que excluir del campo de la realidad para que ese campo adquiriera su coherencia; esa mancha aparece en la forma de un vacío que Lacan denomina *objet petit a.* Es el punto que yo, el sujeto, no puedo ver: me elude en la medida en que es el punto desde el cual la propia pantalla "devuelve la mirada", me observa, es decir, el punto donde la propia mirada está inscrita en el campo visual de la realidad. No obstante, en la psicosis, el *objet a* precisamente *no está forcluido:* se materializa, recibe una presencia corporal total y se vuelve visible –por ejemplo, en la forma del perseguidor que "lo ve y lo sabe todo" en la paranoia–. En *El hombre equivocado,* este tipo de objeto que materializa la mirada es ejemplificado por la lámpara de mesa, la fuente de luz. Como dice Lacan en su *Seminario XI,* "eso que es la luz me mira".[11] La imagen de Manny que la lámpara ve en el espejo roto es la imagen del rostro herido del hombre que se convierte en una caricatura desagradable, y lo que Rose no puede integrar en el orden simbólico es precisamente esa imagen insoportable. En este punto hay que recordar la definición clásica que da Lacan de la psicosis: en la psicosis, "lo forcluido del orden Simbólico reaparece en lo Real, el reino que está fuera del sujeto, por ejemplo como una alucinación".[12] Entonces, puesto que Rose no soporta mirar la imagen deformada de Manny, ni puede integrarla en el orden Simbólico, *esta mirada se materializa en la lámpara como objeto alucinatorio.*[13]

A pesar de que Rose termina en la psicosis, mientras que Manny sigue cuerdo, *El hombre equivocado* confirma la tesis de Bellour según la cual en las películas de Hitchcock los personajes masculinos siempre padecen psicosis, mientras que los femeninos sólo se vuelven psicóticos por defecto o reflejo.[14] La psicosis de Rose es, en última instancia, un reflejo de la de Manny: al asumir ella la culpa y enloquecer, le hace posible a Manny conservar su actitud de indiferencia psicótica; como ella asume el papel de la "mujer equivocada", de un ser cargado con la culpa, él puede seguir viviendo como el "hombre correcto", libre de culpa. Como ella asume el papel de loca "pública", la locura *de él* puede continuar llevando la máscara pública de normalidad.

Hay un famoso chiste soviético de la época del llamado "socialismo real" que cuenta de qué modo la radio de Ereván respondió a la siguiente pregunta: "¿Es cierto que Rabinovitch ganó un auto en la lotería de Moscú?". "En principio, así es, sólo que no se trata de un auto sino de una bicicleta. Además, no la ganó en la lotería, sino que la robó." Sugerimos que a la interpretación habitual de *El hombre equivocado* hay que darle un giro similar en una dirección feminista: a la interpretación de que la película trata de un héroe atrapado en los engranajes de la maquinaria kafkiana, acusado erróneamente y que, gracias a su solidez moral, logra sobrevivir, mientras que la esposa, debido a la debilidad femenina de su carácter no soporta la presión y enloquece, nosotros podríamos responder: en principio, esto es cierto, salvo que el hombre sólo sobrevive porque está loco desde el principio. Además, lo que su mujer no puede soportar no es la presión de la situación, sino mirar la caricatura obscena que es de hecho la imagen real de su marido.

NOTAS

1. Jean Narboni, "Visages de Hitchcock" en *Cahiers du cinema, hors-série 8, Alfred Hitchcock,* París, 1980, pág. 33.

2. Lesley Brill, *The Hitchcock Romance,* Princenton, Princenton University Press, 1988, pág. 115.

3. Michel Silvestre, *Demain la psychanalyse,* París, Navarin Editeur, 1988, pág. 24.

4. Sobre este punto en particular, Hitchcok modificó considerablemente la "historia real", publicada en la revista Life: en el film, Manny es un hombre valiente, capaz de enfrentar la realidad, mientras que el Manny verdadero era un hombre tan tímido que su abogado temía que durante el juicio sufriera un colapso como el de su mujer.

5. Jacques Lacan, *The Four Fundamental Concepts of Psycho-Analysis,* Harmondsworth, Penguin Books, 1986, pág. 58.

6. Raymond Durgnat, *The Strange Case of Alfred Hitchcock,* Londres, Faber and Faber, 1974, pág. 277.

7. Obsérvese que la psicosis se define, precisamente, por la discordia entre el sujeto y la subjetivación: en ella, el sujeto no está integrado en la red simbólica que estructura su modo de subjetivación, su identidad simbólica, y, como ya hemos visto, esta misma discordia opera en nuestra recepción del film.

8. Obsérvese que también el padre del Presidente Schreber (el famoso psicótico cuyas memorias fueron analizadas por Freud) era una especie de padre perfecto, bien co-

nocido en toda Alemania como autor de *best sellers* sobre el ejercicio físico correcto para los niños y su correcta disciplina corporal.

9. Como dice Lacan, no sólo está loco el mendigo que se cree rey, sino también el rey que cree que es un rey, es decir, que se identifica sin reservas con el mandato simbólico de un rey.

10. Cuando recordamos su "máscara" actoral en otras películas, la elección de Henry Fonda para interpretar a Manny resulta significativa. En sus películas anteriores, Fonda había interpretado personajes positivos; no obstante, debido a su misma perfección, esos personajes irradiaban una especie de insensibilidad, frialdad y monstruosidad. (Este aspecto de la máscara actoral de Fonda fue señalado en primer lugar por los autores colectivos de *Cahiers du cinema* en el bien conocido análisis de *The Young Mr. Lincoln*, de Ford; cf. "Young Mr. Lincoln, de John Ford [texte collectif], en *Cahiers du cinema*, 1970, N° 223.) El éxito ulterior de Fonda en el personaje negativo de *Once Upon a Time in the West,* de Sergio Leone, reveló retrospectivamente ese riesgo latente en su máscara actoral desde el principio mismo, y que durante un instante relampaguea en *El hombre equivocado* como el rostro de Manny en el espejo roto.

11. Jacques Lacan, *The Four Fundamentals Concepts of Psycho-Analysis,* Harmondsworth, Penguin Books, 1986, pág. 96.

12. Jacques Lacan, *Ecrits. A Selection,* Londres, Tavistock Publications, 1977, pág. 388.

13. Esta lámpara, materialización de la mirada que ve lo que estaba *forcluido,* reaparece en la escena con el psiquiatra. La cámara muestra a Rose sentada a la mesa; frente a ella, sobre esa mesa hay una lámpara cuya luz rodea la cabeza de la mujer como un gran halo. En *off* oímos la voz del psiquiatra que interroga a Rose acerca de lo que ella teme. Por momentos vemos la figura del psiquiatra detrás de la lámpara, es decir, precisamente detrás del punto de vista de la mirada que también en este caso se vuelve visible y, como tal, proyecta, según dice el psiquiatra, "sombras monstruosas que dicen cosas abominables".

14. Raymond Bellour, "Psychosis, Neurosis, Perversion", en *A Hitchcock Reader,* comp. de Marshall Deutelbaum y Leland Poague, Ames, Iowa States University Press, 1986, pág. 321.

7

La sublimación y la caída del objeto
Slavoj Žižek

Vértigo, otro relato de Hitchcock sobre una mujer que desaparece, una película cuyo héroe es cautivo de una imagen sublime, parece hecha para ilustrar la tesis lacaniana de que la sublimación, mientras que no tiene nada en común con la "desexualización", está estrechamente relacionada con la muerte: el poder de fascinación ejercido por una imagen sublime siempre anuncia una dimensión letal.

La sublimación se suele equiparar a la desexualización, es decir, al desplazamiento de la investisión libidinal desde el objeto "bruto" que supuestamente satisface alguna pulsión básica, hacia una forma de satisfacción "elevada", "cultivada": en lugar de asaltar directamente a una mujer, tratamos de seducirla y conquistarla escribiéndole cartas de amor y poesía; en lugar de golpear salvajemente a la persona que odiamos, escribimos un ensayo que la hace objeto de críticas aniquiladoras. Y entonces –continúa la historia– la "interpretación" nos dice que nuestra actividad poética era sólo un modo sublime, mediado, de satisfacer nuestras necesidades corporales, que nuestra crítica elaborada era sólo un modo sublime de golpear a nuestro enemigo... Lacan rompe totalmente con toda esta problemática de un grado cero de la satisfacción que después sufriría un proceso de sublimación; su punto de partida es exactamente opuesto: no el objeto de la satisfacción supuestamente "bruta", directa, sino su inverso, el vacío primordial en torno al cual circula la pulsión, la falta que asume una existencia positiva en la forma informe de la Cosa (*das Ding* freudiana), la sustancia imposible-inalcanzable del goce. Y el objeto sublime es precisamente "un objeto elevado a la dignidad de la Cosa",[1] es decir, un objeto común, cotidiano, que sufre una especie de transustanciación y comienza a funcionar, en la economía simbólica del sujeto, como corporización de la Cosa imposible, como la Nada materializada. Por esto el objeto sublime presenta la paradoja de un objeto capaz de subsistir sólo en la sombra, en un estado intermedio, a medio nacer, como algo latente, implícito, evocado: en cuanto tratamos de apartar la sombra en busca de la sustancia, en cuanto ésta aparece totalmente a la luz, se disuelve, y lo que nos queda en las manos es el líquido viscoso de una pompa de jabón que ha estallado.

En una de sus series televisivas sobre la maravillas de la vida marina, Jacques Cousteau mostró una especie de pulpo que, visto en su elemento, es decir en la profundidad del mar, se mueve con gracia delicada y posee un poder de fascinación al mismo tiempo aterrador y bello, pero cuando lo sacamos del agua, no se ve más que una masa de mucosidad desagradable, desvalida. El héroe de *Vértigo* tiene la misma experiencia en su relación con Judy-Madeleine: cuando ella cae de su "elemento", en cuanto deja de ocupar el lugar de la Cosa, su belleza fascinante se convierte en un excremento repulsivo. La lección que hay que extraer es que el carácter sublime de un objeto no es propio de su naturaleza intrínseca, sino sólo un efecto del lugar que ocupa (o no ocupa) en el espacio fantasmático.

¿Cuáles son las desventuras de la sublimación en *Vértigo*? La doble escansión de la película, es decir la ruptura, el cambio de modalidad, entre la primera y la segunda parte, atestigua el genio de Hitchcock. Toda la primera parte, hasta el "suicidio" de la falsa Madeleine, constituye un magnífico engaño, la historia de la progresiva obsesión del héroe con la imagen fascinante de Madeleine, que necesariamente termina en la muerte. Hagamos una especie de experimento mental: si la película hubiera terminado en ese punto, con el héroe profundamente quebrantado, incapaz de consolarse, negándose a aceptar la pérdida de la amada Madeleine, no sólo tendríamos una historia totalmente coherente: este mismo recorte produciría incluso un significado adicional. También tendríamos un caso ejemplar del apasionado drama romántico del hombre que lucha con desesperación por salvar a una mujer amada de los demonios del pasado que la poseen, empujándola, sin quererlo ni saberlo, hacia la muerte, por la misma naturaleza excesiva de su amor. Incluso podríamos dar a esta historia (¿por qué no?) un giro lacaniano, interpretándola como una variación sobre el tema de la imposibilidad de la relación sexual: la elevación de una mujer terrenal común a la condición de objeto sublime siempre entraña un peligro mortal para la desdichada criatura encargada de encarnar la Cosa, puesto que "La Mujer no existe"...

La continuación de la película demuele este "significado poético profundo", al desplegar su transfondo trivial: detrás de la historia fascinante de Una Mujer poseída por los demonios del pasado, detrás del drama existencial de un hombre que empuja a la muerte a una mujer por el carácter excesivo de su amor, encontramos una trama policial, común aunque ingeniosa, sobre un esposo que quiere desembarazarse de su mujer para conseguir una herencia... Sin advertirlo, el héroe no está preparado para renunciar a su fantasma: comienza por buscar a La Mujer perdida, y cuando encuentra a una joven parecida a Madeleine, se lanza desesperadamente a recrear en ella la imagen de la muerta –en el peinado y la ropa–. Desde luego, el truco está en que ésa *es* la mujer que él conoció antes como "Madeleine" (su suicidio había sido falso), como en la célebre broma de los hermanos Marx:

— Usted me recuerda a Emanuel Ravelli.

—¡Pero yo soy Emanuel Ravelli!

— Ah, entonces no me sorprende que se le parezca tanto...

Esta identidad cómica del "parecerse" y el "ser" anuncia sin embargo una proximidad letal: si la falsa Madeleine se parece a sí misma, ello es porque en cierto sentido *ya está muerta*. El héroe la ama como Madeleine, es decir, *en la medida en que está muerta:* la sublimación de la figura de la mujer equivale a su mortificación en lo real. Esta sería entonces la lección de la película: la fantasía gobierna la realidad, nunca se puede llevar una máscara sin pagar por ello en la carne. Aunque rodada casi exclusivamente desde una perspectiva masculina, *Vértigo* nos dice más del impasse de la mujer como un síntoma del hombre que la mayoría de los "films de mujeres".

La fineza de Hitchcock reside en el modo en que logra evitar la alternativa simple de la historia romántica de un amor "imposible" o el desenmascaramiento que revela la intriga trivial detrás de la fachada sublime. Esa revelación del secreto que está *debajo* de una máscara deja intacto el poder de fascinación ejercido por la *máscara en sí;* el sujeto puede volver a embarcarse en la búsqueda de otra mujer que llene el lugar vacío de La Mujer, una mujer que esa vez no lo engañe... Hitchcock es en este punto incomparablemente más radical: socava el poder de fascinación del objeto sublime *desde dentro.* Es decir que debemos prestar mucha atención al modo en que es presentada Judy, la joven que se parece a "Madeleine", cuando el héroe corre hacia ella por primera vez en la calle: es una pelirroja común, con maquillaje espeso y grasoso, que se mueve de un modo torpe, sin gracia –un contraste real con la frágil y refinada Madeleine–. El héroe empeña todos sus esfuerzos en convertir a Judy en una nueva "Madeleine", en hacerla semejante al objeto sublime, cuando, de pronto, se percata de que la propia "Madeleine" era Judy, esa joven común. Lo interesante de esa inversión no consiste en que una mujer terrenal nunca pueda adecuarse plenamente al Ideal sublime, sino todo lo contrario: es el objeto sublime en sí ("Madeleine") el que pierde su poder de fascinación.

Para ubicar adecuadamente esta inversión, es esencial prestar atención a la diferencia entre las dos pérdidas que sufre Scottie, el héroe de *Vértigo:* la primera pérdida de "Madeleine" y la segunda y final pérdida de Judy. La primera pérdida es la pérdida simple de un objeto amado. Como tal, constituye una variación sobre el tema de la muerte de una mujer frágil y sublime, el objeto amoroso ideal que domina la poesía romántica y encuentra su expresión más popular en la serie completa de relatos y poemas de E. A. Poe ("El cuervo", etc.). Aunque esta muerte sorprende como un shock terrible, podríamos decir que en realidad en ella no hay nada de inesperado: es más bien como si la situación misma de algún modo la llamara. El objeto de amor ideal vive al borde de la muerte; su vida misma lleva sobre sí la sombra de la muerte inminente: ella está marcada por alguna maldición oculta o locura suicida, o bien tiene alguna enfermedad propia de la mujer ideal frágil, como la tuberculosis. Este rasgo constituye una parte esencial de su belleza fatal: desde el principio está claro que "es demasiado hermosa como para durar mucho". Por esa razón, su muerte en definitiva no entraña una pérdida de su poder de fascinación; todo lo contrario, es su muerte, por así decirlo, la que autentica su dominio absoluto sobre el sujeto. Perderla lo arroja a él a una prolongada depresión melancólica y, coherentemente con la ideología romántica, el sujeto sólo puede sustraerse a esa depresión dedicando el resto de su vida a la celebración poética de la belleza y la gracia incomparables del objeto perdido. El poeta sólo consigue final y verdaderamente a su Dama cuando la pierde (hay aquí una dimensión oculta de la pulsión de muerte: el poeta *quiere* que su Dama muera para poder celebrarla en paz y quietud). En otras palabras, es cierto que el objeto se ha perdido, pero precisamente a través de esa pérdida se vuelve omnipresente: queda en definitiva establecido su lugar en el espacio fantasmático que regula el deseo del sujeto. Ahora bien, la segunda pérdida es de una naturaleza totalmente distinta: cuando Scottie se entera de que Madeleine –el sublime ideal inaccesible que luchaba por recrear en Judy– era la propia Judy, es decir, cuando, después de todo, recobra a la "Madeleine real, *la figura de "Madeleine" se desintegra,* toda la estructura fantasmática que le daba coherencia a su ser se desmorona. De modo que esta segunda pérdida es, en cierto sentido, una inversión de la primera: perdemos el objeto como sostén del fantasma en el mismo momento en que lo aferramos en la realidad:

> "Pues si Madeleine es realmente Judy, si ella todavía existe, entonces nunca existió, nunca fue realmente nadie... con la segunda muerte de ella él se pierde de modo más definitivo y desesperado, porque no sólo pierde a Madeleine, sino también el recuerdo que tenía de ella, y probablemente la creencia en que ella era posible."[2]

Para emplear un giro hegeliano, la "segunda muerte" de Madeleine funciona como "pérdida de una pérdida": con ella –es decir, al apropiarnos del objeto– perdemos la pérdida en sí y su dimensión fascinante, como la falta que captura nuestro deseo. Es cierto que Judy finalmente se entrega a Scottie, pero (para parafrasear a Lacan) este don de su persona "se cambia inexplicablemente en un regalo de mierda": en las manos de él sólo queda la presencia repulsiva de una sustancia mucosa. En esto consiste la ambigüedad radical del final de la película, de la última toma, en la que Scottie mira hacia abajo desde el borde del campanario, al abismo en el que acaba de engolfarse Judy: este final es al mismo tiempo "feliz" (Scottie está curado, puede mirar al precipicio) e "infeliz" (está finalmente quebrado, ha perdido el sostén que le daba coherencia a su ser): la misma ambigüedad que caracteriza el momento final del proceso psicoanalítico, el "atravesamiento del fantasma", la razón por la cual al final del psicoanálisis siempre acecha la amenaza de la denominada "reacción terapéutica negativa".[3]

El abismo al que Scottie finalmente puede mirar es el abismo del agujero en el Otro (el orden simbólico), ocultado por la presencia fascinante del objeto fantasmático. Lo experimentamos cada vez que miramos a los ojos de otra persona y sentimos la profundidad de su mirada. Por lo tanto, se trata precisamente del abismo representado por las famosas tomas que acompañan a los títulos de *Vértigo,* los primeros planos del ojo de una mujer, del que brota, como del centro de un remolino, un objeto parcial de pesadilla. Podríamos decir que al final del film Scottie puede finalmente "mirar a una mujer a los ojos", es decir, soportar la vista mostrada durante los títulos de la película: este abismo de la falta en el Otro es el "vértigo" real que él no podía enfrentar. Un célebre pasaje de los manuscritos de Hegel para la *Realphilosophie* de 1805-1806 podría interpretarse retroactivamente como un comentario teórico de los títulos de *Vértigo:* tematiza la mirada del otro como el silencio que precede a la palabra hablada, como el vacío de la "noche del mundo" en la que "saliendo de la nada", aparecen objetos parciales de pesadilla, como las extrañas formas que moviéndose en espiral salen del ojo de Kim Novak en *Vértigo,* semejantes a las pautas de los "atractores extraños" en la teoría del caos:

> "El ser humano es esa noche, esa noche vacía, que lo contiene todo en su simplicidad –una riqueza interminable de múltiples presentaciones, imágenes, de las cuales ninguna le ocurre a él –o que no están presentes–. Esta noche, el interior de la naturaleza, que existe aquí –puro sí-mismo– en presentaciones fantasmagóricas, es noche completa; aquí surge una cabeza sangrienta –aquí otra forma blanca, súbitamente ante ella, y de inmediato desaparece. Se tiene una vislumbre de esta noche al mirar a los seres humanos a los ojos –en una noche, que deviene terrible, suspende la noche del mundo aquí en oposición."[4]

NOTAS

1. Jacques Lacan, *Le Seminaire, livre VII, L'ethique de la psychanalyse,* París, Seuil, pág. 133.

2. Lesley Brill: *The Hitchcock Romance,* Princenton, Princenton University Press, 1988, pág. 220.

3. Inmediatamente antes del final de la película, por un momento parece que Scottie (James Stewart) está preparado para aceptar a Judy "tal como es", no como a Madelei-

ne reencarnada, y a reconocer la profundidad del amor sufriente que ella le tiene. Pero esta perspectiva de final feliz dura muy poco, por la súbita aparición de una madre superiora espectral que hace que Judy huya aterrorizada y caiga de la torre de la iglesia. Innecesario es agregar que la misma expresión "madre superiora" en sí evoca el superyó materno.

4. G. W. F. Hegel, *Gesammelte Werke 8*, Hamburgo, Meiner, 1976, pág. 187, traducción inglesa de D. Ph. Verene, *Hegel's Recolection*, Albany, Suny Press, 1985, págs. 7-8.

8

¿Por qué atacan los pájaros?

Slavoj Žižek

Robin Wood[1] sugiere tres interpretaciones posibles de este acto inexplicable, "irracional", que saca de sus carriles la vida cotidiana de un pequeño pueblo del norte de California: la "cosmológica", la "ecológica", y la "familiar".

Según la primera lectura, la "cosmológica", el ataque de los pájaros puede verse como corporizando la visión que tiene Hitchcock del universo, del cosmos (humano): un sistema –pacífico en la superficie, común en su curso– que puede ser trastornado en cualquier momento, que puede ser arrojado al caos por la intervención del puro azar; su orden es siempre engañoso; en cualquier momento puede surgir un terror inefable, irrumpir algún real traumático que trastorne el circuito simbólico. Esa lectura puede respaldarse con referencias a muchas otras películas de Hitchcock, incluso la más sombría de ellas, *El hombre equivocado*, en la cual la identificación errónea del héroe como ladrón, que se produce puramente por azar, convierte su vida cotidiana en un infierno de humillación, y a su esposa le cuesta la cordura: se trata de la entrada en juego de la dimensión teológica de la obra de Hitchcock, la visión de un Dios cruel, arbitrario e impenetrable que puede arrojar la catástrofe en cualquier momento.

En cuanto a la segunda lectura, la "ecológica", el título del film podría haber sido "¡Pájaros del mundo, uníos!": en esta interpretación, los pájaros funcionan como una condensación de la naturaleza explotada que, finalmente, se rebela contra la explotación atolondrada del hombre; en respaldo de esta interpretación podemos aducir el hecho de que Hitchcock seleccionó los pájaros atacantes casi exclusivamente entre especies conocidas por su carácter suave, no agresivo: gorriones, gaviotas, unos pocos cuervos.

Para la tercera lectura, la clave del film está en las relaciones intersubjetivas entre los principales personajes (Melanie, Mitch y su madre), que son mucho más que un desarrollo lateral insignificante de la "verdadera" trama, el ataque de los pájaros: los pájaros que atacan sólo "corporizan" una discordia, una perturbación, fundamentales en esas relaciones. La pertinencia de esta interpretación se advierte al considerar *Los pájaros* en el contexto de las películas anteriores (y posteriores) de Hitchcock; en otras palabras, para jugar con uno de los retruécanos lacanianos, si vamos a tomar las películas en serio, sólo podemos hacerlo tomándolas en serie.[2]

Al escribir sobre *La carta robada* de Poe, Lacan se refiere a un juego lógico: tomamos una serie azarosa de números 0 y 1 (por ejemplo, 100101100) y en cuanto la serie se articula en tríadas ligadas (100, 001, 010, etc.) surgen reglas de sucesión (una tríada con un 0 al final no puede ser seguida por una tríada que tenga un 1 como término central, etc.).[3] Lo mismo vale respecto de las películas de Hitchcock: si las consideramos como un todo, tenemos una serie accidental, azarosa, pero en cuanto las separamos en tríadas ligadas (y excluimos los films que no forman parte del "universo hitchcockiano", las "excepciones", los resultados de diversos compromisos), se puede ver que cada tríada comparte algún tema, algún principio estructurante común. Por ejemplo, tomemos las cinco películas siguientes: *El hombre equivocado, Vértigo, Intriga internacional, Psicosis* y *Los pájaros*. En esta serie no puede encontrarse ningún tema único que vincule a todas las películas, pero es posible hallar tales temas si las consideramos en grupos de tres. La primera tríada tiene que ver con la "falsa identidad": en *El hombre equivocado,* el héroe es erróneamente identificado como el ladrón; en *Vértigo,* el protagonista es llevado a error acerca de la identidad de la falsa Madeleine; en *Intriga internacional,* los espías soviéticos identifican erróneamente al héroe como "George Kaplan", el misterioso agente de la CIA. En cuanto a la gran trilogía de *Vértigo, Intriga internacional* y *Psicosis,* resulta muy tentador considerar estos tres films claves de Hitchcock como la articulación de tres maneras diferentes de llenar la brecha en el Otro: su problema formal es el mismo, la relación entre una falta y un factor (una persona) que trata de compensarla. En *Vértigo,* el héroe intenta compensar la ausencia de la mujer que ama, una aparente suicida, en un nivel que es literalmente *imaginario:* él, por medio de la ropa, el peinado, etc., trata de recrear la imagen de la mujer perdida. En *Intriga internacional* estamos en el nivel *simbólico:* tenemos un nombre vacío, el nombre de una persona que no existe ("Kaplan"), un significante sin portador, que queda ligado al héroe por obra del puro azar. Finalmente, en *Psicosis* llegamos al nivel de lo *real:* Norman Bates, que viste la ropa de su madre, habla con la voz de ella, etc., no quiere resucitar su imagen ni actuar en su nombre; quiere ocupar su lugar en lo real –lo que da prueba de su estado psicótico.

Si la tríada intermedia es la del "lugar vacío", la final se unifica en torno al tema del *superyó materno:* los héroes de estas tres películas no tienen padres, sino una madre "fuerte", "posesiva", que trastorna la relación sexual "normal".

Al principio de *Intriga internacional,* el héroe del film, Roger Thornhill (Cary Grant), aparece con su madre desdeñosa, despreciativa, y no resulta difícil imaginar por qué él se ha divorciado cuatro veces; en *Psicosis,* Norman Bates (Anthony Perkins) es controlado directamente por la voz de su madre muerta, que le ordena matar a todas las mujeres que lo atraen sexualmente. En el caso de la madre de Mitch Brenner (Rod Taylor), el héroe de *Los pájaros,* el desdén es reemplazado por una preocupación celosa por el destino del hijo, una preocupación que es quizás incluso más eficaz para bloquear cualquier relación duradera que él pudiera tener con una mujer.

En estos tres films hay otro rasgo común: de película en película, la figura de una amenaza en la forma de pájaros va asumiendo una prominencia mayor. En *Intriga internacional* tenemos la que quizás sea la más famosa escena hitchcockiana: el ataque por el avión (un pájaro de acero) que persigue al héroe en una llanura calcinada por el sol; en *Psicosis,* la habitación de Norman está llena de pájaros disecados, e incluso el cuerpo de su madre momificada nos recuerda a un pájaro disecado; en *Los pájaros,* después del pájaro de acero (metafórico) y los pájaros disecados (metonímicos), finalmente tenemos pájaros vivos reales que atacan el pueblo.

Lo decisivo es percibir el vínculo entre los dos rasgos: la figura terrorífica de las aves, en realidad, corporiza en lo real una discordia, una tensión irresuelta en las relaciones intersubjetivas. En la película, las aves son como la plaga en la Tebas de Edipo: encarnan un desorden fundamental en las relaciones familiares. El padre está ausente, la función paterna (la función de la ley pacificadora, el Nombre-del-Padre) está suspendida, y llena ese vacío el superyó materno "irracional", arbitrario, feroz, que bloquea la relación sexual "normal" (sólo posible bajo el signo de la metáfora paterna). El atolladero del que realmente trata *Los pájaros* es, desde luego, el de la familia norteamericana moderna: el ideal del yo paterno deficiente determina que la ley haga una regresión a un superyó materno feroz, que afecta el goce sexual (éste es el rasgo decisivo de la estructura libidinal del "narcisismo patológico"): "Sus impresiones inconscientes de la madre tienen un desarrollo tan excesivo y son tan influidas por los impulsos agresivos, y la calidad del cuidado que ella brinda está tan poco sintonizada con las necesidades del niño, que en las fantasías de éste la madre aparece como un pájaro devorador".[4]

Aunque los pájaros de Hitchcock encarnan la instancia del superyó materno, lo esencial es, sin embargo, *no* apresurarse a admitir el vínculo entre los dos rasgos que hemos observado –la aparición de las feroces aves asaltantes, el bloqueo de las relaciones sexuales "normales" por la intervención del superyó materno– como una relación-signo, como un correlato entre un "símbolo" y su "significado": los pájaros no "significan" el superyó materno, no "simbolizan" las relaciones sexuales bloqueadas, ni la madre "posesiva", y así sucesivamente; son más bien la presentificación en lo real, la objetivación, la encarnación del hecho de que, en el nivel de la simbolización, algo "no ha funciona-do". En síntesis, son la objetivación-positivación de una simbolización *fraca-sada*. En la terrorífica presencia de los pájaros que atacan, una cierta falta, una cierta falla, asume una existencia positiva. A primera vista, esta distinción puede parecer artificial, vaga; por ello trataremos de explicarla con el test de un interrogante elemental: ¿cómo podría haber sido el film para que las aves funcionaran *realmente* como el "símbolo" de las relaciones sexuales bloquea-das?

La respuesta es simple. Primero, debemos imaginar *Los pájaros* como un film *sin pájaros*. Tendríamos, entonces, un drama típicamente norteamericano sobre una familia en la cual el hijo va de una mujer a otra porque es incapaz de liberarse de la presión de una madre posesiva; un drama similar a decenas de otros que han aparecido en los escenarios y las pantallas de los Estados Uni-dos, particularmente en la década de 1950: la tragedia de un hijo que paga con el caos de su vida sexual lo que en aquellos días se describía como la incapaci-dad de la madre para "vivir su propia vida", para "gastar su energía vital", y el colapso emocional de esa madre cuando alguna mujer finalmente logra sacarle el hijo, etc., todo sazonado con una pizca de pimienta "psicoanalítica", *à la* Eugene O'Neill o Tennesse Williams, e interpretado, de ser posible, en un es-tilo psicologista, del Actor's Studio –la base común del teatro norteamericano a mediados del siglo.

A continuación, en ese drama debemos imaginar la aparición de los pájaros, de tiempo en tiempo, particularmente en los momentos cruciales de la intriga emocional (el primer encuentro del hijo con su futura esposa, el colapso de la madre, etc.). Los pájaros aparecerían en el fondo, como parte del ambiente: la escena inicial (el encuentro de Mitch y Melanie en la veterinaria, la compra de la cotorra) podría tal vez quedar como está, y, después de la escena cargada de emoción del conflicto entre madre e hijo, cuando la madre apenada se retira a la orilla del mar, podríamos oír el graznido de las aves, etc. En esa película, los pájaros, aunque o, más bien, *porque* no desempeñan un papel directo en el desarrollo de la historia, serían "símbolos", "simbolizarían" la necesidad trági-ca de la renuncia de la madre, su desamparo, o lo que fuere, y todos sabríamos qué significan las aves, todos reconoceríamos claramente que la película des-cribe el drama emocional de un hijo que enfrenta a una madre posesiva que trata de pasarle a él el costo de su propio fracaso, y el papel "simbólico" de las aves quedaría indicado por el título, que seguiría siendo *Los pájaros*.

Ahora bien, ¿qué hizo Hitchcok? En su película, los pájaros no son "simbó-licos" en absoluto; desempeñan una parte directa en la historia, como algo inexplicable, como algo que está al margen de la cadena racional de los acon-tecimientos, como un real imposible *sin ley*. De este modo la acción diegética es tan influida por las aves que su presencia masiva eclipsa completamente el drama doméstico: ese drama *pierde su significación* (en términos literales); el espectador "espontáneo" no percibe a *Los pájaros* como un drama familiar doméstico en el cual el papel de las aves sea el de "símbolo" de las relaciones y tensiones intersubjetivas; el acento cae por completo sobre los ataques traumáticos de los pájaros y, en ese marco, la intriga emocional es como un mero pretexto, una parte del tejido indiferenciado de los incidentes cotidianos que componen la primera parte del film, hasta que, contra ese transfondo, la furia misteriosa, inexplicable, de los pájaros puede resaltar incluso con más fuerza. Entonces las aves, lejos de funcionar como un "símbolo" cuya significación podría detectarse, por el contrario *bloquean, enmascaran,* en virtud de su misma presencia masiva, la "significación" de la película, siendo su función hacer que *olvidemos,* durante sus ataques vertiginosos y fulminantes, cuál es en última instancia nuestro tema: el triángulo de una madre, su hijo y la mujer que él ama. Para que el espectador "espontáneo" percibiera con facilidad la "significación" de la película, los pájaros sencillamente tendrían que haber sido *excluidos.*

Hay un detalle clave que respalda nuestra interpretación. Al final del film, la madre de Mitch "acepta" a Melanie como esposa del hijo, da su consentimiento y abandona su rol de superyó (según lo indica la fugaz sonrisa que ella y Melanie intercambian en el auto). Por ello, en ese momento, todos pueden abandonar la propiedad amenazada por los pájaros: éstos ya no son necesarios, su papel ha terminado. El final de la película (la última toma del auto que parte atravesando una multitud de pájaros en calma) es por esa razón totalmente coherente, y no el resultado de algún tipo de "transacción"; el hecho de que el propio Hitchcock haya difundido el rumor de que él habría preferido otro final (el auto llegando al puente Golden Gate totalmente ennegrecido por las aves posadas sobre él), y que tuvo que ceder a la presión del estudio, no es más que otro de los muchos mitos fomentados por el director, que se esforzaba por disimular lo que realmente estaba en juego en su obra.

Por lo tanto, está clara la razón de que *Los pájaros* –según François Regnault[5]– sea la película que cierra el sistema hitchcockiano: los pájaros, la última encarnación en Hichcock del Objeto Malo, son la contracara del reino de la Ley materna, y esta conjunción del Objeto Malo de la fascinación y la Ley materna es lo que define el meollo del fantasma hitchcockiano.

NOTAS

1. Robin Wood, *Hitchcock Films,* Nueva York, A.S. Barnes and Co., 1977, pág. 116.

2. Jacques Lacan, *Le Séminaire, livre XX, Encore,* Seuil, pág. 23.

3. Jacques Lacan, *Ecrits,* Seuil, págs. 54-9.

4. Christopher Lasch, *The Culture of Narcissism,* Londres, Abacus, 1980, pág. 176.

5. Cf. François Regnault, "Système formel d'Hitchcok", en *Cahiers du cinema, hors-serie 8.*

III

LO INDIVIDUAL:
EL UNIVERSO DE HITCHCOCK

"En su mirada insolente está escrita mi ruina"

Slavoj Žižek

1. *¿Qué es lo que está equivocado en* El hombre equivocado?

Para cumplir con el axioma dialéctico de que sólo se llega a la ley subyacente de un universo a través de su excepción, comencemos con *El hombre equivocado,* una de las películas que sin duda "resaltan" en la totalidad de la obra de Hitchcock.

Por una parte, *El hombre equivocado* es el Hitchcock más puro. La especial consideración en que el director tenía a este film es atestiguada por el carácter excepcional de su cameo: en un prólogo, Hitchcock se dirige directamente al espectador, recordándole que lo que verá es una tragedia tomada de la vida real. Este prólogo parece una especie de disculpa implícita: lo lamento, pero en este caso no tendrán el habitual *thriller* cómico; las cosas son reales, pondré mis cartas sobre la mesa y entregaré mi mensaje de modo directo, no envuelto en la acostumbrada indumentaria de comediante...[1]

Por otra parte, tampoco quedan dudas de que en la película hay algo que está fundamentalmente mal: presenta grietas profundas. En consecuencia, debemos responder a dos interrogantes: *¿cuál* es el "mensaje" que Hitchcock se esforzó por expresar "directamente" en *El hombre equivocado,* y por qué *no logró* hacerlo?

La respuesta a la primera pregunta está contenida en lo que suele denominarse la dimensión *teológica* de la obra de Hitchcock. La historia de Balestrero, el músico cuya vida tranquila es desequilibrada de pronto por un accidente imprevisto (se lo identifica falsamente como ladrón de bancos) resume la visión hitchcockiana de un dios cruel, incomprensible y obstinado que juega sádicamente con los destinos humanos. ¿Quién es ese dios que, sin ninguna razón aparente, puede convertir nuestra vida cotidiana en una pesadilla? En su trabajo pionero titulado *Hitchcock* (1957), Rohmer y Chabrol[2] buscaron la clave del "universo de Hitchcock" en su catolicismo; aunque este enfoque parece hoy en día muy desacreditado, eclipsado por los grandes análisis semióticos y psicoanalíticos de la década de 1970, aún vale la pena volver a él, especialmente cuando se tiene presente que la tradición católica a la que se refieren Rohmer y Chabrol no es el catolicismo general sino el jansenismo. La problemática jansenista del pecado, de la relación entre la virtud y la gracia, de hecho delineó por primera vez la relación del sujeto con la Ley que caracteriza al "universo de Hitchcock".

En el prefacio a la edición en inglés de *The Movement-Image*,[3] Gilles Deleuze ubica el vínculo que conecta a Hitchcock con la tradición del pensamiento inglés en la teoría de las relaciones externas, en cuyo nombre el empirismo inglés se opuso a la tradición continental que explicaba el desarrollo de un objeto sobre la base de sus potenciales intrínsecos. El "universo de Hitchcock", en el que una intervención del Destino totalmente externa y accidental, de ningún modo fundada en las propiedades inmanentes del sujeto, de pronto cambia radicalmente su estatuto simbólico (la identificación errónea de Thornhill como "Kaplan" en *Intriga internacional*, la identificación errónea de Balestrero como ladrón de bancos en *El hombre equivocado*, etc., hasta la pareja de *Su amado enemigo*, que súbitamente comprende que su matrimonio está vacío), ese universo, decimos, ¿no se inscribe en la tradición del empirismo inglés, según el cual un objeto está insertado en una red contingente de relaciones externas? Pero a esta tradición le falta la dimensión subjetiva, la tensión, la discordia absurda entre la autoexperiencia del sujeto y la red externa que determina su verdad: en síntesis, la determinación de esta red de relaciones externas, no como un compuesto empírico simple, sino como una red *simbólica*, la red de una estructura simbólica intersubjetiva. Esta especificación adicional se encuentra en la teología jansenista de Port-Royal.

El punto de partida del jansenismo es el abismo que separa la "virtud" humana de la "gracia" divina: en cuanto a su naturaleza inmanente, todas las personas son pecadoras; el pecado es algo que define su estatuto ontológico en sí. Por esa razón, la salvación no puede depender de la virtud que tengan como personas, sino que sólo puede provenir de afuera, como gracia divina. Como tal, la gracia aparece necesariamente como algo radicalmente contingente, es decir, sin ninguna relación con el carácter o las acciones de los individuos: de un modo inescrutable, Dios decide de antemano quién se salvará y quién será condenado.[4] De modo que se invierte la relación que en nuestra vida cotidiana percibimos como "natural": Dios no decide nuestra salvación sobre la base de nuestras acciones virtuosas, sino que realizamos acciones virtuosas porque estamos salvados de antemano. La tragedia de los personajes protagónicos de las obras de Jean Racine, el dramaturgo de Port-Royal, reside en que ellos personifican la suprema exasperación de esta relación antagónica entre la virtud y la gracia. Ha sido Arnauld, contemporáneo de Racine, quien caracterizó a Fedra como "uno de los justos a los que no se les ha dispensado la gracia".

Las consecuencias de esta escisión jansenista entre la virtud inmanente y la gracia trascendente o la condena son de largo alcance. El jansenismo fascinó a los comunistas franceses en su período más "estalinista", puesto que a ellos les resultaba fácil reconocer en ese clivaje entre virtud y gracia un precedente de lo que denominaban "responsabilidad objetiva": como individuo, una persona puede merecer todos los elogios, ser honesta, virtuosa, etc., pero si no ha sido tocada por la "gracia" de la comprensión de la Verdad histórica, encarnada por el Partido, es "objetivamente culpable", y como tal está condenada. De modo que el jansenismo contiene *in nuce* la lógica que, en los monstruosos juicios estalinistas, impulsaba al acusado a reconocer su culpa y a pedir para sí el más duro de los castigos: la paradoja fundamental de la *Atalía* de Racine consiste en que, en este drama sobre el conflicto entre los partidarios de Jehová (el Dios verdadero) y el pagano Baal, *todos*, incluso Matan, el sumo sacerdote de Baal, *creen en Jehová*, del mismo modo en que los acusados en los juicios estalinistas sabían que ellos eran "los desechos de la historia", es decir, sabían que la Verdad estaba del lado del Partido.[5] La actitud de los malhechores de Racine prenuncia entonces la paradoja del héroe sadeano que invierte el lema de Pascal, quien recomendaba "aunque no creas, arrodíllate y ora, actúa como si creyeras, y la fe llegará por sí misma": el héroee sadeano es alguien que, aunque en lo profundo de sí mismo sabe que Dios existe, *actúa como si Dios no existiera* y viola todos sus mandamientos.[6]

Si esta inserción de Hitchcock en el linaje del jansenismo parece traída de los cabellos, basta con recordar el papel crucial desempeñado por la *mirada* en sus películas, así como en las obras de Racine. *Fedra*, la tragedia más famosa de este último, gira en torno a la interpretación errónea de una mirada: la esposa del rey Teseo le revela su amor a Hipólito, el hijo de un matrimonio anterior del rey, y es cruelmente rechazada; cuando entra el esposo, ella toma erróneamente la expresión torva de Hipólito (en realidad un signo de su malestar) por una determinación insolente de denunciarla al rey y se venga del joven, con lo cual ocasiona su propia ruina.[7] El verso 910 de *Fedra*, que enuncia esta mala interpretación ("En su mirada insolente está escrita mi ruina")[8] podría servir como epíteto adecuado del universo de Hitchcock, en el que la mirada del Otro (hasta la mirada final de Norman Bates a la cámara en *Psicosis*) compendia la amenaza letal, es decir, en el que el suspenso no es nunca el producto de una simple confrontación física del sujeto con el atacante, sino que siempre envuelve la mediación de lo que el sujeto *lee en la mirada del otro*.[9] En otras palabras, la mirada de Hipólito ejemplifica perfectamente la tesis lacaniana de que la mirada que yo encuentro "es, no una mirada vista, sino una mirada imaginada por mí en el campo del Otro":[10] la mirada no es la ojeada *[glance]* del

Otro como tal, sino el modo en que esa ojeada *[glance]* "me concierne *[me regarde]*", el modo en que el sujeto *se ve afectado por ella en cuanto a su deseo*. La mirada de Hipólito no consiste en el mero hecho de que mire a Fedra, sino en la amenaza que Fedra ve en ella, "lee en ella", desde la posición de su deseo.[11]

El vínculo misterioso que conecta los dos rasgos enumerados –es decir, la pura "máquina" (el conjunto de relaciones externas que determinan el destino del sujeto) y la pura mirada (en términos lacanianos, la estructura significante, su *automatón*, y el *objet petit a*, su *tyché* contingente, excedente)– es una clave tanto del universo de Racine como del universo de Hitchcock. Un primer indicio acerca de la naturaleza de este vínculo se puede obtener mediante un análisis más atento de la escena de *Fedra:* su rasgo crucial es la presencia de una *tercera* mirada, la del rey, Teseo. El interjuego de miradas entre Fedra e Hipólito implica una terceridad, un agente bajo cuyos ojos vigilantes se produce ese interjuego y que, a cualquier precio, tiene que ser mantenido en la ignorancia respecto de la verdadera naturaleza de la cuestión. No es casual que ese papel sea atribuido al rey: ¿quién sino el rey, el garante final de la trama social, puede resumir mejor el mecanismo ciego del orden simbólico como tal? En este caso la configuración es homóloga a la de *La carta robada* de E. A. Poe, donde también asistimos al duelo de dos miradas (la de la reina y la del ministro) contra el fondo de una tercera mirada (la del rey), que tiene que seguir ignorante de la cuestión. En *39 escalones*, y en las dos ulteriores variaciones de Hitchcock sobre la misma fórmula *(Saboteador* e *Intriga internacional)*, en la escena del duelo entre el héroe y sus adversarios frente a la multitud ignorante (la reunión política en la primera película, el baile de caridad en la segunda, la subasta en la tercera), ¿no encontramos una configuración análoga? Por ejemplo, en *Saboteador*, el héroe trata de arrebatar a su novia de las manos de los agentes nazis y escapar con ella, pero la escena tiene lugar en un gran salón, a la vista de centenares de invitados, de modo que ambas partes tienen que observar las reglas de la etiqueta, es decir que las acciones que cada una de ellas emprende contra su adversaria deben estar de acuerdo con las reglas del juego social: el Otro (representado por la multitud) tiene que permanecer ignorante de lo que está verdaderamente en juego.[12]

Esta es, entonces, la respuesta a nuestro primer interrogante: *El hombre equivocado* presenta con la mayor fuerza el trasfondo ideológico del "universo de Hitchcock", en el que los héroes están a merced del *"Dieu obscur"*, del Destino impredecible condensado por las gigantescas estatuas de piedra que aparecen regularmente en sus películas, desde la diosa egipcia del Museo Británico *(Chantaje)* hasta las cabezas de presidentes del Mount Rashmore *(Intriga internacional)* pasando por la Estatua de la Libertad *(Saboteador)*. Estos dioses están ciegos en su bendita ignorancia; su mecanismo funciona con independencia de los pequeños destinos humanos: el Destino interviene a la manera de una coincidencia contingente que modifica radicalmente el estatuto simbólico del héroe.[13] Por cierto, sólo una línea delgada separa esta noción del *"Dieu obscur"* de la idea sadeana del "Ser Supremo del Mal".[14] En cuanto a nuestro segundo interrogante, nos proporciona la respuesta otra estatua que, precisamente, *no* aparece en ninguno de los films de Hitchcock: la Esfinge. Pensamos en una foto de Hitchcock delante de la Esfinge, ambos de perfil, que subraya su paralelismo; en última instancia, es el propio Hitchcock quien, en su relación con el espectador, asume el papel paradójico de un "benévolo dios del mal", que maneja los hilos y juega con el público. Es decir que Hitchcock, en tanto *auteur*, es una especie de imagen especular reducida, "estetizada", del Creador incomprensible y obstinado. Y en *El hombre equivocado* el problema es que en esta película Hitchcock *renunció* a su papel de "benévolo dios del mal", esforzándose por transmitir el mensaje de un modo "directo", "serio", con el resultado paradójico de que el "mensaje" en sí perdió su capacidad de persuasión. En otras palabras, no hay metalenguaje: el "mensaje" (la visión de un universo a merced del *"Dieu obscur"* cruel e incomprensible) sólo puede volcarse en la forma artística que en sí misma imita su estructura.[15] Al haber cedido Hitchcock a la tentación del realismo psicológico "serio", incluso los momentos más trágicos de la película nos dejan de algún modo fríos, a pesar del tremendo esfuerzo del director por conmovernos...

2. *La alegoría hitchcockiana*

Llegamos aquí a la cuestión de la "experiencia original" de Hitchcock, del núcleo traumático en torno al cual giran sus películas. Hoy en día, esta problemática podría parecer anticuada, un caso de búsqueda "reduccionista" ingenua del fundamento psicológico "real" de la ficción artística que tanta mala fama le ha dado a la crítica psicoanalítica de arte. Sin embargo, hay otro modo de enfocarla. Consideremos tres obras muy diferentes: *Empire of the Sun* de Jim Ballard, *Perfect spy* de John Le Carré, *Black Rain* de Ridley Scott. ¿Qué tienen ellas en común? En las tres, el autor, después de delinear los contornos de un "universo" artístico específico con una serie de obras que establecían una cierta continuidad temática y estilista, finalmente abordó el fragmento "empírico" de la realidad que le servía de soporte experiencial. A continuación de un conjunto de novelas de ciencia ficción con el tema obsesivo del vagabundeo en un mundo abandonado, en descomposición, lleno de los escombros de una civilización extinguida, *Empire of the Sun* proporciona un relato de ficción de la niñez de Ballard, cuando, a los once años, la ocupación japonesa de Shanghai lo separó de sus padres, de modo que se encontró solo en el rico barrio extranjero de la ciudad, libre para vagar por las residencias abandonadas, con piscinas secas, agrietadas... La "palestra" de Le Carré, es la descripción final del universo de traición, manipulación y doble engaño de los espías; en *Perfect Spy* –escrita inmediatamente después de la muerte del padre– Le Carré reveló la fuente de su obsesión con la traición: la ambigua relación con el padre, un impostor corrupto. Las películas de Ridley Scott presentan la visión de una megalópolis corrupta y decadente (como lo ha observado con malignidad un crítico, Scott es incapaz de filmar una calle sin basura "atmosférica" y niebla sórdida); en *Black Rain*, finalmente encuentra por casualidad un objeto cuya realidad le da cuerpo a sus visiones: la Tokio de hoy en día. En adelante, ya no necesita buscar refugio en visiones distópicas de Los Angeles en el 2080, como en *Blade Runner*... Ahora debería estar en claro por qué lo que tenemos no es "reduccionismo psicológico": el fragmento desenterrado de la experiencia (la niñez en la Shanghai ocupada; la figura paternal obscena; la megalópolis japonesa de hoy en día) no es simplemente el punto de referencia "real" que nos permite reducir el fantasma a la realidad, sino, por el contrario, el punto en el cual *la realidad en sí toca al fantasma* (tenemos la tentación de decir "la invade"), esto es, el punto de cortocircuito por medio del cual el fantasma-trauma invade la realidad. En ese momento singular de encuentro, la realidad parece "más onírica que los sueños mismos". Contra este fondo, las razones del fracaso de *El hombre equivocado* resultan un tanto más claras: el film entrega la base experiencial del "universo de Hitchcock", pero esa base carece sencillamente de la dimensión de la fantasía: no se produce el encuentro milagroso, la realidad sigue siendo "mera realidad", en ella no resuena la fantasía.

Para decirlo de otro modo, lo que le falta a *El hombre equivocado* es la dimensión *alegórica*: su enunciado fílmico (el contenido diegético) no apunta a sus procesos de enunciación (la relación de Hitchcock con el público). Esta noción modernista de la alegoría es desde luego opuesta a la tradicional: dentro del espacio narrativo tradicional, el contenido diegético funciona como la alegoría de alguna entidad trascendente; los individuos de carne y hueso personifican principios trascendentes (el Amor, la Tentación, la Traición, etc.), le procuran un envoltorio externo a Ideas suprasensibles, mientras que en el espacio moderno, el contenido diegético es postulado y concebido como la alegoría de su propio proceso de enunciación. En su *Murderous Gaze,*[16] William Rothman descifra toda la obra de Hitchcock como una puesta en escena alegórica de ese tipo, de la relación "sádico-benévola" de Hitchcock con su público; incluso nos sentimos tentados a decir que en última instancia las películas de Hitchcock sólo contienen dos posiciones del sujeto: la del director y la del espectador; todas las personas diegéticas asumen por turno una de esas dos posiciones. El caso más claro de esa estructura alegórica que se autorrefleja se encuentra en *Psicosis:* mucho más convincente que la lectura alegórica tradicional (la interpretación del policía que detiene a Marion inmediatamente antes de que ella llegue al motel de Bates como el Angel enviado por la Providencia para salvarla en su camino a la perdición, por ejemplo) es la interpretación que ve el contenido diegético como representante del espectador (de su voyeurismo) o del director (que castiga el voyeurismo del espectador).[17] Para evitar la enumeración de ejemplos bien conocidos que atestiguan el juego de

Hitchcock con la naturaleza ambigua y escindida del deseo del espectador (el hundimiento suspendido del auto de Marion en *Psicosis;* numerosas alusiones al voyeurismo del espectador desde *La ventana indiscreta* hasta *Psicosis;* la mano de Grace Kelly tendida en busca de ayuda hacia la cámara –es decir, hacia el espectador– en *La llamada fatal;* el "castigo" del espectador mediante la realización de su deseo y la descripción de la muerte del malhechor con todos sus detalles repulsivos, desde *Saboteador* hasta *Cortina rasgada*, etc.), limitémonos a la segunda escena de *Psicosis:* Marion (Janet Leigh) entra en su oficina seguida por el patrón y multimillonario petrolero que, de un modo jactancioso y obsceno, exhibe cuarenta mil dólares. La clave de esta escena es el cameo de Hitchcock en su inicio:[18] durante un breve momento, lo vemos a través de la ventana, parado en la acera; cuando, unos segundos después el millonario entra en la oficina desde el mismo lugar en que estaba Hitchcock, lleva el mismo sombrero hongo, de modo que es una especie de representante de Hitchcock, enviado por él a la película para tentar a Marion e impulsar la historia en la dirección deseada... Aunque *El hombre equivocado* y *Psicosis* son muy semejantes en muchos casos (la monotonía descolorida de la vida cotidiana que describen, la ruptura de la línea narrativa, etc.), su diferencia es insuperable.

El reproche marxista clásico sería, desde luego, que la función final de ese procedimiento alegórico por medio del cual el producto refleja su propio proceso formal, es hacer invisible su mediación social, y de tal modo neutralizar su potencial de crítica social –como si, para llenar el vacío de contenido social la obra se volviera hacia su propia forma–. Y, por cierto, ¿este reproche no es acaso confirmado *per negationem* por *El hombre equivocado,* que, a causa de su suspensión de la alegoría, puede considerarse, entre todas las películas de Hitchcock, la que más se acerca a la "crítica social" (una monótona vida cotidiana atrapada en los engranajes irracionales de la burocracia judicial...)? Pero en cuanto a esto nos sentimos tentados a defender una argumentación exactamente opuesta:[19] el más vigoroso potencial "crítico-ideológico" de las películas de Hitchcock se encuentra precisamente en su naturaleza alegórica. Para que este potencial del juego hitchcockiano de "sadismo benévolo" con el espectador se ponga de manifiesto, es preciso tomar en cuenta el concepto estricto de "sadismo" tal como ha sido elaborado por Lacan. En su "Kant avec Sade", Lacan propuso dos esquemas que traducen la matriz de las dos etapas de la fantasía sadeana.[20] El siguiente es el primer esquema:

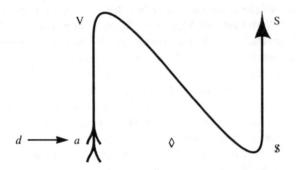

La V *(Volonté)* designa la Voluntad de Gozar, esa actitud fundamental del sujeto "sádico", su esfuerzo por encontrar goce en el dolor del otro, mientras que S es precisamente ese otro sujeto, que sufre, y como tal (en ello consiste la idea de Lacan) está "no tachado", completo: el "sádico" es una especie de parásito en busca de la corroboración de su ser. Por medio de su sufrimiento, el otro (la víctima) lo confirma como sustancia sólida resistente: la carne viva en la que corta el sádico autentica, por así decir, la plenitud del ser. El nivel superior del esquema, V → S denota la relación "sádica" manifiesta: el perverso sádico encarna la Voluntad de Gozar que atormenta a la víctima para obtener la plenitud del ser. No obstante, la tesis de Lacan es que esta relación manifiesta oculta otra relación, latente, que es la "verdad" de la primera. Esta otra relación está contenida en el nivel inferior del esquema, a ◊ $\mathbb{S}$: la relación del objeto-causa del deseo con el sujeto dividido. En otras palabras, el sádico *qua* Voluntad de Goce agresiva no es más que un semblante cuya "verdad" es a, el objeto: su posición "verdadera" es la de un *objeto instrumento del goce del Otro*. El sádico no actúa para su propio goce; su estratagema consiste más bien en eludir la escisión constitutiva del sujeto asumiendo el rol del objeto instrumento al servicio del Otro. (Un ejemplo histórico-político: el comunista estalinista que se concibe como la herramienta de la Historia, como el medio de llevar a cabo la Necesidad histórica.) De tal modo, la división se transpone al otro, a la víctima atormentada: ésta no es nunca una mera sustancia pasiva, una "plenitud de ser" no tachada, puesto que la ejecución sádica se basa en la división de la víctima (en su vergüenza por lo que le está sucediendo, por ejemplo). El sádico sólo goza en la medida en que su actividad genera esa división en el otro. (En el comunismo estalinista, esta división proporciona el obsceno "plus de goce" propio de la posición del comunista: él actúa *en nombre del Pueblo*, es decir que, para él, el hecho de que atormente al pueblo a discreción es la forma en que lo "sirve"; el estalinista actúa como un mediador puro, como un instrumento por medio del cual, por así decirlo, el Pueblo se tortura a sí mismo...) El verdadero deseo del sádico (la d, inicial de *desir*, del vértice inferior izquierdo del esquema) es, por lo tanto, actuar como instrumento del goce del Otro *qua* "el Ser Supremo del Mal".[21] No obstante, Lacan da un paso más que es esencial: el primer esquema traduce en su totalidad la estructura del fantasma sadeano; sin embargo, el propio Sade no se dejaba engañar por este fantasma suyo. Se percataba perfectamente de que esa fantasía tenía su lugar dentro de otro marco que la determinaba. Este segundo marco se puede generar sencillamente haciendo rotar noventa grados el primer esquema:

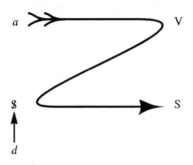

Ese es entonces el sitio "real" del sujeto que sueña el fantasma sádico: un objeto-víctima a merced de la Voluntad "sádica" del Otro que, como dice Lacan, aquí "salta a coerción moral". Lacan lo ejemplifica con el propio Sade, en cuyo caso esa coerción tomó la forma de la presión ejercida sobre él por el ambiente, por su suegra, que una y otra vez lograba su encarcelamiento, y hasta por el propio Napoleón, que lo confinó en un asilo. Sade –el sujeto que producía guiones "sádicos" a un ritmo frenético– era "en realidad" la víctima de un acoso incesante, un objeto sobre el que se encarnizaban con su sadismo moralista los organismos del estado: *la real Voluntad de Gozar ya opera en el aparato burocrático del estado que maneja al sujeto*. Su resultado es $, el sujeto tachado, que hay que interpretar literalmente como una borradura, como una cancelación de la persona de la trama de la tradición simbólica (la expulsión de Sade de la historia literaria "oficial"), de modo que casi no queden huellas de él como persona. S, el sujeto del sufrimiento patológico, aparece en este caso como la comunidad de quienes, durante la vida de Sade, permanecieron junto a él a pesar de todas las penurias (su esposa, su cuñada, su criado), y sobre todo como la comunidad de quienes, después de su muerte, nunca han dejado de estar fascinados por su obra (escritores, filósofos, críticos literarios...). En este punto exacto se vuelven claras las razones para interpretar retroactivamente el esquema del fantasma sadeano a partir de la matriz de los cuatro discursos: el esquema gana coherencia si uno lee su cuarto término (S) como S_2, el saber (universitario) que se esfuerza por penetrar en el misterio de la obra de Sade. (En este sentido, se podría decir que la *a* del segundo esquema representa lo que quedó de Sade después de su muerte, el objeto-producto por medio del cual Sade provocaba la reacción sádico-moralista del Amo: la *a* es en última instancia su obra, su legado como escritor.)

Al girar noventa grados el esquema, el sádico queda en la posición de víctima: la transgresión que al principio parecía subvertir la Ley, resulta ser propia de la Ley: *la Ley en sí es la perversión fundamental.* (En el estalinismo, este vuelco designa el momento en el que el propio estalinista se convierte en víctima, es decir, es forzado a sacrificarse por los intereses superiores del Partido, a confesar su culpa en un juicio político... $\mathcal{S}$ representa aquí su borramiento de los anales de la historia, su transformación en una "no persona".)[22] Este cuarto de giro también traduce la lógica del juego "sádico" de Hitchcock con el espectador. En primer lugar, Hitchcock le monta una trampa de identificación sádica, al suscitar en el espectador el deseo "sádico" de ver al héroe aplastar al malvado, a esa "plenitud de ser" sufriente... Cuando el espectador está lleno de la Voluntad de Gozar, Hitchcock cierra la trampa simplemente realizando ese deseo: al ver que su deseo se realiza en totalidad, el espectador obtiene más de lo que pedía (el acto del asesinato con toda su presencia nauseabunda; el caso ejemplar es el asesinato de Gromek en *Cortina rasgada*), y es de tal modo obligado a consentir que, en el momento mismo en que lo posee la Voluntad de ver aniquilado al malhechor, lo manipulee efectivamente el único verdadero sádico, el propio Hitchcock. Esta aquiescencia enfrenta al espectador con la naturaleza contradictoria, dividida, de su deseo (él quiere que el malhechor sea aplastado sin misericordia, pero al mismo tiempo no está preparado para pagar el precio total de ese acto: en cuanto ve realizado su deseo, retrocede avergonzado), y el resultado, el producto de esto, es S_2: conocimiento, es decir, el flujo interminable de libros y artículos sobre Hitchcock.

3. *Del I al* a

El cambio (la rotación) que opera en este caso podría también definirse como el pasaje del I al *a*: de la mirada *qua* punto de identificación simbólica a la mirada *qua* objeto. Es decir que, antes de identificarse con las personas de la realidad diegética, el espectador *se identifica consigo mismo como pura mirada*, se identifica con el punto abstracto que mira la pantalla.[23] Ese punto ideal proporciona una forma pura de la ideología en cuanto aparenta flotar libremente en un espacio vacío, no cargado con ningún deseo, como si el espectador fuera reducido a la condición de una especie de testigo sin sustancia, absolutamente invisible, de los acontecimientos que se producen "por sí mismos", con independencia de la presencia de su mirada. Pero el pasaje del I al *a* obliga al espectador a interpretar el deseo que opera en su mirada aparentemente "neutra". Al respecto, basta con recordar la bien conocida escena de *Psicosis* en la que Norman Bates observa nerviosamente el automóvil con el cuerpo de Marion, que se sumerge en el pantano, detrás de la casa de la madre: cuando por un momento el auto deja de hundirse, la ansiedad que automáticamente surge en el espectador (una prueba de su solidaridad con Norman) de pronto le recuerda que su deseo es idéntico al de Norman, es decir, que su imparcialidad fue desde siempre falsa. En ese momento, su mirada se desidealiza, macula su pureza una mancha patológica, y lo que aparece es el deseo que la mantiene: el espectador es obligado a suponer que la escena que presencia fue montada para sus ojos, que su mirada estaba incluida en ella desde el principio.

Hay un difundido relato sobre una expedición antropológica que intentó tomar contacto con los miembros de una tribu salvaje de la selva de Nueva Zelanda, los que supuestamente bailaban una terrible danza guerrera llevando máscaras grotescas; cuando los exploradores llegaron hasta esa tribu, les rogaron a los salvajes que bailaran para ellos, y la danza, de hecho, estuvo a la altura de la descripción. De ese modo, los científicos obtuvieron el material deseado sobre las costumbres extrañas y terribles de los aborígenes. No obstante, poco tiempo después, se demostró que esa danza salvaje en realidad no existía: los aborígenes se habían limitado a tratar de satisfacer el deseo de los exploradores, y en sus conversaciones con ellos habían descubierto lo que querían que fuera reproducido para verlo... Esto es lo que Lacan entiende cuando dice que el deseo del sujeto es el deseo del otro: los exploradores recibieron de los aborígenes su propio deseo; la rareza perversa que les pareció siniestramente terrible, fue escenificada exclusivamente para exhibirla ante ellos. La misma paradoja está muy bien satirizada en *Super secreto* (Zucker, Abrahams y Abrahams, 1978), una comedia sobre turistas occidentales de visita en la ex República Democrática Alemana: en la estación ferroviaria de la frontera, ven a través de la ventanilla una escena terrible, con policía brutal, perros, niños golpeados. No obstante, cuando la inspección ha terminado, todo el puesto aduanero cambia, los niños golpeados se levantan y se sacuden el polvo; en síntesis, todo el despliegue de "brutalidad comunista" se había realizado para *los ojos occidentales.*

Lo que tenemos en este caso es un contrapunto en simetría inversa a la ilusión que define la interpelación ideológica, a saber: la ilusión de que el Otro desde siempre nos mira, se dirige a nosotros. Cuando *nos reconocemos* como interpelados, como los destinatarios de una llamada ideológica, *reconocemos mal* la contingencia radical del hecho de que nos encontremos en el lugar de la interpelación. Es decir, no advertimos que nuestra percepción "espontánea" de que el Otro (Dios, la Nación, etc.) *nos* ha escogido como sus destinatarios resulta de la inversión retroactiva de la contingencia en necesidad: no nos reconocemos en la llamada ideológica por haber sido elegidos; por el contrario, nos percibimos como elegidos, como destinatarios de una llamada, porque nos reconocemos en ella. *El acto contingente del reconocimiento engendra retroactivamente su propia necesidad* (la misma ilusión del lector de un horóscopo que se "reconoce" como su destinatario al tomar las coincidencias contingentes de previsiones oscuras con su vida real como prueba de que el horóscopo "habla de *él*"). La ilusión involucrada en nuestra identificación con una pura mirada es, por otra parte, mucho más astuta: mientras nos percibimos como espectadores externos que echan una mirada furtiva a algún Misterio majestuoso indiferente a nosotros, somos ciegos al hecho de que todo el espectáculo del Misterio está montado *con un ojo en nuestra mirada,* es decir, para atraer y fascinar nuestra mirada. En este caso, el Otro nos engaña en la medida en que nos induce a creer que *no* hemos sido elegidos; aquí es el verdadero destinatario quien confunde su posición con la de un espectador accidental.[24]

En esto consiste la estrategia elemental de Hitchcock: por medio de una inclusión refleja de su propia mirada, el espectador se percata de que esa mirada suya es desde siempre parcial, ideológica, y lleva el estigma de un deseo "patológico". Esta estrategia de Hitchcock es mucho más subversiva de lo que parece. ¿Cuál es exactamente el estatuto del deseo realizado del espectador en el ejemplo mencionado del asesinato de Gromek en *Cortina rasgada*? El hecho crucial consiste en que ese deseo es experimentado como una "transgresión" a lo socialmente permitido, como el deseo de un momento en el que, por así decir, se permite violar la Ley en nombre de la propia Ley. Lo que encontramos en este caso es de nuevo una perversión como actitud socialmente "constructiva": uno puede permitirse impulsos ilícitos, torturar y matar para la protección de la ley y el orden, etc. Esta perversión reposa sobre la disociación del campo de la Ley en Ley *qua* "Ideal del yo", es decir, orden simbólico que regula la vida social y mantiene la paz social, y su reverso superyoico obsceno. Como lo han demostrado numerosos análisis desde Bakhtin en adelante, las transgresiones periódicas son inherentes al orden social, y funcionan como una condición de su estabilidad. (El error de Bakhtin –o, más bien, de alguno de sus seguidores– consistió en presentar una imagen idealizada de estas "transgresiones", es decir, en guardar silencio sobre los linchamientos, etc., como forma crucial de la "suspensión carnavalesca de la jerarquía social".) La identificación más profunda que "mantiene unida" a una comunidad no es tanto la identificación con la Ley que regula su circuito cotidiano "normal", sino *la identificación con la forma específica de transgresión de la Ley, de su suspensión* (en términos psicoanalíticos, con la forma específica del *goce*). Recordemos las comunidades pueblerinas blancas del sur de los Estados Unidos en la década del 20, en las que el reino de la Ley oficial, pública, tenía como acompañamiento un doble sombrío, el terror nocturno del Ku Klux Klan, el linchamiento de los negros indefensos, etc.: un hombre (blanco) era fácilmente perdonado por las violaciones menores de la Ley, sobre todo cuando podía justificarlas con un "código de honor"; la comunidad seguía reconociéndolo como "uno de nosotros", (en las comunidades blancas del sur abundaban los casos legendarios de solidaridad con el transgresor). Pero ese hombre sería efectivamente excomulgado, percibido como "no uno de nosotros" en cuanto desconociera la forma específica de *transgresión* propia de esa comunidad –digamos, al negarse a compartir los linchamientos rituales del Ku Klux Klan, o denunciarlos a la Ley (la cual, desde luego, no quería saber nada de ellos, puesto que ejemplificaban su propio reverso oculto)–. La comunidad nazi se basaba en la misma "solidaridad en la culpa" por la participación en una transgresión común: condenaba al ostracismo a quienes no estaban dispuestos a asumir el reverso oscuro del idílico *Volksgemeinschaft:* los pogroms nocturnos, las golpizas a los opositores políticos, en síntesis, todo lo que "todos sabían pero de lo que nadie hablaba". Y –esto es lo que queremos señalar– la identificación sometida a un "extrañamiento", cuyo funcionamiento es suspendido, como resultado del juego alegórico de Hitchcock con el espectador, es esa identificación con la transgresión. Precisamente cuando Hitchcock parece ser más conformista, elogiando el gobierno de la Ley, etc., el topo crítico-ideológico ya ha realizado su trabajo, la identificación fundamental con el modo "transgresor" de goce que mantiene unida a una comunidad –en suma: ha quedado incurablemente contaminada la materia de la que está hecho el sueño ideológico.

4. *La banda de Moebius de* Psicosis

Psicosis lleva a su extremo esta subversión hitchcockiana de la identificación del espectador, forzándolo a *identificarse con el abismo que está más allá de la identificación.* Es decir, la clave que nos permite ingresar en el misterio del film ha de buscarse en la ruptura, en el cambio de modalidad, que separa al primer tercio de los dos últimos (de acuerdo con la "sección áurea", según la cual la relación de la parte más pequeña con la mayor es igual a la relación de la parte mayor con el todo). Durante el primer tercio de la película nos identificamos con Marion, experimentamos la historia desde su punto de vista, razón por la cual su asesinato nos saca de carril, haciéndonos perder pie. Hacia el final del film, buscamos un nuevo fundamento, aferrándonos al punto de vista del detective Arbogast, de Sam y Lila... pero todas esas identificaciones secundarias están "vacías" o, más precisamente, se complementan entre sí: en ellas no nos identificamos con sujetos sino con una pura y llana máquina investigativa, en la cual confiamos en nuestro esfuerzo por revelar el misterio de Norman, el "héroe" que reemplaza a Marion como punto focal de la película y domina su última parte, y que en cierto sentido no es nada más que el negativo en espejo de ella (como lo indica la misma relación especular de sus respectivos nombres: Marion-Norman). En síntesis, después del asesinato de Marion, la identificación con la personalidad que domina el espacio diegético se vuelve imposible.[25] ¿De dónde proviene esta imposibilidad de identificación? En otras palabras, ¿en qué consiste el cambio de modalidad generada por el pasaje de Marion a Norman? En su aspecto más obvio, el mundo de Marion es el mundo de la vida cotidiana de la Norteamérica contemporánea, mientras que el mundo de Norman es su reverso nocturno:

"Automóvil, motel, policía, caminos, oficina, dinero, detective, etc.: éstos son signos de la positividad y la renuncia presentes y actuales; casona (castillo embrujado), animales embalsamados, momia, escaleras, cuchillos, ropa falsa: éstos son signos del inventario de formas terroríficas del pasado prohibido. Es sólo el diálogo de los dos sistemas de signos, su relación recíproca no generada por las analogías sino por las contradicciones, lo que crea la tensión visual de este *thriller*."[26]

Por lo tanto, estamos lejos de la habitual subversión hitchcockiana de la superficie cotidiana idílica, con su reverso oscuro: la "superficie" subvertida, literalmente dada vuelta, de adentro a afuera, no es en *Psicosis* la imagen idílica que encontramos al principio de *La ventana indiscreta* o *El tercer tiro*, sino un "tiempo de plomo", gris, monótono, lleno de preocupaciones y angustias "triviales". Esta alienación americana (la inseguridad económica, el miedo a la policía, la búsqueda desesperada de un poco de felicidad, en síntesis, la *histeria* de la vida cotidiana capitalista) es enfrentada a su reverso *psicótico*: el mundo de pesadilla del crimen patológico. La relación entre estos dos mundos elude la oposición simple de superficie y profundidad, de realidad y fantasía, etc. La única topología que se adecua a ella es la de las dos superficies de la banda de Moebius: si avanzamos lo suficiente sobre una de las superficies, de pronto nos encontramos en su reverso. Este momento de paso de una superficie a su reverso, desde el registro del deseo histérico al de la pulsión psicótica, puede ubicarse de un modo muy preciso: la aparición progresiva, después del asesinato de Marion, del primer plano del desagüe que absorbe agua y sangre, sobre el primer plano del ojo muerto de la joven. La espiral primero *entra* en el desagüe, y después *termina* en el ojo,[27] como pasando por el punto cero de un eclipse del tiempo, una "noche del mundo", para citar a Hegel. En términos de ciencia ficción podríamos decir que "atravesamos las puertas del tiempo" y entramos en otra modalidad temporal. La comparación con *Vértigo* es en este caso reveladora: en *Psicosis* entramos precisamente en ese abismo que atrae a Scottie en *Vértigo*, pero al que él es todavía capaz de resistir. En consecuencia, no resulta difícil encontrar los nombres lacanianos para las dos superficies de esta banda de Moebius, es decir, proponer una fórmula elemental que regula el universo de Marion y Norman:

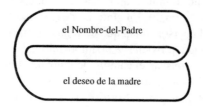

Marion queda debajo del signo del Padre, es decir, del deseo simbólico constituido por el Nombre-del-Padre; Norman está entrampado en el deseo de la madre aún no sometido a la Ley paterna (y como tal, no todavía un deseo en sentido estricto, sino más bien una pulsión presimbólica): la posición histérica femenina se dirige al Nombre-del-Padre, mientras que la psicótica se aferra al deseo de la madre. En síntesis, el pasaje de Marion a Norman resume la "regresión" desde el registro del *deseo* al de la *pulsión.* ¿En qué consiste su oposición? El deseo es un deslizamiento metonímico impulsado por una falta, una lucha por capturar el señuelo elusivo: siempre, por definición, queda "insatisfecho", admite todas las interpretaciones posibles, puesto que en última instancia coincide con su interpretación, es decir, *no es nada más* que el movimiento de la interpretación, el pasaje de un significante a otro, la producción eterna de nuevos significantes que, retroactivamente, le dan sentido a la cadena precedente. En oposición a esta búsqueda del objeto perdido que sigue eternamente "en otra parte", la pulsión, en cierto sentido, está *desde siempre satisfecha:* contenida en su circuito cerrado, "rodea" a su objeto –como dice Lacan– y encuentra satisfacción en su propia pulsación, en su reiterado fracaso en alcanzarlo. En este preciso sentido, la pulsión –en contraste con el deseo simbólico– pertenece a lo Real-Imposible, definido por Lacan como lo que "siempre retorna al mismo lugar". Y precisamente por esta razón no es posible identificarse con ella: sólo cabe identificarse con el otro *qua* sujeto deseante; esta identificación es incluso *constitutiva* del deseo que, según Lacan, es por definición "un deseo del Otro", es decir, intersubjetivo, mediado por el otro, en contraste con la pulsión "autista", contenida en su propio circuito. De modo que Norman elude la identificación en cuanto sigue preso de la pulsión psicótica, en la medida en que le es negado el acceso al deseo: lo que le falta es la realización de la "metáfora primordial" por medio de la cual el Otro simbólico (la Ley estructural representada por el Nombre-del-Padre) reemplaza al *goce,* es decir, al circuito cerrado de la pulsión. La función última de la Ley es confinar el deseo –*no el deseo del propio sujeto sino el deseo de su Madre-Otro [M-Other].* Norman Bates es, por lo tanto, una especie de Antiedipo *avant la lettre:* su deseo está alienado en el Otro materno, a merced de su capricho cruel.

Esta oposición del deseo y la pulsión determina la economía simbólica contrastada de las dos grandes escenas de asesinato de *Psicosis:* el asesinato en la ducha de Marion y el asesinato en la escalera del detective Arbogast. La escena del asesinato en la ducha siempre ha sido una *pièce de resistance* en las interpretaciones; su poder de fascinación distrae la atención del segundo asesinato, el punto verdaderamente traumático de la película –un caso de manual de lo que Freud denominaba "desplazamiento"–. La muerte violenta de Marion constituye una sorpresa absoluta, un shock sin ningún fundamento en la línea narrativa, que corta abruptamente su despliegue "normal"; está filmada de un modo muy "cinematográfico"; su efecto surge del montaje: nunca vemos al asesino de cuerpo entero, el acto de asesinato es "desmembrado" en una multitud de primeros planos fragmentarios que se suceden a un ritmo frenético (la mano que se alza, el filo del cuchillo junto al vientre, el grito de la boca abierta...), como si las repetidas cuchilladas hubieran alcanzado incluso al rollo de la película y provocado el desgarramiento de la mirada fílmica continua (o, más bien, lo contrario: como si la sombra asesina, dentro del espacio diegético, reemplazara al poder del montaje mismo...). ¿Cómo es entonces posible superar este shock de la intrusión de lo Real? Hitchcock encontró una solución. Logró intensificar el efecto presentando el segundo asesinato como algo *esperado;* el ritmo de la escena es calmo y continuo, prevalecen las tomas prolongadas, todo lo que precede al acto del crimen parece anunciarlo: cuando Arbogast entra en la "casa de la madre", se detiene al pie de la escalera vacía –ese *leitmotif* crucial de Hitchcock– y lanza una mirada inquisitiva hacia arriba, enseguida sabemos que "hay algo en el aire"; cuando, unos segundos más tarde, Arbogast sube por la escalera, y vemos en primer plano la rendija en la puerta del segundo piso, nuestra premonición recibe una segunda confirmación. Lo que sigue es la famosa toma desde lo alto que nos proporciona, por así decirlo, un plano claro de toda la escena, como preparándonos para lo que finalmente ocurre: la aparición de la figura de la "madre", que apuñala a Arbogast hasta matarlo... La lección de esta escena de asesinato es que sufrimos el shock más brutal cuando somos testigos de la realización exacta de lo que estamos esperando, como si, en este punto, *tyché* y *automatón* coincidieran paradójicamente: la irrupción más terrorífica de la *tyché* y que perturba totalmente la estructura simbólica (es decir, el funcionamiento suave del *automatón*) ocurre cuando una necesidad estructural se realiza simplemente con un automatismo ciego. Esta paradoja nos recuerda el conocido sofisma que demuestra la imposibilidad de la sorpresa: los alumnos de una clase saben que en el curso de la semana siguiente les van a tomar un examen escrito. ¿Cómo podría el profesor sorprenderlos realmente? Los alumnos razonan como sigue: el viernes, último día posible, está excluido, puesto que desde el jueves a última hora, todos sabrían que tendrían que dar el examen al día siguiente, y no habría sorpresa; el jueves también está excluido, puesto que desde el miércoles a última hora sería previsible el examen para el día anterior (al haber sido ya excluido el viernes), y así sucesivamente. Lo que Lacan llama lo Real es precisamente el hecho de que, a pesar de la exactitud irrefutable de este razonamiento *el examen actuaría como una sorpresa en cualquier día salvo el viernes.*

Detrás de su aparente simplicidad, el asesinato de Arbogast reposa entonces sobre una refinada dialéctica de lo esperado y lo inesperado o, en síntesis, del deseo (del espectador). El único modo de explicar esta economía paradójica, en la que la mayor sorpresa es provocada por la realización completa de nuestras expectativas, consiste en asumir la hipótesis de un sujeto disociado deseante, es decir, cuya expectativa está catectizada por el deseo. Desde luego, lo que tenemos en este caso es la lógica de la disociación fetichista: "Sé que se producirá el hecho X (que Arbogast será asesinado) pero no lo creo del todo (de modo que soy sorprendido cuando el asesinato realmente ocurre)". ¿Dónde reside exactamente el deseo en este caso? ¿En el conocimiento o en la creencia? Contradiciendo la respuesta obvia ("en la creencia": "Sé que X ocurrirá

pero me niego a creerlo puesto que va contra mi deseo...”), lo que dice Lacan
es totalmente inequívoco: en el conocimiento. La realidad horrible en la que
uno se niega a creer, que se niega a aceptar, a integrar en el propio universo
simbólico, no es más que lo Real del propio deseo, y la creencia inconsciente
(que X podría no suceder realmente) es en última instancia una defensa contra
lo Real del deseo: como espectadores de *Psicosis*, deseamos la muerte de Arbogast, y la función de nuestra creencia de que Arbogast no será atacado por la
figura de la “madre” consiste precisamente en hacer posible que evitemos la
confrontación con lo Real de nuestro deseo.[28] Lo que Freud denomina “pulsión” –en su oposición al deseo, cuya naturaleza está por definición escindida–
quizás sea precisamente un nombre del “cierre” absoluto en el que lo que sucede realmente se corresponde a la perfección con lo que uno sabe exactamente
que sucederá...

5. Aristófanes invertido

En *Psicosis* hay que estar atento al modo en que esta oposición entre deseo
y pulsión está lejos de ser simplemente una pareja conceptual abstracta: hay
investida una tensión *histórica* fundamental, indicada por los escenarios diferentes de los dos asesinatos, que se relacionan con el modo en que Norman está dividido entre los dos ámbitos. Es decir que el ámbito arquitectónico de los
dos asesinatos no es de ningún modo neutro: el primer crimen se produce en
un motel que compendia la *modernidad* norteamericana anónima, mientras que
el segundo ocurre en una casa gótica que resume la *tradición* norteamericana.
No es casual que los dos escenarios hayan obsesionado a Edward Hopper (un
pintor norteamericano si los hay), de lo cual son ejemplos sus cuadros *Western
Motel* y *House by the Railroad*: según *Alfred Hitchcock and the making of
"Psycho"*, de Rebello, *House by the Railroad* sirvió realmente como modelo
de la “casa de la madre”. Esta oposición, cuyo correlato visual es el contraste
de lo horizontal (las líneas del motel) y lo vertical (las líneas de la casa) no sólo introduce en *Psicosis* una tensión histórica inesperada entre la tradición y la
modernidad; al mismo tiempo nos permite situar *espacialmente* la figura de
Norman Bates, su notoria disociación psicótica, al concebir a este personaje
como una especie de “mediador” imposible entre la tradición y la modernidad,
condenado a circular interminablemente entre los dos ámbitos. De ese modo la
disociación de Norman compendia la incapacidad de la ideología norteamericana para situar la experiencia del presente, la sociedad actual, en un contexto
de tradición histórica, para realizar una mediación simbólica entre los dos niveles. *Psicosis* es todavía un film “modernista” a causa de esta disociación: en
el posmodernismo se ha perdido la tensión dialéctica entre la historia y el presente (en una *Psicosis* posmoderna, el propio motel sería reconstruido como
una imitación de las viejas casas de familia). En consecuencia, la dualidad

misma de deseo y pulsión puede concebirse como el correlato libidinal de la dualidad de la sociedad moderna y la sociedad tradicional: la matriz de la sociedad tradicional es la de una "pulsión", de un movimiento circular en torno a lo Mismo, mientras que la sociedad moderna reemplaza la circulación repetitiva por el progreso lineal. La encarnación de este objeto-causa del deseo metonímico que impulsa este progreso interminable no es otra que *el dinero* (debemos recordar que es precisamente el dinero, 40.000 dólares, lo que trastorna el circuito cotidiano de Marion y la lleva a su viaje fatal).

De modo que *Psicosis* es una especie de híbrido con dos partes heterogéneas: resulta fácil imaginar *dos* historias "completas", perfectamente coherentes en sí mismas, aglutinadas en *Psicosis* para formar un todo monstruoso. La primera parte (la historia de Marion) bien podría permanecer independiente; no cuesta mucho realizar un experimento mental e imaginarla como un relato televisivo de veinte minutos, una especie de moralidad en la que la heroína da libre curso a la tentación y entra en la senda de la perdición, sólo para ser curada por el encuentro con Norman, que la enfrenta con el abismo que la aguarda al final del camino. En él ella ve una imagen especular de su propio futuro; serenada, decide volver a la vida normal.[29] Desde el punto de vista de ella, la conversación con Norman en la habitación de las aves embalsamadas es, por lo tanto, un caso ejemplar de comunicación exitosa en el sentido lacaniano: ella recibe de vuelta de su compañero su propio mensaje (la verdad sobre la catástrofe que acecha) en forma invertida. De modo que cuando Marion se ducha, estrictamente hablando su historia ha terminado en cuanto al cierre narrativo: la ducha sirve claramente como metáfora de la purificación, puesto que ella ya ha tomado la decisión de volver y pagar su deuda con la sociedad, es decir, asumir de nuevo su lugar en la comunidad. Su asesinato no se produce como un shock totalmente inesperado que corta por el medio el desarrollo narrativo, sino que sorprende durante el intervalo, el tiempo intermedio en el que la decisión, aunque ya tomada, aún no se ha realizado, no se ha inscrito en el espacio público, intersubjetivo –en el tiempo en que se puede fácilmente abandonar el relato tradicional (muchas películas realmente terminan en el momento de la decisión "interior")–. El presupuesto ideológico que está detrás es, desde luego, el de una armonía preestablecida entre el Adentro y el Afuera: una vez que el sujeto realmente "se decide", la instrumentación de su decisión interna en la realidad social sigue automáticamente. La oportunidad del asesinato de Marion se funda, por lo tanto, en una burlona crítica ideológica cuidadosamente elegida: nos recuerda que vivimos en un mundo en el que un abismo insuperable separa la "decisión interior" de su actualización social, es decir, en el cual (en contraste con lo que sostiene la ideología norteamericana prevaleciente) definitivamente no basta decidirse para lograr cualquier cosa.[30]

La segunda parte de la película, la historia de Norman, es también fácil de imaginar como un todo cerrado, como un desciframiento más bien tradicional del misterio de un asesino en serie patológico. Todo el aspecto subversivo de

Psicosis gira en torno a la unificación de dos piezas heterogéneas incongruentes.[31] En este sentido, su estructura invierte burlonamente el mito que describe Aristófanes en el *Simposio* de Platón (la disociación de la entidad andrógina original en una mitad masculina y una mitad femenina): los dos elementos constitutivos, tomados en sí mismos, son totalmente coherentes y armoniosos; es *su fusión en un Todo más amplio lo que los desnaturaliza.* En contraste con el final abrupto de la historia de Marion, la segunda parte parece concordar perfectamente con las reglas del "cierre narrativo": al final todo queda explicado, ubicado en el lugar que le corresponde... Pero si se lo mira con más atención, el desenlace demuestra ser más ambiguo. Como lo ha señalado Michel Chion,[32] *Psicosis* es en última instancia la historia de una Voz ("la voz de la madre") en busca de su portador, de un cuerpo al que pueda adherirse; el estatuto de esta Voz es lo que Chion llama *acousmatique:* una voz sin portador, sin un lugar asignable, que flota en un espacio intermedio, y que como tal lo penetra todo, como verdadera imagen de la Amenaza máxima. La película termina en el momento de la "desacusmatización", cuando finalmente contemplamos el cuerpo en el que se origina la Voz, pero en ese preciso momento, las cosas se mezclan: en el relato tradicional, el momento de la "desacusmatización" demistifica la terrorífica Voz espectral, disipa su poder de fascinación, al permitirnos a nosotros (los espectadores) *identificarnos* con su portador. (Esta inversión en la cual el Fantasma insondable asume forma y cuerpo, es decir, es reducido a una medida común, está lejos de limitarse a las películas de horror: en *El mago de Oz*, por ejemplo, la voz del Mago se "desacusmatiza" cuando el perrito que sigue el rastro detrás de la cortina descubre al anciano desvalido que crea el espectáculo del Mago por medio de una complicada maquinaria.)[33] Mientras que en *Psicosis* también se "desacusmatiza" la Voz, su efecto es exactamente opuesto al de la "educación y refinamiento" que hace posible nuestra identificación como espectadores: sólo entonces enfrentamos una "Alteridad absoluta" que forcluye toda identificación. La Voz se ha adherido a un cuerpo erróneo, de modo que lo que obtenemos es un verdadero zombi, una pura criatura del superyó, totalmente impotente en sí misma (la madre de Norman "no mataría ni una mosca"), pero, por esa misma razón, sumamente siniestra.

El rasgo crucial del funcionamiento alegórico de *Psicosis* consiste en que, en el preciso momento en que, por fin, la Voz encuentra su cuerpo, Norman (en la penúltima toma de la película que precede inmediatamente a las palabras "The End") levanta la vista y mira directamente a la cámara (es decir, a nosotros, los espectadores) con una expresión burlona que hace patente su conciencia de nuestra complicidad: lo que se logra con ello es la ya mencionada inversión de nuestra mirada, del I al *a*, de la mirada neutra del Ideal del yo al objeto. Buscamos "el secreto detrás de la cortina" (¿quién es la sombra que aparta la cortina y mata a Marion?), y lo que obtenemos al final es una respuesta hegeliana: desde siempre formamos parte de la Alteridad absoluta que nos devuelve la mirada.

6. *"Un triunfo de la mirada sobre el ojo"*

La mirada siniestra a la cámara nos lleva de nuevo al "jansenismo" de Hitchcock: da testimonio del "triunfo de la mirada sobre el ojo", como dice Lacan en su *Seminario XI*.[34] Este "triunfo" puede resumirse por medio de un procedimiento formal al que Hitchcock recurre cuando se trata de algunos objetos traumáticos: la regla es que los introduzca como entidades *dependientes de la mirada*. Primero, muestra la mirada petrificada, "fuera de su carril", atraída por alguna X aún no especificada; sólo después Hitchcock pasa a su causa, como si el carácter traumático de esta última proviniera de la mirada, de la contaminación del objeto por la mirada. En *La sospecha*, por ejemplo, ¿cómo filma el primer abrazo de Cary Grant y Joan Fontaine? Dos amigas de Fontaine conversan a la entrada de la iglesia; la atmósfera es idílica y tranquila, no hay viento, y, de pronto, la mirada de una de las chicas queda "petrificada", paralizada por lo que ve. Sólo entonces la cámara pasa a la "escena primordial" que ha fascinado esa mirada: Grant abrazando por la fuerza a Fontaine en una colina próxima, casi en medio de una lucha, y entonces el primer beso violento, mientras un fuerte viento sopla no se sabe de dónde, contra todas las reglas del "realismo"... Encontramos una versión algo menos dramática del mismo procedimiento en *El hombre equivocado:* el abogado le explica a Balestrero y su esposa el atolladero en que está el músico; de pronto su mirada se paraliza, como si algo la hubiera impactado, y entonces la cámara muestra el objeto de su perplejidad, la esposa de Balestrero, que mira al frente con los ojos vacíos, sin ningún contacto con su ambiente... En la misma *Psicosis,* encontramos este procedimiento en la ya mencionada escena con Cassidy (el doble de Hitchcock en el espacio diegético) que exhibe jactanciosamente 40.000 dólares en efectivo: la cámara muestra a la compañera de trabajo de Marion (interpretada por Patricia Hitchcock), la cual abre la boca en medio de una frase, como si estuviera presenciando una obscenidad; a continuación sigue una toma de Cassidy haciendo alarde de una pila de billetes.

La mirada paralizada aísla una mancha de lo real, un detalle que "se desprende" del marco de la realidad simbólica; en síntesis, un traumático *plus de lo Real sobre lo Simbólico*. Pero el rasgo esencial de estas escenas consiste en que este detalle no tiene en sí mismo ninguna sustancia; por así decirlo, es "sustancializado", causado, creado, por la mirada paralizada. El *objet petit a* de la escena es por lo tanto la mirada misma, esa mirada impuesta al espectador durante un breve momento: en el caso de *La sospecha*, por ejemplo, el punto de vista que nos permite ver conflicto de amor en la colina ventosa donde una mirada "normal" no ve nada más que un paisaje plácido.[35] Este procedimiento constituye el polo opuesto del punto de partida de *Intriga internacional,* donde un significante, "George Kaplan", un lugar simbólico vacío (el nombre de una persona que no existe), funciona como un *plus de lo Simbólico* sobre la realidad. El rasgo elemental de un orden simbólico en su relación con la "realidad" consiste en que siempre contiene un significante excedente, un significante que está "vacío", en el sentido de que en la realidad no hay nada que le corresponda. Esta paradoja fue primeramente articulada por Lévi-Strauss, quien, en su *Antropología estructural* señaló que la división de una tribu en clanes siempre produce el nombre excedente de un clan que no existe en realidad. La función del *Amo* en el sentido lacaniano del término está estrechamente relacionada con esta paradoja: el significante-Amo (S_1) está por definición "vacío", y el "Amo" es quien, por mero accidente, ocupa ese lugar vacío. Por esa razón, un Amo es, en última instancia, es decir, constitutivamente, un impostor: la ilusión constitutiva del Amo es que el hecho de que sea un Amo resulta de su carisma intrínseco, no de su ocupación accidental de cierto lugar en la estructura.

Las dos modalidades de este elemento excedente sobresaliente (S_1 o *a*) pueden especificarse adicionalmente por medio de otro procedimiento formal hitchcockiano: la dialéctica del marco y su exterior, es decir, del modo en que un cuerpo extraño entra en el marco. Recordemos el asesinato en la ducha de *Psicosis,* o cualquiera de los ataques de las aves en *Los pájaros:* el instrumento de la agresión (la mano con un cuchillo, los pájaros) no es percibido simplemente como una parte de la realidad diegética, sino experimentada como una especie de mancha que invade esa realidad desde afuera –más precisamente, desde un espacio intermedio de la realidad diegética y nuestra realidad "verdadera"–. En *Los pájaros,* esto es literal, puesto que las aves fueron incluidas en las tomas a posteriori, o incluso son directamente dibujos animados. La famosa toma con la "perspectiva de Dios" de la Bahía Bodega, en la cual, de pronto, los pájaros entran en el marco desde atrás de la cámara, es emblemática: funciona sobre la base del supuesto implícito de que, antes de su entrada en el marco, las aves no estaban en ninguna parte de la realidad diegética, sino en un espacio externo a ella.[36] Hitchcock moviliza en este caso la sensación de amenaza que surge al perderse la distancia que separa al espectador (su posición segura de pura mirada) de la realidad diegética: las manchas desdibujan la frontera entre el afuera y el adentro que nos proporciona nuestra sensación de seguridad. Recordemos nuestra actitud cuando, desde dentro de un automóvil o una casa observamos una tormenta en el exterior; aunque estamos muy cerca de la "cosa real", la ventana actúa como una pantalla que nos protege del contacto inmediato. El encanto de un viaje en tren reside, precisamente, en esta "desrealización" del mundo que está detrás de la pantalla; es como si estuviéramos inmóviles mientras del otro lado pasa el mundo... La intrusión de una mancha destruye esta distancia segura: el campo visual es invadido por un elemento que no pertenece a la realidad diegética, y nos vemos obligados a aceptar que la mancha punzante que perturba la claridad de nuestra visión es parte de nuestro ojo, y no parte de la realidad que miramos. No sorprende, entonces, que en *La dama desaparece* (una película cuya acción transcurre principalmente en un tren), la historia gire en torno a la aparición de una mancha en la ventanilla; pero en este caso esa "mancha" es un significante, no un objeto. Desde luego, pensamos en la escena en el coche comedor, en la cual, en medio de la conversación, aparecen y desaparecen instantáneamente sobre la "pantalla" (en la ventanilla del coche comedor a través de la cual el héroe y la heroína observan el paisaje) las dos pruebas cruciales de la existencia de Miss Froy: primero, su nombre escrito sobre un vidrio polvoriento, y, después, la bolsita de té con la marca que tomaba Miss Froy.

Esta aparición fantasmática de un significante sobre la pantalla sigue la lógica del síntoma *qua* retorno de lo reprimido, en una especie de inversión de la fórmula lacaniana de la psicosis, según la cual "lo que es forcluido de lo Simbólico retorna en lo Real": en el caso del síntoma, lo excluido de la realidad reaparece como una huella significante (como un elemento del orden simbólico, por ejemplo, un nombre, una marca de té) en la pantalla misma a través de la cual observamos la realidad. En otras palabras, el nombre "Froy" y la bolsita vacía de té sobre la ventanilla ejemplifican lo que Lacan, en su lectura de Freud, concibe como *Vorstellungs-Repraesentanz:* el significante que actúa como representante (huella) de la representación excluida ("reprimida"), en este caso la representación de Miss Froy, excluida de la realidad diegética. En contrate con esto, la intrusión de la mancha en la escena de los pájaros y en *Psicosis* es de naturaleza psicótica: lo no-simbolizado retorna como objeto traumático-mancha. El *Vorstellungs-Repraesentanz* es un *significante* que llena el vacío de la representación excluida, mientras que una mancha psicótica es una *representación* que llena un agujero en lo Simbólico, dando cuerpo a lo "inexpresable": su presencia inerte atestigua que estamos en un dominio en el que "fracasan las palabras". El significante excedente "histeriza" al sujeto, mientras que el efecto de la mancha-no significante es psicótico, de modo que tenemos de nuevo la oposición histeria-psicosis, eje elemental del universo de *Psicosis*.

La asimetría de estos dos retornos (el de la mancha de lo Real donde fracasan la palabras, y el del significante para llenar el vacío que boquea en medio de la realidad representacional) se basa en la disociación entre la realidad y lo Real. La "realidad" es el campo de las representaciones simbólicamente estructuradas, el resultado de la "educación y refinamiento" simbólicos de lo Real, pero siempre hay un plus de Real que elude la aprehensión simbólica y persiste como una mancha no simbolizada, un agujero en la realidad que designa el límite final en el que "fracasan las palabras". Contra este fondo ha de concebirse al *Vorstellungs-Repraesentanz* como un intento de inscribir en el orden simbólico el plus que elude el campo de la representación.[37] El éxito de lo que llamamos "sublimación" reposa sobre esta inversión reflexiva de la "falta de significante" en el "significante de la falta", es decir, reposa sobre esta metáfora primordial por medio de la cual la mancha –el goce bruto para el cual no hay significante– es reemplazado por un significante vacío, un significante que no significa a ninguna realidad, o sea, un "doble" de una representación constitutivamente excluida de la realidad, que debe caer afuera para que la "realidad" conserve su coherencia:

$$\frac{Vorstellungs - Repraesentanz}{Mancha}$$

Desde luego, el caso ejemplar de esta sustitución es el pasaje de la religión pagana a la judía. Los dioses paganos aún "pertenecen a lo Real" como dice Lacan: son manchas gigantescas de goce, su dominio es el de lo Innombrable, razón por la cual el único acceso adecuado a ellos es el éxtasis de las orgías sagradas. En el judaísmo, por el contrario, el dominio de lo "divino" está purificado de goce: Dios se convierte en un puro símbolo, un Nombre que debe seguir vacío, sin que se permita que ningún sujeto real lo llene: una especie de "George Kaplan" teológico, rodeado de prohibiciones que impiden que cualquier Thornhill ocupe su lugar. En otras palabras, esa sustitución de la Cosa divina por el Nombre divino entraña una especie de "reflexión sobre sí misma de la prohibición": lo Divino *qua* dominio de la Cosa-Goce sagrada era innombrable, estaba prohibido contaminarlo con un nombre, mientras que en la inversión judaica, *la prohibición se revierte al Nombre en sí*, es decir, lo prohibido no es nombrar lo Innombrable, sino llenar el Nombre con un contenido positivo.[38] Y las estatuas gigantescas de las películas de Hitchcock (la Estatua de la Libertad, los cuatro presidentes del Mount Rashmore, etc.), esos monumentos al Goce petrificado, ¿no son una indicación del modo en que hoy en día se desdibuja la sustitución de la Cosa por el Nombre, es decir, del modo en que los "dioses" están volviendo a lo Real?[39]

7. *El cierre narrativo y su vórtice*

Desde luego, el sueño final de Hitchcock era manipular directamente al espectador, eludiendo por completo al *Vorstellungs-Repraesentanz* (el nivel intermedio de representación y su redoblamiento reflexivo en el representante). Ernest Lehman, quien escribió el guión de *Intriga internacional,* recuerda las siguientes observaciones de Hitchcock, de la época en que trabajaron juntos en esa película:

"Ernie, ¿comprende lo que estamos haciendo en esta película? La audiencia es como un órgano gigante que tocamos usted y yo. En un momento dado tocamos *esta* nota y obtenemos *esta* reacción, y después tocamos *este* acorde y ellos reaccionan de *esta* manera. Algún día ni siquiera tendremos que hacer una película. Tendrán electrodos implantados en el cerebro, nosotros nos limitaremos a apretar diferentes botones, y ellos dirán 'oooh' y 'aaah' y los asustaremos y los haremos reír. ¿No será maravilloso?".[40]

Lo que no debemos pasar por alto en este punto es la naturaleza exacta del elemento excluido por esta fantasía hitchcockiana: el elemento "mediador" que se volvería superfluo si se realizara la fantasía de la influencia directa sobre el espectador no es otro que el *significante*, el orden simbólico. Este sueño de una pulsión que funcione sin su representante en el aparato psíquico es lo que uno se siente tentado a caracterizar como el núcleo psicótico del universo de Hitchcock: un núcleo estrictamente homólogo al sueño freudiano de que llegará el día en que el procedimiento simbólico del psicoanálisis sea reemplazado por la pura biología. No obstante, mientras permanecemos dentro del orden simbólico, la relación de Hitchcock con el espectador es necesariamente alegórica: el orden simbólico (en este caso de la película, el orden de la realidad diegética) siempre contiene una especie de "cordón umbilical", un elemento paradójico que lo vincula al nivel excluido de la interacción entre Hitchcock y el público. En otras palabras, es cierto que Hitchcock apunta en última instancia a la denominada "manipulación emocional del público", pero esta dimensión alegórica puede ser eficaz sólo en cuanto está inscrita en la realidad diegética en sí por medio de un elemento cuya presencia "curva" el espacio narrativo.

Este elemento que entra en el espacio narrativo desde el dominio *acousmatique* intermedio, es crucial para concebir adecuadamente la problemática del "cierre narrativo". El cierre narrativo indica como regla la inscripción de la ideología en un texto: el horizonte ideológico de un relato es delineado por el límite que separa lo que puede y lo que no puede tener lugar en él. Desde luego, el caso extremo es el de los llamados géneros formularizados (por ejemplo, en la policial clásica uno debe confiar absolutamente en la capacidad del detective para resolver el enigma). Y, según Raymond Bellour, las películas de Hitchcock están totalmente dentro del cierre que constituye la "matriz de Hollywood": la "máquina para la producción de la pareja" en la que la escena final nos devuelve al punto de partida, etc. La pregunta ingenua de por qué no podría ser diferente el desenlace, aunque logra el extrañamiento del cierre, cuya necesidad deja de ser evidente de por sí, es mucho menos subversiva de lo que parece: sigue limitada al "cierre narrativo" cuya condición intrínseca es que se percibe (mal) a sí mismo como su opuesto. La ideología no es el cierre como tal, sino la ilusión de *apertura*, la ilusión de que "también podría suceder de otra manera", ignorando que la trama misma del universo excluye un curso diferente de los acontecimientos –en este caso, el universo mismo se "desmoronaría" de modo literal–. Contrariamente a la versión vulgar seudo brechtiana, la matriz básica de la ideología no consiste en conferir la forma de una necesidad inevitable a lo que en realidad depende de un conjunto contingente de circunstancias concretas. El engaño supremo de la ideología consiste en crear una ilusión de "apertura" haciendo invisible la necesidad estructural subyacente (el final catastrófico de la novela "realista" tradicional, o la deducción final exitosa de una película policial, sólo "funcionan" si son "experimentados" como desenlaces de una serie de contingencias infortunadas o afortunadas).

Lo que necesariamente pasamos por alto cuando nos movemos dentro de un espacio narrativo es el modo en que ese espacio se "curva": desde dentro, el horizonte siempre parece infinito y abierto. Como suele ocurrir, hay que buscar su representación figurada en un relato típico de ciencia ficción: el héroe se esfuerza en alcanzar una meta "imposible" (por ejemplo, cambiar de dimensión temporal, entrar en una historia alternativa, como en *The doors of time*, de Phillip José Farmer, o algo de ese tipo), pero cuando finalmente parece estar al borde del éxito, empiezan a suceder cosas extrañas, una serie de accidentes que le impiden consumar su plan, y entonces el mundo que conocemos se salva...[41] Resulta casi superfluo señalar la resonancia psicoanalítica de esta noción del "cierre narrativo": el hecho de la "represión" significa en última instancia que *el espacio de "lo que puede decirse", el universo de significado del sujeto, está siempre "curvado" por vacíos traumáticos*, organizados en torno a lo que debe seguir sin decirse para que ese universo conserve su coherencia. El sujeto necesariamente se engaña acerca de la naturaleza *constitutiva* de esos vacíos, es decir que los percibe como algo que depende de una pura contingencia, como algo que fácilmente "podría no haber sucedido", pero cuando la cosa *sí sucede* (por ejemplo, cuando se expresa en palabras el significado de un síntoma) todo el universo se derrumba... y –para volver a Hitchcock– la ya mencionada disolución progresiva de la imagen del remolino en *Psicosis* (entra en el desagüe, sale del ojo de Marion) constituye precisamente uno de esos pasajes a través de "las puertas del tiempo", desde un espacio curvo cerrado a otro.

Ahora podemos ver de qué modo el cierre narrativo está estrechamente relacionado con la lógica del fantasma: la escena fantasmática monta precisamente la X irrepresentable que curva el espacio narrativo, es decir, que está por definición excluida de él. Esa X es en última instancia el nacimiento y/o muerte del sujeto, de modo que el objeto del fantasma es la mirada imposible que convierte al sujeto en testigo de su propia concepción o muerte. Toda la riqueza de los fantasmas pueden en última instancia reducirse a variaciones de dos escenas elementales: la de la concepción del sujeto –el coito parental–, y la de la muerte del sujeto. La "curvatura" del espacio narrativo registra el hecho de que el sujeto nunca vive "su propio tiempo": la vida del sujeto está fundamentalmente tachada, obstruida; transcurre en una modalidad de "no todavía", en el sentido de que está estructurada como la expectativa y/o el recuerdo de una X, de un Acontecimiento en todo el sentido de la palabra (Henry James lo denominaba "el salto de la bestia en la jungla"), dedicada a la preparación de un momento en que las cosas "comenzarían realmente a suceder", el sujeto "realmente empezaría a vivir"... Pero cuando finalmente nos acercamos a esta X, ella se revela como su opuesto, como la muerte: el momento del nacimiento propio coincide con la muerte.[42] El ser del sujeto es un ser-hacia..., estructurado en relación con una X traumática, un punto de atracción y repulsión simultáneas, un punto cuya excesiva proximidad provoca el eclipse del sujeto. Por lo tanto, el ser-hacia-la-muerte, en su estructura intrínseca, sólo es posible con un ser-de-lenguaje: el espacio curvo es siempre un espacio simbólico; es decir que lo que causa la curvatura del espacio es el hecho de que el campo simbólico está por definición estructurado en torno de un "eslabón perdido".[43]

La lección general que hay que extraer de esto es que una especie de "cierre narrativo" fundamental es *constitutivo* de la realidad: siempre existe un "cordón umbilical" que vincula el campo de lo que experimentamos como "realidad" con su fundamento, que debe permanecer invisible; este cordón que "curva" el espacio narrativo lo vincula con su proceso de enunciación. El espacio narrativo está curvado, precisamente, en cuanto su proceso de enunciación está desde siempre inscrito en él –en síntesis: en cuanto él es alegórico con respecto a su proceso de enunciación–. Por lo tanto, "el cierre narrativo" es otro nombre de la *subjetivación* por medio de la cual el sujeto confiere retroactivamente significado a una serie de contingencias y asume su propio destino simbólico, es decir, reconoce su lugar en la trama del relato simbólico. Más bien que violar directamente estas reglas que garantizan la consistencia de un espacio narrativo (la estrategia de los autores de vanguardia), Hitchcock lo subvierte dispersando el espejismo de su falsa "apertura", es decir, haciendo visible el cierre como tal. Finge cumplir totalmente con las reglas del cierre: por ejemplo, en *Psicosis*, las dos partes terminan con un cierre (la catarsis, la purificación interior de Marion, la "desacusmatización" de Norman). Pero el efecto del cierre permanece sin realizar: cuando, en lo que concierne a la lógica intrínseca del relato, la historia ya ha concluido, surge el plus de real contingente (el asesinato absurdo de Marion) y socava el efecto de cierre; la explicación final del misterio de la identidad de la Madre se convierte en su opuesto y mina la noción misma de la identidad personal...

Ahora podemos ver de qué modo se reúnen las hebras de nuestra interpretación. Bajo el aspecto de la mirada del Otro, Hitchcock registra una proximidad que va más allá de la identificación con *personae* de la realidad diegética: su carácter siniestro concuerda perfectamente con la ambigüedad que caracteriza a la expresión alemana *das Unheimliche*, es decir, que su absoluta Extrañeidad indica lo opuesto, una proximidad excesiva amenazante. Esta figura de la "Alteridad absoluta" no es más que el *Vorstellungs-Repraesentanz:* dentro de la realidad diegética reemplaza a una representación constitutivamente excluida de su espacio. En ello consiste la dimensión alegórica del universo de Hitchcock: el *Vorstellungs-Repraesentanz* es el cordón umbilical por medio del cual el contenido diegético funciona como una alegoría de su proceso de enunciación. El lugar de esta figura es *acousmatique*: nunca comparte simplemente la realidad diegética, sino que está en un espacio intermedio intrínseco de la realidad pero "fuera de lugar" en ella. Como tal, esta figura "curva" el espacio narrativo: el espacio se curva, precisamente, en el punto en el que nos acercamos demasiado al dominio prohibido de la "Alteridad absoluta"... Todo el universo de Hitchcock se basa en esta complicidad entre la "Alteridad absoluta" resumida por la mirada del Otro a la cámara, y la mirada del espectador; la lección hegeliana final de Hitchcock es que el lugar de la trascendencia absoluta, de lo Irrepresentable que elude al espacio diegético, coincide con la inmanencia absoluta del espectador reducido a pura mirada. Esta singular mirada a la cámara que pone fin al monólogo de Norman y después se disuelve en la calavera de la madre –esa mirada que se dirige a nosotros, los espectadores– nos separa de la comunidad simbólica y nos hace cómplices de Norman.

En la teoría lacaniana encontramos una noción precisa para esta "Alteridad absoluta": el sujeto está más allá de la subjetivación, es decir, más allá de lo que Lacan, en su *Seminario II*, después de introducir el concepto de "gran Otro" denominó "el muro del lenguaje". En otras palabras: el sujeto *no* ligado por el pacto simbólico,[44] y como tal idéntico a la mirada del Otro (desde la mirada siniestra a la cámara del héroe de *El inquilino* hasta la mirada final de Norman a la cámara en *Psicosis*). En la medida en que este sujeto reside "más allá del muro del lenguaje", su correlato no es un significante que lo represente, marcando su lugar en el seno del orden simbólico, sino un objeto inerte, un hueso clavado en la garganta del sujeto, que obstaculiza su integración en el orden simbólico. (Recordemos el motivo de un cráneo, de una cabeza momificada, que va desde *Bajo el signo de Capricornio* –la confrontación de Ingrid Bergman con la cabeza aborigen– hasta *Psicosis* –la confrontación de Lila con la cabeza de la señora Bates.)[45] En *The Silent Scream*, Elizabeth Weis hace una observación perspicaz sobre el modo en que *Psicosis* cambia el estatuto del horror en las películas de Hitchcock: en ese film, por primera vez, el horror (la aguda y chirriante nota de violín que acompaña a los dos asesinatos y a la confrontación final) se vuelve transubjetivo, es decir que ya no puede considerarse un efecto de una personalidad diegética.[46] Desde nuestra perspectiva, sin embargo, esa dimensión "transubjetiva" es, precisamente, la dimensión del sujeto que está más allá de la "subjetividad": en *La ventana indiscreta*, por ejemplo, el horror y la tensión están todavía "subjetivados", ubicados en un universo narrativo, ligados a un punto de vista subjetivo, mientras que el abismo "impersonal" que enfrentamos con la mirada de Norman a la cámara es el abismo mismo del sujeto aún no apresado en la red del lenguaje: la Cosa inaccesible que se resiste a la subjetivación, ese punto de fracaso de toda identificación, es en última instancia el *sujeto mismo*.

La oposición entre la subjetivación *qua* integración simbólica (es decir, la subordinación del sujeto al poder performativo del lenguaje) y el sujeto en cuanto reside "más allá del muro del lenguaje", en *Asesinato* se convierte por primera vez en el eje en torno al cual gira toda la historia, en la forma de la oposición entre Sir John y Handell Fane, un precursor directo de Norman Bates, el asesino que actúa en un circo vestido de mujer. Sir John opera como un Amo varón que se esfuerza por "dominar el juego" mediante la vigorosa narrativización de los acontecimientos, mientras que Fane es una figura intermedia, insondable, que cuando es acorralada por las manipulaciones narrativas del Amo decide suicidarse en público y, de tal modo, realiza el único acto *stricto sensu* de la película. De tal modo *Asesinato* subvierte la tradicional investisión ideológica de la diferencia sexual, según la cual el hombre es definido por la actividad propiamente dicha, y la mujer por su sustituto falaz (mascarada, teatro histérico): el logro fundamental de la película consiste en desenmascarar el acto del hombre en sí como la forma suprema de representación teatral, de impostura escénica. El mundo del hombre se presenta como un mundo de lo performativo, del significante Amo, de la "palabra que en sí misma constituye un acto", que pretende superar y desvalorizar la teatralidad femenina, pero *esa superación es en sí misma el gesto teatral supremo* (como el recurso retórico elemental del repudio de la retórica, es decir, de simular que se renuncia a la retórica: "Lo que ahora está en juego es la cosa en sí, y no las trivialidades de una retórica barata..."). En cuanto a esto, debemos rectificar la perspicaz idea de Tania Modleski, para quien la estrategia fundamental de Sir John consiste en "*arriesgarse a la feminización e histerización* para lograr dominio y control":[47] no se trata sólo de que Sir John recobre el dominio de los acontecimientos por medio de una teatralidad manipulada, controlada. La cuestión es más bien que ese dominio suyo no consiste en más que una autonegación de la teatralidad, y por lo tanto, en el efecto supremo de esa teatralidad. Allí reside el mensaje traumático del suicidio de Fane, ese "paroxismo de justicia poética y patriarcal":[48] al realizarlo, Fane desenmascara a Sir John como un impostor; la impactante autenticidad, la dignidad del acto, convierte la actividad de Sir John en una mera actuación teatral y a su discurso en mero semblante.[49]

El indicio crucial de la constelación histórica cambiada entre *Asesinato* y *Psicosis* es el pasaje del Amo a la Histérica *qua* "verdad" del Amo: en *Asesinato,* Fane (la figura de la Alteridad) aparece opuesta a un Amo masculino (Sir John), mientras que en *Psicosis* la contracara de Norman es una mujer histerizada. Este cambio afecta también al personaje de la figura de la Alteridad: en *Asesinato,* el estatuto de Fane es representado por un auténtico *acto* que revela la impostura de la teatralización del Amo, mientras que en *Psicosis,* Norman/Madre lleva a su culminación (psicótica) la división histérica del sujeto ($). Por medio de este suicidio que confirma su negativa a transar en su deseo, Fane alcanza la imposible autoidentidad que está "más allá de la máscara", el apogeo de la pulsión de muerte, mientras que, en el final de *Psicosis*, Norman pierde irrevocablemente su identidad en su máscara: su deseo queda inmediatamente identificado con el de su Madre/Otro *[(M)Other]*, es decir que se convierte en vocero del Otro paranoico encarnado en la máscara materna; por esa razón, el acto de Fane es un *suicidio*, y el de Norman, un *asesinato*.[50] Sir John y Marion son en última instancia seres de teatro: el teatro histérico es la "verdad" de la impostura del Amo, de su actuación escénica, razón por la cual lo inverso de la impostura del Amo es un *acto* auténtico, y lo inverso del teatro histérico es un *passage à l'acte* asesino.[51] Más exactamente, en ambos casos el acto es suicida, sólo que la dirección es opuesta: en *Asesinato*, Fane se aniquila a sí mismo, no en aras del símbolo, del significante, sino en aras de lo que es "en él más que él mismo", mientras que, en *Psicosis*, Norman, al matar al otro-mujer aniquila a lo que es "en él más que él mismo".

8. *La mirada de la Cosa*

Esta dimensión del sujeto que está más allá de la subjetivación surge con su mayor pureza en lo que es sin duda la toma crucial de *Psicosis*, quizás incluso la quintaesencia de Hitchcock: la toma, desde arriba, del segundo piso y la escalera en la "casa de la madre". Esta toma misteriosa se produce dos veces: en la escena del asesinato de Arbogast, la toma de este personaje desde arriba de la escalera (es decir, con lo que es todavía una perspectiva "normal", accesible a los ojos humanos) de pronto "levanta vuelo", da un salto hacia atrás en el aire y pasa al punto más alto desde el cual se ve la planta de toda la escena. La escena de Norman que lleva a la Madre al sótano también comienza con una toma "inquisitiva" desde el pie de la misma escalera –es decir, con una toma que, aunque no es subjetiva, automáticamente pone al espectador en la posición de alguien que se esfuerza por oír la conversación entre Norman y su madre, escaleras arriba; en un *travelling* extremadamente arduo y prolongado, cuya trayectoria imita la forma de una banda de Moebius, la cámara después se eleva y simultáneamente gira en torno a su eje, de modo que alcanza el mismo punto de la "visión de Dios" sobre toda la escena. La perspectiva inquisitiva sostenida por el deseo de penetrar el secreto de toda la casa encuentra su realización en su opuesto, en la visión objetiva desde arriba, como devolviendo al espectador el mensaje siguiente: "Querías verlo todo, de modo que aquí lo tienes: el plano completo transparente de toda la escena, sin excluir ningún cuarto lado (fuera del campo)...". El rasgo esencial de este *travelling* reside en que *no* sigue la trayectoria del *travelling* habitual hitchcockiano (desde el plano de la visión general de la escena a la "mancha" que se destaca),[52] sino que obedece a una lógica diferente, casi opuesta: desde la mirada a nivel del suelo que invita al espectador a identificarse, hasta la posición de puro metalenguaje. En ese preciso momento, entra por la puerta de la derecha la Cosa letal (la "Madre"); su carácter extraño, "innatural", es indicado por el modo en que se mueve: con desplazamientos lentos, discontinuos, interceptados, cortados, como si lo que viéramos fuera una muñeca revivida, una muerta viviente, no una verdadera persona viva. La explicación que ha dado el propio Hitchcock en sus conversaciones con Truffaut resulta, como suele ocurrir, engañosa por la misma persuasividad con que desarma; Hitchcock enumera dos razones para incluir esta "visión de Dios": 1) hace transparente la escena y de tal modo le permite al director mantener secreta la identidad de la "Madre" sin provocar la sospecha de que engaña u oculta algo; 2) introduce un contraste entre la "visión de Dios" serena, inmóvil, y la toma siguiente, la vista dinámica de Arbogast cayendo por las escaleras.[53]

Lo que la explicación de Hitchcock no da es sencillamente la *raison* del corte, que pasa de la visión "normal" a nivel del suelo de Arbogast, a la visión desde arriba de todo el plano, es decir, no queda explicada la inclusión de la "visión de Dios" (o, en el segundo caso, la *raison* del prolongado *travelling* continuo desde la vista inquisitiva a nivel del suelo hasta la "visión de Dios"). El corte que se produce después en el asesinato de Arbogast es aún más odioso: nos transpone desde el nivel de la realidad (es decir, el punto de vista del metalenguaje puro que hace transparente el plano de la realidad) a lo Real, a la "mancha" que se destaca del marco de la realidad. Mientras observamos la escena desde la "visión de Dios", "la mancha" (la Cosa asesina) entra en el marco, y la toma siguiente entrega precisamente *el punto de vista de esa mancha*. Este corte, que pasa a la visión subjetiva del propio asesino (¿o de la propia asesina?), es decir, a la mirada imposible de la Cosa que acaba de entrar en el campo visual de la realidad, logra, para ponerlo en hegeliano, la "reflexión sobre sí misma" de la *mirada objetiva* en la *mirada del objeto en sí mismo*, como tal, designa el momento preciso de la entrada en la perversión. La dinámica intrínseca de toda la escena del asesinato de Arbogast compendia la trayectoria de *Psicosis* desde la histeria a la perversión:[54] la histeria es definida por la identificación del deseo del sujeto con el deseo del otro (en este caso, del deseo del espectador con el deseo inquisitivo de Arbogast *qua* personalidad diegética), mientras que la perversión envuelve una identificación con la mirada "imposible" del objeto-Cosa en sí mismo: cuando el cuchillo corta el rostro de Arbogast, lo vemos a través de los ojos mismos de la Cosa asesina "imposible".[55] En los matemas lacanianos, pasamos entonces de $\$ \lozenge a$ a $a \lozenge \$$: desde el sujeto que atisba con angustia el espacio que tiene ante sí, buscando huellas de "más de lo que encuentra el ojo", es decir, de la Cosa materna misteriosa, a *la mirada de la Cosa misma al sujeto*.[56]

La explicación de Hitchcock, según la cual la función de la "visión de Dios" era mantenernos ignorantes a nosotros, los espectadores (respecto de la identidad de la Madre), sin provocar la sospecha de que el director trataba de ocultarnos algo, impone por lo tanto una conclusión inesperada, pero inevitable: si se nos mantenía en la ignorancia haciéndonos asumir la visión de Dios, entonces *una cierta ignorancia radical debe ser propia del estatuto del propio Dios*, el que claramente compendia la marcha ciega de la máquina simbólica. El Dios de Hitchcock sigue Su camino, indiferente a nuestros pequeños asuntos humanos; más precisamente, es *totalmente incapaz de comprendernos a nosotros, los seres humanos*, puesto que su reino es el de los muertos (es decir, puesto que el símbolo es el asesino de la cosa). A causa de ello, es como el Dios de las memorias de Daniel Paul Schreber, un Dios que, "sólo acostumbrado a comunicarse con los muertos, *no comprende a los hombres vivos*",[57] o que, para citar al propio Schreber:

> "[...] *de acuerdo con el Orden de la Cosas, [Dios] no sabía realmente nada sobre los hombres vivos* y no necesitaba saberlo; en consonancia con el Orden de las Cosas, El sólo necesitaba comunicarse con cadáveres."[58]

Desde luego, este Orden de las Cosas no es más que el orden simbólico que mortifica al cuerpo vivo y evacua de él la sustancia del Goce. Es decir que Dios *qua* Nombre-del-Padre, reducido a la condición de figura de autoridad simbólica, está (también) "muerto", en el sentido de que *no sabe sobre el goce*, sobre la sustancia de la vida: el orden simbólico (el Otro) y el goce son radicalmente incompatibles.[59] Esta es la razón por la cual las palabras del célebre sueño freudiano en la que un hijo se le aparece al padre y le dice "Padre, ¿no ves que estoy ardiendo?", podrían traducirse simplemente como *"Padre, ¿no ves que estoy gozando?"* (es decir, ¿no ves que estoy vivo, ardiendo de goce?). El padre no puede verlo, puesto que está muerto, por lo cual la posibilidad de gozar está abierta a mí no sólo *fuera* de su conocimiento (es decir, desconocida para él), sino también *en su misma ignorancia*. El otro sueño freudiano, no menos célebre, en el que el padre no sabe que está muerto, podría entonces suplementarse como sigue: "(*Yo, el soñante, gozo por el hecho de que*) papá no sabe que está muerto".[60]

Para volver a *Psicosis*: la "mancha" (Madre) golpea entonces como la mano prolongada de la deidad ciega, como su intervención absurda en el mundo. El carácter subversivo de esta inversión sale a luz cuando la confrontamos con otra inversión casi idéntica, en obras como *Cuando llama un extraño* de Fred Walton, quizás la mejor variación sobre el tema de las amenazas telefónicas anónimas. La primera parte de la película está narrada desde el punto de vista de una joven que cuida a niños en una mansión familiar suburbana: los niños duermen en el primer piso, mientras ella ve televisión en la sala de estar. Después de las primeras llamadas amenazantes que repiten la pregunta "¿Has ido a ver a los niños?", la joven llama a la policía, que le aconseja cerrar todas las puertas, para que nadie entre en la casa, y tratar de retener al sujeto que llama con conversaciones prolongadas, que le den tiempo a la policía para rastrear la llamada. Poco después la policía ubica la fuente: otro teléfono dentro de la casa... El delincuente había estado allí todo el tiempo y ya había asesinado a los niños. De modo que el asesino aparece como un objeto insondable con el que no es posible ninguna identificación, un Real puro que provoca un terror indecible. En este punto del relato, sin embargo, la película da un giro inesperado: de pronto nos vemos transpuestos a la perspectiva del propio asesino, y somos testigos de la desdichada existencia cotidiana de este individuo solitario y desesperado: duerme en un asilo, vaga por cafés sórdidos, e intenta en vano establecer contacto con sus vecinos, de modo que cuando el detective pagado por el padre de los niños asesinados se prepara para apuñalarlo, nuestras simpatías están totalmente del lado del pobre criminal.

Como en la misma *Psicosis*, en los dos puntos de vista en sí mismos no hay nada subversivo: si la historia se narrara desde la perspectiva única de la joven *babysitter*, tendríamos el caso convencional de la víctima de una amenaza espectral, incorpórea, y, por esa razón, pavorosa; por otro lado, limitados a la experiencia de sí mismo que tenía el asesino, sólo estaríamos ante una versión convencional de su universo patológico. Todo el efecto subversivo reposa en la ruptura, en el pasaje de una perspectiva a la otra, en el cambio que le confiere un cuerpo al objeto hasta ese momento imposible/inalcanzable, lo cual le da una voz a la Cosa intocable y la hace hablar: en síntesis, la *subjetiviza*. El asesino aparece al principio como una entidad intocable, horrenda, como un *objeto* en el sentido lacaniano, con toda la energía transferencial investida en él; después, somos de pronto trasladados a su propia perspectiva.[61] Pero el rasgo crucial de *Psicosis* reside en que Hitchcock, precisamente, *no* da este paso hacia la subjetivización: cuando somos arrojados a la mirada "subjetiva" de la Cosa, ésta, aunque "se vuelve sujeto", *no se subjetiviza*, no "se abre", no "revela su profundidad", no se ofrece a nuestra compasión empática, no presenta una grieta que nos permita vislumbrar la riqueza de su experiencia de sí misma. La toma subjetiva la hace incluso más inaccesible: vemos a través de sus ojos, y esta misma coincidencia de nuestra vista con la mirada de la Cosa intensifica su Alteridad radical, llevándola a un grado casi insoportable.

9. La "destitución subjetiva"

Otro modo de definir esta mirada de la Cosa al sujeto, que subvierte la oposición habitual de lo "subjetivo" y lo "objetivo", consiste en decir que marca el momento en el que el sujeto queda inmediatamente atrapado, apresado, en el sueño del Otro-Cosa. En las películas de Hitchcok anteriores a *Psicosis*, hay dos tomas similares. Una aparece en *Vértigo*, cuando, en su sueño, Scottie (James Stewart) mira fijamente su propia cabeza, presentada como una especie de objeto psicótico parcial ubicado en el punto remoto de convergencia de las líneas de fuga; la otra de estas tomas, la primera, filmada treinta años antes en *Asesinato*, muestra, unos segundos antes del salto suicida, lo que ve Fane durante su vuelo en el trapecio: primero los rostros de los dos protagonistas (Sir John y Nora), y después el vacío oscilante. Esta escena parece basarse en el procedimiento de toma y contratoma convencional: la toma objetiva de Fane se alterna con la toma subjetiva de lo que ve, razón por la cual las interpretaciones (por ejemplo la de Rothmann) se concentran en el contenido de lo visto;

no obstante, el verdadero misterio de la escena reside en las siniestras tomas "objetivas" de Fane, que vuela por el aire y mira atónito a la cámara, con una expresión extraña, masoquista-agresiva. La impresión básica de esta toma (y de las dos tomas similares de *Vértigo* y *Psicosis*) es que la relación "natural" entre el movimiento y el estado de reposo está *invertida:* es como si la cabeza que mira atónita a la cámara (el punto de la mirada) estuviera quieta, mientras que el mundo que la rodea corre vertiginosamente y pierde sus contornos claros, en contraste con el "verdadero" estado de cosas en el que la cabeza pasa corriendo y el fondo está inmóvil.[62] La homología de esta mirada imposible desde el punto de vista de la Cosa que "congela" al sujeto, lo reduce a la inmovilidad, con la anamorfosis, no es de ningún modo accidental: todo ocurre como si, en las tres tomas que hemos mencionado, la mancha anamorfótica adquiriera un perfil claro y reconocible, mientras que el resto, la realidad remanente, se desdibuja. En síntesis, *miramos la pantalla desde el punto de anamorfosis, desde el punto que hace clara la mancha,* y el precio que pagamos por ello es la "pérdida de la realidad". (Una versión más humorística, pero no tan eficaz, de este procedimiento, aparece en *Pacto siniestro,* en la toma de la multitud en la tribuna de la cancha de tenis: todas las cabezas giran al mismo ritmo, siguiendo la pelota, salvo una, la del asesino Bruno, que mira rígidamente a la cámara, es decir a Guy, el que está observando la tribuna.)[63]

De modo que la mirada de la Cosa completa la "tríada" cuyos términos forman una especie de "negación de la negación": 1) la alternancia de toma/contratoma de Arbogast y lo que él ve permanece en el nivel del suspenso convencional (el investigador entra en un dominio prohibido donde acecha una X desconocida, es decir, donde todos los objetos que se presentan están coloreados por el deseo y/o la angustia del sujeto; 2) el corte y pasaje a una objetiva "visión de Dios" sobre toda la escena "niega" ese nivel, es decir, oblitera la mancha de los intereses "patológicos" del sujeto; 3) la toma subjetiva de lo que ve el asesino "niega" la objetividad de la "visión de Dios".

Esta toma subjetiva es la "negación de la negación" de la toma subjetiva de lo que ve Arbogast al principio de la escena: es un retorno al sujeto, pero al sujeto que está *más allá* de la subjetividad, razón por la cual no hay ninguna identificación posible con él (en contraste con nuestra identificación con la mirada inquisitiva de Arbogast al principio, ahora estamos en un punto imposible de Extrañeza absoluta). Somos puestos cara a cara frente a esta extrañeza en el final de la película, cuando Norman alza los ojos y mira directamente a la cámara: al mirar el rostro cortado de Arbogast, lo vemos a través de esos mismos ojos.[64] El rasgo crucial que no hay que pasar por alto en este caso es la codependencia entre la toma objetiva desde lo alto ("la visión de Dios") y la toma subjetiva del rostro cortado de Arbogast que sigue inmediatamente a la anterior (en esto consiste el contraste al que se refirió Hitchcock).[65] Para dilucidar ese rasgo, realicemos un simple experimento mental, imaginando la escena del asesinato de Arbogast *sin* la "visión de Dios", es decir, limitado al procedimiento convencional de toma y contratoma: después de una serie de signos que registran la amenaza inminente (una rendija en la puerta del segundo piso, etc.), tenemos una toma subjetiva de Arbogast visto a través de los ojos del asesino... De este modo, el efecto de "la mirada de la Cosa" se perdería, la toma subjetiva no funcionaría como la mirada de la Cosa imposible, sino como una simple toma subjetiva de una de las *personae* diegéticas con la que el espectador puede identificarse fácilmente.

En otras palabras, *la "visión de Dios" se necesita para limpiar el campo de todas las identificaciones subjetivas*, para efectuar lo que Lacan denomina "destitución subjetiva"; sólo con esta condición, la toma desde el punto de vista subjetivo siguiente no será percibida como la visión de uno de los sujetos diegéticos, sino como la mirada imposible de la Cosa.[66] En este punto debemos recordar las observaciones de Jean Narboni que se refieren, precisamente, al ascenso de Arbogast por la escalera, y comentan el modo en que el procedimiento hitchcockiano de la toma y la contratoma resume la imposibilidad de "una mirada investigativa libre, autónoma y activa, no determinada por las cosas, perteneciente al sujeto-investigador que en sí mismo no forma parte del rébus, es decir, de lo que Hitchcock denomina 'tapiz'":

> "[...] ¿por qué, en tantas tomas escénicas [de Hitchcock] desde un punto de vista subjetivo, tenemos la sensación de que la mirada de la persona no revela cosas, de que sus pasos no lo llevan *hacia* las cosas, sino de que las cosas mismas la miran fijamente a ella, la atraen de un modo peligroso, la aferran y están a punto de tragársela, como ocurre de modo ejemplar en *Psicosis* cuando el detective Arbogast sube por la escalera? La voluntad nunca es libre, la subjetividad está siempre bajo coerción y atrapada."[67]

No obstante, este vínculo que por así decirlo engancha al sujeto con los objetos (fundamento de la "*mise en scène* subjetiva" de Hitchcock) no es su última palabra: la visión desde arriba que proporciona el plano geométricamente transparente de la escena, y que sigue al ascenso de Arbogast por las escaleras, es precisamente la mirada imposible, autónoma, no determinada por las cosas, purificada de toda identificación patológica, libre de coerción (en la mencionada escena ulterior de Norman llevando a su madre al sótano, la cámara logra esta autopurificación de la mirada dentro de un *travelling* continuo que se inicia como una mirada inquisitiva a nivel del suelo y termina con la misma "visión de Dios" de toda la escena: por medio de su movimiento en redondo, la mirada literalmente se desprende, rompe con las coerciones patológicas). El corte y el paso desde esta mirada libre y neutra a la mirada de la Cosa en sí misma que se produce a continuación, constituye, por lo tanto, una subversión intrínseca de su pureza, es decir, no una recaída en la subjetividad, sino una entrada en la dimensión del sujeto que está más allá de la subjetividad. La escena del suicidio en *Asesinato* involucra una dinámica formal homóloga: el salto suicida es inmediatamente precedido por una toma subjetiva que entrega la visión que tiene Fane de la arena y el público desde la cúspide de la carpa del circo, es decir, desde un punto de vista que coincide con "la visión de Dios". Esta toma subjetiva a registra la purificación de Fane: después de soportar la *destitución subjetiva*, después de liberarse de las identificaciones subjetivas, puede arrojarse hacia abajo, de nuevo hacia la realidad terrestre, convirtiéndose en ella en un objeto-mancha. La cuerda en sus manos es el cordón umbilical que vincula la "visión de Dios" (la posición de un metalenguaje puro, la visión libre de identificaciones subjetivas pedestres) con la Cosa obscena que mancha la realidad.[68]

10. *El colapso de la intersubjetividad*

El antagonismo de la "visión de Dios" objetiva y la mirada "subjetiva" de la Cosa repite en otro nivel, mucho más radical, el antagonismo convencional de lo objetivo y lo subjetivo que regula el procedimiento de la toma y la contratoma. Esta complicidad de la "visión de Dios" y de la Cosa obscena no designa una simple relación complementaria de dos extremos, sino una coincidencia absoluta; su antagonismo es de naturaleza puramente "topológica", de modo que lo que tenemos es *uno y el mismo* elemento inscrito en dos superficies, puesto sobre dos registros: la mancha obscena no es nada más que el modo con que se presenta la visión objetiva-neutra de todo el cuadro en el cuadro mismo. (En la ya mencionada toma de la "visión de Dios" de Bahía Bodega, de *Los pájaros*, dentro de una misma toma se efectúa la misma inversión topológica: en cuanto los pájaros entran en el marco desde atrás de la cámara, la toma "objetiva" neutra se convierte en la toma "subjetiva" que presenta la mirada de la Cosa obscena, es decir, de los pájaros asesinos.) De este modo volvemos al punto de partida de nuestro análisis, puesto que hemos encontrado una complicidad homóloga de los dos rasgos opuestos con respecto al "jansenismo" de Hitchcock: 1) la predeterminación de los destinos subjetivos por el automatismo ciego transubjetivo de la maquinaria simbólica; 2) la prioridad de la mirada sobre lo visto, lo cual hace que todo el dominio de la "objetividad" dependa de la mirada. Este mismo antagonismo definió la noción del "Otro" en el momento en que Lacan la elaboró por primera vez (a principio de la década de 1950, es decir, en sus dos primeros seminarios): el "Otro" es presentado como la Alteridad insondable del sujeto que está más allá del muro del lenguaje, y después, inesperadamente, vuelve a ser el automatismo ciego asubjetivo de la máquina simbólica que regula el juego de la intersubjetividad.[69] Y esta misma inversión constituye el *tour de force* dramático de la interpretación que da Rothmann en *The Murderous Gaze*: después de cientos de páginas dedicadas a la figura de una Alteridad absoluta en las películas de Hitchcock, resumida por la mirada a la cámara, el resultado final del análisis de *Psicosis* es que esta Alteridad coincide en última instancia con la máquina (la cámara) en sí.

Para experimentar esta coincidencia paradójica en una forma "viva": basta recordar los dos elementos constituyentes de los monstruos, los *cyborgs*, los muertos vivos, etc.: son máquinas que funcionan a ciegas, sin compasión, privadas de cualquier consideración "patológica", inaccesibles a nuestros ruegos (la insistencia ciega de Schwarzenegger en *Terminator*, de los muertos vivos en *La noche de los muertos vivos*, etc.), pero, al mismo tiempo, los define la presencia de una mirada absoluta. Lo verdaderamente horrible en un monstruo es el modo en que parece observarnos constantemente: sin esta mirada, la insistencia ciega de su pulsión perdería su carácter siniestro y se convertiría en una simple fuerza mecánica. La disolución final de la mirada de Norman en el cráneo de la madre resume esta indecibilidad, esta coincidencia inmediata de opuestos que constituye lo que quizás sea la banda de Moebius final: la máquina produce un resto (la mirada *qua* mancha), pero de pronto resulta que ese resto comprende a la máquina en sí. *La suma está contenida en su resto; este vínculo umbilical que prende el Todo a su mancha es la paradoja absoluta que define al sujeto.*

Esta es entonces la última captación errónea que hay que aclarar: el "secreto" final de *Psicosis*, el secreto compendiado por la mirada de Norman a la cámara, *no* equivale a una nueva versión del lugar común de la profundidad insondable, inefable, de una persona que está más allá del muro del lenguaje, etc. El secreto final es que este "Más Allá" está en sí mismo hueco, carece de todo contenido positivo: en él no hay ninguna profundidad del "alma" (la mirada de Norman es totalmente "desalmada", como la mirada de los monstruos y los muertos vivos). Como tal, este "Más Allá" *coincide con la mirada misma:* "más allá de la apariencia no está la Cosa-en-sí misma, está la mirada";[70] parecería que la proposición de Lacan se refiere directamente a la mirada final de Norman a la cámara, es como si la finalidad de esa proposición hubiera sido resumir la lección final de *Psicosis*.[71] Ahora estamos en condiciones de responder también a las observaciones irónicas de Raymond Durgnat[72] sobre la falsa "profundidad" de las películas de Hitchcock ("submarinos Potemkin, una flota de periscopios sin cascos"); más bien que refutada, esta descripción debe ser traspuesta a la "cosa en sí misma": la abominable lección de *Psicosis* es que la "*profundidad misma (el abismo insondable que define nuestra experiencia fenomenológica del otro como "persona") es un "periscopio sin casco*", un efecto ilusorio de la superficie reflejante, como el velo pintado por Parrasio, que genera la ilusión de un contenido oculto detrás de él...

Esta mirada que revela la naturaleza verdadera del "Más Allá" es el núcleo duro del *cogito* cartesiano, la espina clavada en la garganta de los críticos contemporáneos de la "metafísica cartesiana de la subjetividad". En efecto, uno de los temas anticartesianos recurrentes en la filosofía contemporánea, desde el último Wittgenstein hasta Habermas, es que, según se dice, el *cogito* cartesiano no tomaba en cuenta la primacía de la intersubjetividad: el *cogito* (así sigue la historia) es "monológico" en su estructura, y como tal, un producto alienado, reificado, que sólo puede emerger contra el trasfondo de la intersubjetividad y su "mundo vital". En un contramovimiento implícito a esto, *Psicosis* apunta al estatuto de un sujeto que precede a la intersubjetividad, una profundidad vacía de pura Mirada que no es nada más que un reverso topológico de la Cosa. Este sujeto (el núcleo de la supuestamente "anticuada" problemática cartesiana de la Máquina y la Mirada, es decir, de la doble obsesión cartesiana con la mecánica y la óptica) es lo que el enfoque intersubjetivo pragmático-hermenéutico se esfuerza en neutralizar a cualquier precio, puesto que él impide la subjetivización/narrativización, la integración completa del sujeto en el universo simbólico. La senda de Hitchcock desde sus películas de la década del treinta hasta *Psicosis* fue, entonces, de algún modo paralela a la de Lacan. En la década de 1950, también la teoría de Lacan, a través del tema de la intersubjetividad, fue inscripta en el discurso anticientífico tradicional: el psicoanálisis tiene que evitar la objetivación del paciente, en el proceso psicoanalítico la "verdad" emerge como resultado de una dialéctica intersubjetiva en la que el reconocimiento del deseo está inextricablemente ligado con el deseo de reconocimiento... El seminario sobre la transferencia (1960-1961) abandona expresamente esta problemática en favor del *ágalma*, el "tesoro oculto", el objeto no simbolizable ("plus de goce") que es "en el sujeto más que el sujeto mismo", y que de tal modo introduce en la relación intersubjetiva una asimetría irreductible.[73] En el Lacan de la década de 1950, el objeto es reducido al papel de la "apuesta" en el juego intersubjetivo del reconocimiento (desear un objeto es un medio para desear el deseo del otro que pretende ese objeto, etc.), mientras que en el Lacan posterior, *el objeto es lo que el sujeto busca en otro sujeto*, es decir, lo que le confiere al sujeto su dignidad. La nostalgia de muchos intérpretes de Lacan, (sobre todo en Alemania e Inglaterra), por el Lacan "dialéctico-intersubjetivo" de la década de 1950, que se adecua tan bien al "mundo vital" contemporáneo y/o al acto de habla problemático (y que incluso puede concebirse como su precursor) no es, por lo tanto, más que una forma de resistencia contra Lacan, un esfuerzo desesperado por neutralizar el núcleo duro de su edificio teórico.

Ahora podemos entender por qué Hitchcock (en este sentido no menos cartesiano que el propio Lacan)[74] se resiste a la tentación del *flashback* con voz en *off*: este recurso formal todavía se basa en la intersubjetividad *qua* vehículo de la integración simbólica. Por esta razón, el universo de Hitchcock es fundamentalmente incompatible con el del "cine negro", en el que el recurso del *flash back* con voz en *off* encontró su apogeo: basta mencionar *Al filo de la noche* (1948), de Anatole Litvak, una ejemplificación de libro de texto de la tesis lacaniana sobre el modo en que la verdad del sujeto está constituida por el discurso del Otro. En esa película se narra la historia de una mujer rica y arrogante, confinada al lecho debido a sus piernas paralíticas, que accidentalmente escucha una conversación telefónica sobre un asesinato que se planea; comienza a investigar y, al cabo de todo un día de hablar por teléfono, finalmente establece que la víctima del asesinato que se intenta es ella misma; demasiado tarde, puesto que el asesino ya está en camino. Como ha señalado J.P. Telotte, [75] el rasgo destacado de esta película es que invierte (en hegeliano, "refleja dentro de sí mismo"), el procedimiento habitual del "cine negro", en el cual, mediante una reconstrucción gradual, es decir, una serie de comprensiones parciales, el narrador se esfuerza por exhumar la "verdadera imagen" de alguna persona misteriosa (el paradigma es desde luego *El ciudadano*): en *Al filo de la noche*, esta persona misteriosa, desconocida, *coincide con la propia narradora*. Por medio de una serie de relatos de otra persona, visualizados en *flashbacks*, la narradora reúne gradualmente todas las piezas y reconstruye la verdad sobre ella misma, comprendiendo que, sin saberlo, era el centro de una trama intrincada: en síntesis, descubre su propia verdad fuera de sí misma, en la red intersubjetiva cuyos efectos no se dejan captar por ella.

En esto consiste la dimensión "testamentaria" del recurso del *flashback* con voz en *off:* yacente a las puertas de la muerte, cuando todo lo que iba a suceder ya ha sucedido, el sujeto se esfuerza por aclarar la confusión de su vida organizándolo en un relato coherente (*Pacto de sangre, DOA, etc.*). La lección final es que cuando reunimos todas las piezas, el mensaje que nos aguarda es "la muerte": sólo es posible (re)construir la propia historia cuando uno enfrenta la muerte. En otras palabras, el cine negro "confía" paradójicamente demasiado en los rasgos que constituyen su "negrura" (la atmósfera de fatalidad inesperada en la que el juego ha terminado antes de comenzar, etc.): aún se basa en la consistencia del "Otro" (el orden simbólico). No sale en absoluto de los límites del "cierre narrativo": su relato da forma a un itinerario simbólico cerrado del Destino cuya carta "llega a su destino" con implacable necesidad. Basta recordar lo que es quizá el espécimen más oscuro y perturbador del género, la injustamente subestimada *Nightmare Alley* (1947) de Edmund Goulding, la historia de "El Gran Stanton", un insignificante timador de parque de atracciones que obtiene los secretos de un falso lector del pensamiento, y se instala como espiritualista; cuando parece que va a enriquecerse explotando a clientes adinerados, su fraude sale a luz y su caída es tan rápida como su éxito. Al principio de la película, Stanton (interpretado por Tyrone Power) revela el horror y la repugnancia que le provoca el espectáculo de un monstruo que come pollos vivos, la forma más baja de vida en la feria; al final de la película, él mismo vuelve como "monstruo" a ese parque de atracciones vulgar... El "cierre narrativo" consiste en este vuelco metafórico: al principio el héroe presencia una escena de humillación ante la cual adopta una actitud de superioridad; lo que pasa por alto es que esa escena representa una metáfora de su propio futuro, es decir, la dimensión del *de te fabula narratur*, el hecho de que, al final, el Destino inexorable lo obligará a ocupar el mismo lugar despreciable.[76] En este vuelco resulta fácil discernir el imperativo ético que opera en el lema freudiano *"wo es war, soll Ich werden":* el lugar en que está esa criatura despreciable, ése es tu verdadero lugar, allí has de llegar. A esto se refiere en última instancia la "pulsión de muerte": "pulsión de muerte" es el nombre de una compulsión que inexorablemente arrastra al sujeto hacia ese lugar...

No obstante, lo que como regla no se advierte es la incompatibilidad radical entre el *flash back* con voz en *off* y el otro recurso del cine negro, la cámara subjetiva: Telotte se equivoca por completo al discernir en ambos la misma actitud (el énfasis en el "punto de vista", es decir, en el modo en que la realidad social es distorsionada por una perspectiva subjetiva). Para él, la cámara subjetiva es una simple radicalización de lo que ya opera en el *flash back* con voz en *off*.[77] La discontinuidad entre el *flash back* con voz en *off* y la cámara subjetiva es en última instancia la discontinuidad entre lo Simbólico y lo Real: por medio del *flash back* con voz en *off,* el sujeto integra su experiencia en el universo simbólico y, de tal modo, en el espacio público de la intersubjetividad (no es por accidente que el relato en *flash back* tenga la forma de una confesión al Otro, al representante de la autoridad social), mientras que el efecto de la cámara subjetiva es exactamente opuesto: la identificación con la mirada del otro nos excluye del espacio simbólico. Cuando, en una película, de pronto "vemos las cosas a través de los ojos de otro", nos encontramos ocupando un lugar que ninguna simbolización puede acomodar.

En ninguna parte esta discontinuidad es más pronunciada que en Hitchcock, el director de la cámara subjetiva por excelencia, quien, por esta misma razón, experimenta tales dificultades en el manejo del *flash back:* en los raros casos en que recurre a él *(Desesperación, Mi secreto me condena),* el resultado es profundamente ambiguo y extraño, y el *flash back* como regla demuestra ser falso. Esta discontinuidad es llevada a su extremo en *Psicosis:* al final de la película, el resultado es exactamente opuesto al emplazamiento de las diferentes perspectivas subjetivas en un campo común de intersubjetividad que genere el "efecto verdad". Es decir que en ese punto se apartan los dos niveles cuya coincidencia define el relato en *flash back* exitoso: el saber científico público, ramplón y objetivo, enunciado por el psiquiatra, por un lado, y por el otro el monólogo final de Norman/madre, su *verdad* subjetiva, su confinamiento final en el universo psicótico, con los vínculos cortados entre los dos.

La escisión constitutiva entre el saber y la verdad es desde luego un lugar común en la teoría lacaniana: el histérico "miente" en cuanto al contenido fáctico, proposicional, de sus declaraciones, pero esta misma mentira en el nivel del enunciado produce la verdad de su deseo, su auténtica posición subjetiva de enunciación –en contraste con el neurótico obsesivo, que dice "la verdad y nada más que la verdad" para ocultar la falsedad de su posición subjetiva–. Recordemos la oposición de la izquierda norteamericana y los cazadores de brujas macartistas de principios de la década de 1950: en el nivel de la "exactitud fáctica", los macartistas estaban sin duda más cerca de la verdad, por lo menos en lo que concierne a la Unión Soviética (¿es necesario señalar la imagen ingenua, idealizada, de la Unión Soviética en los círculos izquierdistas?), pero a pesar de ello una sensación inequívoca nos dice que, dentro de ese vínculo social concreto, la "verdad" (la autenticidad de la posición subjetiva) estaba decididamente del lado de la izquierda perseguida, mientras que los cazadores de brujas eran bribones, incluso cuando el contenido proposicional de sus declaraciones fuera "exacto". La paradoja es que *la verdad intersubjetiva sólo puede enunciarse en la forma de una mentira*, de la falsedad del contenido proposicional: no hay ninguna "síntesis" por medio de la cual sea posible articular la verdad (intersubjetiva) en la forma de verdad (proposicional), puesto que, como dice Lacan, la verdad siempre tiene estructura de ficción. El punto crucial que no se debe pasar por alto, sin embargo, es la oposición entre esta verdad intersubjetiva *histérica* (es decir, la posición subjetiva auténtica) y la verdad *psicótica* que se enuncia en el monólogo final "de la madre": lo que a este último le falta (y cuya falta hace de él un delirio psicótico) es precisamente la dimensión de la *intersubjetividad*: la "verdad" de Norman no está integrada en el campo intersubjetivo.

La lección social-ideológica fundamental de *Psicosis*, así como la resultante de la obra de Hitchcock en su totalidad, es, por lo tanto, el colapso del campo mismo de la subjetividad *qua* vehículo de la Verdad en el capitalismo tardío, su desintegración en los dos polos del conocimiento experto y la verdad psicótica "privada".

NOTAS

1. Una prueba adicional del compromiso personal de Hitchcock es que, a pesar de su considerable interés en materia de dinero, realizó gratis *El hombre equivocado*, renunciando a sus honorarios de director.

2. Cf. Eric Rohmer y Claude Chabrol, *Hitchcock: The First Forty-Four Films*, Nueva York, Frederick Ungar, 1979.

3. "Hitchcock produce un cine de relación, así como la filosofía inglesa produjo una filosofía de la relación." (Gilles Deleuze, *Cinema 1. The Movement-Image*, Londres, the Athlone Press, 1986, pág. X.)

4. Otro rasgo crucial de la teología jansenista es que Dios nunca interviene en el mundo con la producción abierta de milagros, es decir, violando las leyes de la naturaleza: la Gracia sólo aparece como un milagro para los creyentes, mientras que para los otros es una coincidencia. Este círculo apunta a la naturaleza *transferencial* de la Gracia: yo reconozco un milagro (es decir, un signo de la Gracia) en algo fortuito sólo en la medida en que ya creo desde antes.

5. En este punto, uno se siente incluso tentado a construir un cuadrado semiótico greimasiano para explicar la disposición de los principales personajes de la *Atalía* de Racine:

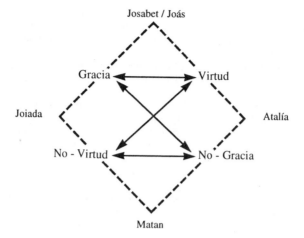

La oposición fundamental es la que existe entre la reina Atalía, que es virtuosa, pero a la que no se le ha otorgado la gracia, y el sumo sacerdote Joiada, tocado por la gracia, pero sin duda no virtuoso (carente de compasión, proclive a estallidos furiosos de venganza, etc.). El lugar de Matan es también claro y unívoco (él no es virtuoso ni tocado por la gracia, y como tal encarna al Mal puro y simple), pero surgen dificultades en cuanto a su contrapunto, es decir, a la síntesis ideal de la gracia y la virtud. Ninguno de los dos candidatos –Josabet, la esposa de Joiada, y el sobrino de ella, Joás, legítimo pretendiente al trono de Judá– se adecua realmente: las mismas virtudes femeninas de Josabet (compasión, disposición a transar con el enemigo) hacen que sea inadecuada para el papel de instrumento de Dios, mientras que la misma perfección de Joás lo convierte en un monstruo, más semejante a un autómata que a un ser vivo virtuoso (y por esa misma razón es capaz de traición: más tarde traicionará efectivamente a Jehová, como se revela en la visión de pesadilla de Joiada). Lo que indica esta imposibilidad de llenar el lugar superior es la limitación intrínseca del espacio ideológico relevado por el cuadrado semiótico de la virtud y la gracia: la relación entre la gracia y la virtud es en última instancia antagónica, es decir que la gracia sólo encuentra salida bajo la apariencia de la no virtud.

6. Y la especificidad del *deísmo* filosófico de Hume consiste en que produce una tercera versión de esta escisión. A un deísta le causa dificultades la radical alteridad de Dios, la inadecuación de nuestra noción humana, finita, para medirlo, y de ello extrae conclusiones extremas: cualquier culto humano de Dios en realidad entraña Su degradación, es decir, lo reduce al nivel de algo comparable con el hombre (al venerar a Dios, le imputamos una vulnerabilidad autocomplaciente a nuestro halago). En consecuencia, la única actitud que está a la altura de la dignidad de Dios es "Sé que Dios existe, pero por esa misma razón yo *no* Lo venero, sino que simplemente sigo las reglas éticas elementales accesibles a todos, creyentes o no creyentes, por medio de su Razón natural innata". (Cf. Miran Božovič, "Der Gott der Transvestiten", en *Gestalten der Autoritaet*, Viena, Hora Verlag, 1991.) Añadiendo una cuarta versión, atea ("Sé que Dios no existe, pero por esa misma razón me siento obligado a seguir las reglas éticas elementales accesibles a todos, creyentes o no creyentes..."), de nuevo obtenemos un cuadrado semiótico greimasiano, en el que las cuatro posiciones pueden ordenarse en dos parejas contradictorias y dos parejas contrarias.

7. Lo mismo que en la conocida historia de la "cita en Samarra", donde el criado in-

terpreta mal la mirada sorprendida de la Muerte como una amenaza mortal; cf. el capítulo II de Slavoj Žižek, *The Sublime Object of Ideology*, Londres, Verso Books, 1989.

8. "Ah! je vois Hippolyte; / Dans ses yeux insolents je vois ma perte écrite." (Jean Racine, *Phaedra*, 909-10.)

9. Recordemos, quizás como ejemplo supremo, el intrincado intercambio de miradas entre Ingrid Bergman, Cary Grant y Claude Rains durante la escena de la recepción de *Tuyo es mi corazón*.

10. Jacques Lacan, *The Four Fundamental Concepts of Psycho-Analysis*, Harmondsworth, Penguin Books, 1977, pág. 84.

11. La polilla "cabeza de muerto" ofrece lo que quizás sea el caso supremo de esta reflexividad de la mirada que opera en el mimetismo. Es decir, la idea corriente de mimetismo supone una simple apariencia engañosa que lleva al ojo a tomar al animal por lo que no es (una langosta parece una astilla, un pequeño pez impotente se infla y adquiere proporciones amenazadoras...); pero en el caso de esta mariposa, el animal engaña a nuestros ojos *mimetizando la mirada misma*, es decir, presentándose ante nuestros ojos como algo que devuelve la mirada. Lacan evoca a menudo el cuento clásico del concurso entre los pintores griegos, Zeuxis y Parrasio. Venció Parrasio, quien pintó un velo sobre la pared, ante lo cual Zeuxis se volvió hacia él y le dijo: "Bien, ahora muéstranos lo que has pintado detrás". El engaño de la polilla "cabeza de muerto" está en el mismo nivel: no confunde al ojo con los rasgos convincentes del objeto imitado, sino produciendo la ilusión de que devuelve la mirada en sí. Y en el engaño de "la ventana indiscreta", de la película de Hitchcock de ese nombre, ¿no se trata en última instancia de lo mismo? La ventana oscura del lado opuesto del patio suscita la curiosidad de James Stewart precisamente en cuanto él la percibe como una especie de velo que quiere apartar para ver lo que hay oculto detrás: esta trampa sólo funciona en cuanto él imagina en ella la presencia de la mirada del Otro, puesto que, como dice Lacan, la Cosa-en-sí que está detrás de la apariencia no es otra que la mirada. Cf. el ensayo de Božovič sobre *La ventana indiscreta*, en este mismo libro.

12. Véase un informe más detallado en el capítulo IV de Slavoj Žižek, *Looking Awry*, Cambridge (Ma), MIT Press, 1991.

13. En este punto, desde luego, se impone inmediatamente una homología estructural: esa externalidad radical de la red simbólica que determina el destino del sujeto, con respecto a sus propiedades intrínsecas, sólo es concebible contra el fondo del universo de mercancías en el que el "destino" de una mercancía, su circuito de intercambio, es experimentado como radicalmente externo a sus propiedades positivas, intrínsecas (su "valor de uso"). Pero el empleo de tales homologías abstractas no ha de sobrestimarse: en última instancia, funcionan como una excusa para posponer la elaboración de los mecanismos concretos de mediación.

14. Ha cruzado esta línea, entre otros, el capitán Ahab del *Moby Dick* de Melville. Ahab sabe perfectamente que Moby Dick (esa Cosa obscena por excelencia) es sólo un estúpido animal gigantesco, pero, como tal, es también una máscara del Mal real, el Dios que creó un mundo en el que el hombre no puede esperar más que dolor. La meta de Ahab al dar caza a Moby Dick es entonces asestarle un golpe al Creador mismo.

15. *El hombre equivocado* fracasó como film "serio" precisamente por la misma razón que llevó al fracaso de *Su amado enemigo* como comedia: Hitchcock domina de modo insuperable los detalles cómicos en tanto éstos formen parte del marco general de un *thriller*, pero en cuanto aborda directamente la comedia, pierde el toque mágico.

16. Cf. William Rothmann, *The Murderous Gaze*, Cambridge (Ma), Harvard University Press, 1982.

17. *Alfred Hitchcock and the Making of 'Psycho'*, de Stephen Rebello (Nueva York, Dembner Book, 1990) documenta de qué modo Hitchcock, contra todas las presiones, insistió en una serie de puntos que, para quien desconoce la dimensión alegórica de su

obra, sólo pueden responder a una obediencia incomprensible a los peores instintos comerciales: quiso que Sam y Lila no se desarrollaran como auténticos personajes, es decir, que lisa y llanamente siguieran siendo herramientas para nuestro sondeo del misterio de la madre de Norman; suprimió de la versión final una toma por sobre la cabeza de la asesinada Marion, desnuda junto a la corriente de agua de la ducha abierta, aunque quienes lo rodeaban estaban unánimente de acuerdo en que esa toma evocadora del sin sentido trágico de la vida dilapidada de la joven tendría un inmenso poder poético. En el seno del contenido narrativo diegético, estos elementos sin duda se habrían sumado a la trama del film, pero en cuanto uno toma en cuenta el nivel alegórico autorreflexivo, resulta clara la razón de que sean superfluos: funcionarían como una especie de ruido perturbador del diálogo entre Hitchcock y el espectador.

18. Cf. Leland Poague, "Links in a Chain: *Psycho* and Film Classicism", en *A Hitchcock Reader*, comp. de Marshall Deutelbaum y Leland Poague, Ames, Iowa State University Press, 1986, págs. 340-9.

19. Tentación a la cual incluso sucumbe Jameson, por lo menos por un momento (cf. Fredric Jameson, "Allegorizing Hitchcock", en *Signatures of the Visible*, pág. 127).

20. Cf. Jacques Lacan, "Kant with Sade", en *October 51* (Invierno de 1990), Cambridge (Ma), MIT Press.

21. Un conocedor de Lacan puede discernir fácilmente en este esquema una prefiguración del "discurso del Amo", de la matriz de los cuatro discursos:

La Voluntad de Gozar (V) designa la actitud del Amo (S_1), asumida por el agente del discurso (el sádico) en el nivel manifiesto, mientras que su contracara, S, es su otro, la víctima en la cual el sádico traspone el "dolor de existir"; en el nivel inferior, los términos cambian de lugar ($a \lozenge S$, no $S \lozenge a$) porque, como dice Lacan, la perversión sadeana invierte la fórmula del fantasma, es decir, la confrontación del sujeto tachado con el objeto causa de su deseo.

22. En su seminario sobre la transferencia, Lacan ha señalado esta diferencia crucial entre la neurosis (la histeria) y la perversión, en cuanto a sus relaciones con el orden social: en la medida en que la histeria designa la resistencia a la interpelación social, a asumir la identidad social asignada, es por definición subversiva, mientras que la perversión es en su estructura intrínsecamente "constructiva", y puede ponerse con facilidad al servicio del orden social existente. Cf. Jacques Lacan, *Le Séminaire, livre VIII, Le transfert*, París, Seuil, 1991, pág. 43.

23. Desde luego, nos referimos aquí a los análisis realizados por Christian Metz en su "The Imaginary Signifier", *Psychoanalysis and Cinema*, Londres, MacMillan, 1982.

24. Es fácil ver de qué modo esto nos vuelve a llevar a la problemática jansenista de la predestinación. Para una elaboración adicional del modo en que opera esta ilusión en el proceso ideológico, véase el capítulo 3 de Slavoj Žižek, *For They Know Not What They Do*, Londres, Verso Book, 1991.

25. Robin Wood ha formulado claramente este cambio de modalidad, pero su perspectiva sigue siendo la de la subjetivación; por esta razón, se vio obligado a concebirlo como una simple debilidad del film, es decir, como un lapsus, una "transacción" con la fórmula convencional de la narración detectivesca en la investigación de un misterio. Lo que no ve es la *imposibilidad estructural* de identificarse con Norman. Cf. Robin Wood, *Hitchcock's Films*, Nueva York, A. S. Barnes and Co., 1977, págs. 110-11.

26. Georg Seesslen, *Kino der Angst*, Reinbek bei Hamburg, Rowohlt, 1980, pág.

173.

27. Ha sido Robin Wood quien señaló este detalle crucial; cf. su *Hitchcock's Films*, pág. 112.

28. Ya en *Sabotaje* Hitchcock se basó en una dialéctica homóloga de lo (in)esperado; cf. el ensayo de Dolar sobre *Sabotaje*, en este mismo libro.

29. Ese antecedente en la primera parte de *Psicosis* existe realmente; muchos de los motivos de la película pueden discernirse en el trabajo de Hitchcock para la televisión titulado *One More Mile To Go* (1957).

30. Otra estrategia para subvertir el cierre narrativo clásico es la que opera en el melodrama de Ulu Grosbard titulado *Enamorándose,* con Meryl Streep y Robert de Niro, cuyo final escenifica en forma condensada todo el abanico de los desenlaces posibles de las aventuras extramaritales de la historia del cine. La pareja parte bajo la presión del ambiente; la mujer está a punto de suicidarse en las vías del tren; después de la ruptura de la relación extramarital, los dos personajes se vuelven a encontrar por azar y comprenden que, aunque todavía se aman, han perdido la oportunidad; finalmente, se encuentran de nuevo en un tren y (es lo que parece) se reúnen para bien. El encanto del film reside en este juego con códigos diferentes, de modo que el espectador nunca está seguro de que lo que ve es ya el desenlace final... Lo que convierte a *Enamorándose* en una película "posmoderna" es esta relación (de reflejo) con la historia del cine, es decir, el juego con las distintas variantes del cierre narrativo.

31. El cambio narrativo tiene una tradición larga y respetable, que se inicia con *La flauta mágica,* de Mozart-Schikaneder: después del primer tercio (en el cual la Reina de la Noche le encarga al héroe, Tamino, liberar a su hermosa hija Pamina de las garras del tiránico Sarastro, el ex esposo de la Reina y padre de Pamina), Sarastro se convierte milagrosamente en una figura de autoridad y sabiduría, de modo que el acento pasa entonces a las pruebas que atraviesa la pareja bajo la vigilancia benévola del padre de la joven. En la medida en que la "producción de la pareja" en *La flauta mágica* por medio de la prueba puede servir como paradigma de las películas de Hitchcock de la década de 1930, uno se siente casi tentado a decir que *Psicosis* recorre hacia atrás, en la dirección opuesta, el mismo camino de la ópera de Mozart. Algo de algún modo similar opera con frecuencia en la cultura popular contemporánea, donde asume la forma de un súbito cambio de género dentro de la misma obra (por ejemplo, en *Corazón satánico,* de Alan Parker, la narración de una investigación privada se convierte en un cuento sobrenatural). El uso apropiado del vuelco narrativo puede liberar un tremendo potencial de crítica ideológica, al hacer previsible la necesidad en razón de la cual la lógica inmanente de un espacio narrativo nos arroja a la externalidad discontinua: por ejemplo, en el pasaje inesperado de un drama psicológico "íntimo" a la dimensión socio-política, *precisamente en cuanto es experimentado como "no convincente",* reproduce en el nivel del conflicto de los códigos de los géneros la discordia existente entre la experiencia subjetiva y los procesos sociales objetivos, rasgo fundamental de la vida cotidiana capitalista. Como dice Adorno, la debilidad misma de la forma narrativa, el vuelco "infundado" que se opera en la línea narrativa, funciona como indicador del antagonismo social.

32. Cf. Michel Chion, *La voix au cinema*, París, Cahiers du cinema, 1982.

33. Desde luego, uno de los giros convencionales del *thriller* consiste en añadir al final "otra vuelta de tuerca" que desmiente la "desacusmatización". Esto ocurre en un relato breve de Hitchcock para su serie de televisión, en el cual una mujer mata finalmente al vecino que ha identificado como la persona que la llamaba anónimamente por teléfono para amenazarla. Pero cuando se sienta junto al cadáver, el teléfono vuelve a sonar, y la voz de siempre estalla en una risa obscena.

34. Jacques Lacan, *The Four Fundamental Concepts of Psycho-Analysis*, Harmondsworth, Penguin Books, 1979, pág. 103.

35. Véase el excelente análisis de esta escena realizado por Stephen Heat, "Droit de

regard", en *Le cinema americain II,* comp. de Raymond Bellour, París, Flammarion, 1980, págs. 87-93.

36. Incluso en un *thriller* "alegre", como *Para atrapar al ladrón,* encontramos el mismo efecto. Hacia el final de la película, la sombra de Cary Grant aparece en la toma cenital del jardín donde tiene lugar la fiesta. Hay un efecto similar en la escena del acto sexual entre Mickey Rourke y Lisa Bonnet de *Corazón satánico,* de Alan Parker: la lluvia que gotea del cielorraso de pronto se convierte en sangre; la mancha roja que irrumpe de todas partes e inunda el campo visual no es percibida como parte de la realidad diegética, sino más bien como si proviniera del espacio intermedio entre la realidad diegética y nuestra "propia" realidad de espectadores, es decir, *desde la pantalla misma que las separa.* En otras palabras, entra en el marco de la realidad diegética del mismo modo que las aves en el curso de su ataque en *Los pájaros,* o el cuchillo de la madre durante el asesinato de Marion.

37. Este redoblamiento reflejo es precisamente lo que añade Lacan en su lectura fallida del concepto freudiano del *Vorstellungs-Repraesentanz.* En Freud, el *Vorstellungs-Repraesentanz* designa el simple hecho de que la pulsión no es propia de la pura y simple biología, sino que siempre se articula por medio de sus representantes psíquicos (las representaciones fantasmáticas de objetos y escenas que teatralizan su satisfacción), de modo que el *Vorstellungs-Repraesentanz* es el representante de la pulsión dentro del aparato psíquico. (Cf. Sigmund Freud, "Repression", *Standard Edition XIV,* págs. 152-3, y "The Unconscious", *Standard Edition XIV,* pág. 177.) En Lacan, por el contrario, el *Vorstellungs-Repraesentanz* es un representante (lo que ocupa el lugar, *le tenant-lieu)* de lo que el campo representacional excluye; representa la representación faltante ("primordialmente reprimida"): "Ahora bien, esto es precisamente lo que quiero decir y digo –porque lo que quiero decir, lo digo– al traducir *Vorstellungs-Repraesentanz* por representante de la representación". (Jacques Lacan, *The Four Fundamental Concepts of Psycho-Analysis,* Harmondsworth, Penguin Books, 1977, pág. 218.)

38. Esta prohibición, entre otras, define la concepción misma de la democracia, tal como ha sido elaborada por Claude Lefort: en la democracia, el lugar del Poder está por definición vacío, es decir que el Poder es un lugar puramente simbólico que no se le permite ocupar a ningún sujeto real.

39. El indicador superficial de este hecho es quizás la retirada de la actitud judeocristiana ante la denominada "conciencia de la Nueva Era".

40. Donald Spoto, *The Dark Side of Genius: The Life of Alfred Hitchcock,* Nueva York, Ballantine Books, 1984, pág. 440.

41. Entre muchos productos de esta clase, recordemos sólo una película de cienciaficción sobre un portaviones atómico que realiza un viaje de rutina cerca de las Midway en 1972. Súbitamente, no se sabe de dónde, aparece un torbellino de nubes que los lleva hacia atrás en el tiempo, a treinta años antes, cuando está por iniciarse la batalla de las Midway. Después de mucho vacilar, el capitán decide cumplir con su deber patriótico, e intervenir: en otras palabras, decide entrar en el dominio prohibido y quedar atrapado en la trampa del tiempo, cambiando su propio pasado. Pero en ese preciso momento reaparece el misterioso torbellino, y devuelve el portaviones al presente.

42. La biología ofrece al respecto una metáfora casi perfecta de este estatuto paradójico del sujeto. Pensamos en una especie de gusanos (los *Acarophenax Tribolii)* mencionados por Stephan Jay Gould (véase su "Death Before Birth, or Mite's *Nunc Dimittis",* en *The Panda's Thumb,* Hammondsworth, Pelican, 1983, págs. 63-4; para una interpretación lacaniana, cf. Miran Božovič, "Immer Aerger mit dem Koerper", *Wo Es War* 5-6, Viena, Hora Verlag, 1988). Dentro del cuerpo de la madre, es decir, antes de su propio nacimiento, el macho copula y fecunda a sus "hermanas"; de ese modo agota su tiempo y nace muerto. En otras palabras, saltea la etapa de "cuerpo viviente" y pasa

directamente del estado de feto al de cadáver. Este caso límite de un feto que nace como cadáver es el correlato biológico más próximo al estatuto del sujeto "barrado" del significante ($): nunca vive en "su propio tiempo", se saltea la "vida real".

43. Sobre esta idea del "eslabón perdido", véase el capítulo 5 de Slavoj Žižek, *For They Know Not What They Do*, Londres, Verso Book, 1991.

44. Además de Norman, en *Psicosis* hay otras dos apariciones breves de la Alteridad absoluta, pero (lo cual es significativo) ellas son posteriormente "domesticadas", es decir que su Alteridad demuestra ser un espejismo, puesto que ambas son agentes de la Ley: se trata del policía con anteojos negros percibido por Marion como una amenaza a su huida (debido a la distorsión histérica de su visión, Marion percibe mal, como obstáculos en su camino a la felicidad, a quienes en realidad tratan de detenerla en su carrera a la ruina), y de la primera aparición de Arbogast como el intruso que escucha furtivamente la conversación entre Sam y Lila (su rostro, filmado en un primer plano extremo, asume las desagradables dimensiones obstrusivas de una mancha). Una de las apariciones más sorprendente de esta Alteridad absoluta en las películas de Hitchcock ya había tenido lugar en *Asesinato:* cuando Fane (el asesino) entra por primera vez, el rasgo de él que más se destaca es su mirada fija, casi hipnótica, a la cámara.

45. Habría que recordar la comprensión crucial de Lesley Brill respecto del modo en que el universo de Hitchcock queda delineado por los extremos del *romance* y la *ironía*. En el romance, el movimiento va "de afuera hacia adentro": debido a una contingencia externa que los une, los dos miembros de la pareja se ven obligados a comportarse como si estuvieran casados o enamorados, y esa imitación, ese ritual externo, genera, de un modo performativo, un amor "verdadero". Esta es la matriz de las películas de Hitchcock de fines de la década de 1930. En la ironía, por el contrario, la comunicación fracasa porque *no* logramos "hacer cosas con palabras", es decir, que la palabra sigue "vacía" y carente de poder performativo para establecer un nuevo vínculo intersubjetivo: el romance es socavado precisamente por la presencia de la "Alteridad absoluta". Cf. Lesley Brill, *The Hitchcock Romance. Love And Irony in Hitchcock's Films*, Princenton, Princenton University Press, 1988.

46. Cf. Elizabeth Weis, *The Silent Scream*, Londres, Associated University Press, 1982, págs. 136-46.

47. Tania Modleski, *The Women Who Knew Too Much*, Nueva York y Londres, Methuen 1988, pág. 38.

48. Ibíd., pág. 40.

49. Esta teatralidad íntima de la actividad de Sir John nos permite identificar el rol del escenario en *Asesinato* con el del tribunal en *La ventana indiscreta*. En esta última, James Stewart sólo puede relacionarse con la mujer (Grace Kelly) en tanto y en cuanto ella aparezca en el tribunal más allá de la puerta, y por lo tanto en el marco fantasmático de él, del mismo modo que Sir John sólo puede relacionarse con una mujer si ésta entra en el universo de la obra de teatro que él está por escribir.

50. En consecuencia, se puede decir que *Psicosis* presenta la versión final del tema de la "transferencia de culpa". En las películas de Hitchcok, el asesinato es como regla cometido por algún otro, y de ese modo el asesino psicótico realiza el deseo del histérico (Bruno realiza el deseo de Guy en *Pacto siniestro*, etc.). Este intercambio simbólico que define el asesinato hitchcockiano está en este caso localizado en una y la misma persona, como un intercambio entre sus dos instancias psíquicas: el superyó materno de Norman comete el asesinato, y después le transfiere la culpa al yo de Norman.

51. Teniendo en cuenta que, según Lacan, el estatuto del acto es el de *objet petit a*, y que, al final de *Psicosis*, Norman se convierte en un vehículo a través del cual habla el superyó-*conocimiento* de su Madre, este doble pasaje (de Sir John a Fane, de Marion a Norman) se puede ubicar fácilmente en las diagonales cruzadas de la matriz lacaniana del discurso:

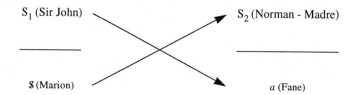

S_1 (Sir John) S_2 (Norman - Madre)

$\$$ (Marion) a (Fane)

52. Sobre una teoría del *travelling* hitchcockiano véase Slavoj Žižek, *Looking Awry*, Cambridge (Ma), MIT Press, 1991, págs. 93-7.

53. Cf. François Truffaut, *Hitchcock*, Londres, Panther Books, 1969, págs. 343-6.

54. Cf. Raymond Bellour, "Psychosis, Neurosis, Perversion", en Marshall Deutelbaum y Leland Poaque, comps. *Hitchcock Reader*, Ames, Iowa State University Press, 1986, págs. 311-31.

55. Respecto de la relación mística de Jacob Boehme con Dios *qua* Cosa, Lacan dice: "Confundir este ojo contemplativo con el ojo con el cual Dios lo mira a él debe seguramente formar parte de la *jouissance* perversa". ("God and the *Jouissance* of the Woman", en *Feminine Sexuality: Jacques Lacan and the Ecole Freudienne*, comp. de Juliet Mitchell y Jacqueline Rose, Nueva York, Norton, 1982, pág. 147.)

56. Esta mirada perversa de la Cosa aparece por primera vez en la *Crítica de la razón práctica* de Kant; en el último párrafo de la primera parte, se plantea la cuestión de por qué Dios creó el mundo de un modo tal que el Bien Supremo es incognoscible para nosotros, los seres humanos finitos, por lo cual nunca podemos realizarlo completamente. El único modo de eludir la hipótesis de un Dios maligno que creó al mundo con la intención expresa de vejar al hombre, consiste en concebir la inaccesibilidad de la Cosa (en este caso Dios) como una condición positiva de nuestra actividad ética: si Dios *qua* Cosa se nos descubriera inmediatamente, nuestra actividad no podría ser ética, ya que no haríamos el Bien en virtud de la Ley moral en sí, sino por nuestra percepción directa de la naturaleza de Dios, es decir, por la seguridad inmediata de que el Mal será castigado. La paradoja de esta explicación consiste en que –al menos por un momento– Kant se ve obligado a hacer lo que en su "filosofía crítica" está estrictamente prohibido (la inversión de $\$ \lozenge a$ en $a \lozenge \$$) y a ver el mundo *a través de los ojos de la Cosa (Dios):* toda su argumentación presupone que nos posicionamos en el seno del razonamiento de Dios.

57. Sigmund Freud, "Psychoanalytic Notes on an Autobiographical Account of a Case of Paranoia (Schreber)", en *Case Histories* II, Harmondsworth, Penguin Books, 1979, pág. 156.

58. Ibíd.

59. Recordemos la célebre respuesta de Abraham Lincoln a alguien que le solicitaba un favor especial : "Como Presidente, sólo tengo ojos constitucionales, de modo que a usted no lo veo".

60. Según Lacan, en ello consiste la asimetría entre Edipo y Yocasta: Edipo no sabía lo que estaba haciendo, mientras que la madre sabía todo el tiempo quién era su compañero sexual, y la fuente de su goce era precisamente la ignorancia de Edipo. La tesis notoria sobre este vínculo íntimo entre el goce femenino y la ignorancia adquiere de ese modo una nueva dimensión intersubjetiva: la mujer goza en la medida en que su *otro* (el hombre) no sabe.

61. Encontramos una inversión homóloga en las principales novelas y películas "duras": el momento en que la *femme fatale* se subjetiviza. Primero se la presenta desde la perspectiva de su ambiente social (masculino), y aparece como un objeto fatal de fascinación que lleva a la perdición y deja detrás de sí vidas arruinadas, "cáscaras vacías".

Cuando a continuación pasamos al punto de vista de ella, resulta manifiesto que la mujer misma no puede dominar los efectos sobre su ambiente de "lo que es en ella más que ella misma", del *objeto* que está en ella. La mujer, no menos que los hombres que la rodean, es una víctima desvalida del Destino.

62. Desde luego, en última instancia esa impresión se debe a la técnica aún rudimentaria del film: en esa época era técnicamente imposible ocultar la discordia entre la figura y su fondo. La paradoja consiste en que esa misma discordia engendra el efecto artístico crucial.

63. Uno se siente incluso tentado a proponer que esta toma revela el secreto del platonismo: el único modo de aislar (es decir, de desconectar del proceso universal de generación y corrupción) el sitio de la detención absoluta es fijarse a la mirada del Otro como punto inmóvil del cuadro.

64. La semejanza entre esta toma del rostro de Arbogast y la toma del rostro de Henry Fonda reflejado en el espejo roto en *El hombre equivocado* queda, por lo tanto, plenamente demostrada: en ambos casos, el punto de vista es el de la Cosa. Véase el capítulo de Salecl sobre *El hombre equivocado* en este mismo libro.

65. En *¿Qué pasó con Baby Jane?*, Robert Aldrich se esforzó por obtener un efecto similar, filmando desde la misma "perspectiva de Dios" una escena en la que Bette Davis le trae una rata servida en bandeja a la hambrienta Joan Crawford; la "mancha" es en este caso la rata muerta, que se vuelve visible al destaparse la bandeja. Lo que determina la diferencia crucial con *Psicosis* es la ausencia de un corte en la mirada de la mancha aterradora (la Cosa), responsable del efecto subversivo de la escena del asesinato de Arbogast.

66. Es interesante observar que ya antes, en 1930, Hitchcock había recurrido a una secuencia homóloga de tomas en la escena de la ratonera en *Asesinato:* el momento crucial en que Fane (el asesino) está al borde de caer en la trampa de Sir John. Este y Fane ensayan una escena de la obra de teatro del primero; cuando Fane llega al pasaje del libro destinado a inducirlo a revelar su culpa, Hitchcock abandona abruptamente el procedimiento convencional de toma y contratoma, la cámara adopta "la perspectiva de Dios", y nos muestra desde muy arriba a ambos protagonistas (Sir John y Fane); a esta extraña toma la sigue rápidamente un primer plano por sobre el hombro, casi subjetivo, de Fane, que nerviosamente da vuelta la página para ver la continuación (es decir, para ver cuánto sabe realmente Sir John sobre el asesinato), y encuentra una hoja en blanco. (Acerca de esta escena, véase el capítulo de Zupančič en este mismo libro.) Lejos de llevar alivio a Fane (por confirmarle que Sir John no conoce toda la verdad acerca del hecho), la página en blanco produce un choque siniestro, una especie de premonición de la muerte de Fane. Es decir que esta página en blanco está estrechamente relacionada con el vacío que Fane encuentra en su tercera visión mientras oscila en el trapecio, inmediatamente antes de suicidarse (primero ve a Sir John, después a Diana y finalmente nada; nada que lo represente).

67. Jean Narboni, "Visages d'Hitchcock", en *Cahiers du cinema, hors-série 8, Alfred Hitchcok,* París, 1980, pág. 33.

68. Hay una homología estructural entre esta escena y la escena de la ratonera en el *Hamlet* de Laurence Olivier; en este último, la "cuerda" invisible conecta sus dos puntos nodales, el escenario y el rey. El escenario, donde se revela la "verdad" sobre la muerte del padre de Hamlet en forma de ficción, materializa la "visión de Dios", por lo cual funciona como el primer punto nodal frente al que gira la cámara en una toma panorámica; la mancha obscena en el cuadro es, desde luego, el rey asesino entre el público. En el momento en que el rey reconoce la verdad sobre su crimen en el escenario, se convierte en el segundo punto nodal, alrededor del cual gira la cámara. La homología es entonces clara: en el *Hamlet* de Olivier, la función de la cuerda (que llega desde lo alto de la "visión de Dios" y estrangula al asesino en *Asesinato*) *es asumida por la cá-*

mara misma que rodea al rey en el momento en que éste exhibe su culpa. Cf. también el trabajo de Zupančič sobre el teatro, en este mismo libro.

69. Para una elaboración más detallada de esta duplicidad constitutiva de la concepción lacaniana del "Otro", véase el capítulo VI de Slavoj Žižek, *For They Know Not What They Do*, Londres, Verso Books, 1991.

70. Jacques Lacan, *The Four Fundamental Concepts of Psycho-Analysis*, Harmondsworth, Penguin Books, 1977, pág. 103.

71. Esta película era conocida por Lacan, como lo demuestra una referencia suya al pasar en el seminario sobre la transferencia (cf. Jacques Lacan, *Le Séminaire, livre VIII, Le transfert*, París, Seuil, 1991, pág. 23).

72. Cf. Raymond Durgnat, *The Strange Case of Alfred Hitchcock*, Londres, Faber and Faber, 1974.

73. Cf. Jacques Lacan, *Le Séminaire, livre VIII, Le transfert*, París, Seuil, 1991, págs. 20-2.

74. Es bien sabido que para Lacan el sujeto del psicoanálisis no es otro que el *cogito* cartesiano.

75. Cf. J. P. Telotte, *Voices in the Dark. The Narrative Patterns of Film Noir*, capítulo 4 ("Tangled Networks an Wrong Numbers"), Urbana, University of Illinois Press, 1989.

76. Encontramos el mismo lazo en *Marruecos,* de Josef von Sternberg: al principio Marlene Dietrich, la *femme fatale*, observa con desdén la banda de mujeres que siguen a pie la caravana de legionarios en su marcha al desierto, para permanecer con sus amantes; al final, ella misma se une a esa banda, puesto que su verdadero amor está en la caravana.

77. Cf., por ejemplo, J. P. Telotte, *op. cit.*, pág. 17: "Mucho más que el *flash back* con voz en *off,* la cámara subjetiva subraya el punto de vista...".

PELICULAS DE HITCHCOCK CITADAS EN EL LIBRO
Título original y título con que se estrenaron en España y la Argentina

TITULO ORIGINAL	ARGENTINA*	ESPAÑA
The lodger: a story of the London fog	El inquilino	El enemigo de las rubias
Blackmail	Chantaje	La muchacha de Londres
Murder	Asesinato	Asesinato
The man who new too much	El hombre que sabía demasiado	El hombre que sabía demasiado
The thirty nine steps	39 escalones	39 escalones
The secret agent	El agente secreto	El agente secreto
Sabotage	Sabotaje	Sabotaje
Young and innocent	(No estrenada)	Inocencia y juventud
The lady vanishes	La dama desaparece	Alarma en el expreso
Rebecca	Rebeca, una mujer inolvidable	Rebeca
Foreign correspondent	Corresponsal extranjero	Enviado especial
Mr. and Mrs. Smith	Su amado enemigo	Matrimonio original
Suspicion	La sospecha	Sospecha
Saboteur	Saboteador	Sabotaje
Shadow of a doubt	La sombra de una duda	La sombra de una duda
Spellbound	Cuéntame tu vida	Recuerda
Notorius	Tuyo es mi corazón	Encadenados
The Paradine Case	Agonía de amor	El proceso Paradine
Rope	Festín diabólico	La soga
Under Capricorn	Bajo el signo de Capricornio	Atormentada
Stage fright	Desesperación	Pánico en la escena
Strangers on a train	Pacto siniestro	Extraños en un tren
I confess	Mi secreto me condena	Yo confieso
Dial M for murder	La llamada fatal	Crimen perfecto
Rear window	La ventana indiscreta	La ventana indiscreta
To catch a thief	Para atrapar al ladrón	Atrapa a un ladrón
The trouble with Harry	El tercer tiro	Pero, quién mato a Harry
The man who knew too much	En manos del destino	El hombre que sabía demasiado
The wrong man	El hombre equivocado	Falso culpable
Vertigo	Vértigo	De entre los muertos
North by northwest	Intriga internacional	Con la muerte en los talones
Psycho	Psicosis	Psicosis
The birds	Los pájaros	Los pájaros
Marnie	Marnie, confesiones de una ladrona	Marnie, la ladrona
Torn curtain	Cortina rasgada	Cortina rasgada
Topaz	Topaz	Topaz
Frenzy	Frenesí	Frenesí
Family plot	Trama macabra	La trama

* Los títulos correspondientes a la Argentina, usados en la traducción, son iguales en general en toda el área hispanoparlante de Latinoamérica.

PELICULAS DE OTROS DIRECTORES CITADAS EN EL LIBRO
Títulos originales y títulos citados

TITULO CITADO*	TITULO ORIGINAL
El padrino	The Godfather
Atracción fatal	Fatal atraction
Totalmente salvaje	Something wild
Terciopelo azul	Blue velvet
Despertares	Awakenings
Danza con lobos	Dances with wolves
Blow-up	Blow-up
Cazador de hombres	Manhunter
Africa mía	Out of Africa
Casablanca	Casablanca
Traidora y mortal/Retorno al pasado	Out of the past
Cuerpos ardientes	Body heat
Desafío	Driver
El desconocido	Shane
Pacto de sangre	Double indemnity
Samurai	Samurai
Su única salida	Pursued
Siete novias para siete hermanos	Seven brides for seven brothers
Fiebre de sangre	Gunfighter
Cimarrón	Cimmaron
Lo viejo y lo nuevo	The old and the new
La sociedad de los poetas muertos	Dead Poet's Society
Carta a tres esposas	Letter to three wives
Lluvia negra	Black rain
Blade runner	Blade runner
Super secreto	Top Secret
El mago ae Oz	The Wizard of Oz
Cuando llama un extraño	When a stranger calls
Terminator	Terminator
La noche de los muertos vivos	The night of the living dead
Al filo de la noche	Sorry, wrong number
El ciudadano	Citizen Kane
Moby Dick	Moby Dick
Callejón de las almas perdidas	Nightmare Alley
Enamorándose	Falling in love
Corazón satánico	Angel heart
¿Qué pasó con Baby Jane?	Whatever happened to Baby Jane?
Marruecos	Morocco

---

* Título con que fue estrenada en la Argentina.

Impresos 1.000 ejemplares en octubre de 2013 en
Talleres Gráficos Leograff SRL,
Rucci 408, Valentín Alsina, Argentina
impresionesleograff@speedy.com.ar